Point up
3-step 왕초보
일본어
단어

국립중앙도서관 출판시도서목록(CIP)

```
(point up) 3-step 왕초보 일본어 단어 : 초급에서 고급까지 / 창
[편] - - 서울 : 창, 2009  p. ;   cm
감수 : 이치우/오오또모후미꼬
색인수록
본문은 한국어, 일본어 혼합수록됨
ISBN 978-89-7453-182-? 10740 : ₩ 8000
일본어 어휘 [日本語語彙]
734-KDC4
495.68-DDC21    CIP2009001364
```

Point Up 3스텝 왕초보 일본어 단어

2009년 5월 15일 1쇄 발행
2025년 7월 15일 22쇄 발행

감수자 | 이치우/오오또모후미꼬(大友富美子)
펴낸이 | 이규인
편 집 | 홍보현
펴낸곳 | 도서출판 **창**
등록번호 | 제15-454호
등록일자 | 2004년 3월 25일

주소 | 서울특별시 마포구 대흥로4길 49, 1층(용강동, 월명빌딩)
전화 | (02) 322-2686, 2687 / **팩시밀리** | (02) 326-3218
홈페이지 | http://www.changbook.co.kr
e-mail | changbook1@hanmail.net

ISBN 978-89-7453-182-9 10730

정가 8,000원

*잘못 만들어진 책은 〈도서출판 **창**〉에서 바꾸어 드립니다.

*이 책의 저작권은 〈도서출판 **창**〉에 있습니다.
 저작권법에 의해 보호를 받는 저작물이므로 무단 전재와 복제를 금합니다.

Point up

3-step 왕초보 일본어 단어

창
Chang Books

효율적인 학습을 위해...
F.o.r.e.w.o.r.d

여러분은 지금 국제화 시대에 살고 있습니다. 영어와 마찬가지로 일본어는 여러분과 뗄래야뗄 수 없는 불가분의 관계입니다. 또한 한국어와 어순이 비슷해서 다른 언어보다 훨씬 친근감을 느낄 수 있어 쉽게 배울 수 있음에 틀림없습니다.

이러한 시대 상황을 고려하여 편집·제작된 Point up 3-step 왕초보 일본어 단어는 일본어학습 교육과정의 기본 어휘를 기초로 초급부터 중급, 고급에 이르기까지 누구나 부담없이 공부할 수 있도록 하였으며, 또한 10년 이상 각종 시험자료에서 입증된 핵심단어만을 골라 2,500단어로 구성하였습니다. 일본어 공부에서 가장 걸림돌은 어휘 즉, 단어입니다. 그러한 어휘학습 효과를 높이기 위해 만들어진 이 책의 특징을 살펴보면,

Part I 왕초보 1스텝 기본단어 – 초급 단계

Part II 왕초보 2스텝 필수단어 – 중급 단계

Part III 왕초보 3스텝 핵심단어 – 고급 단계

이와 같이 단계별로 분류한 후, 중요도에 따라 알기 쉽게 히라가나순으로 배열·하였습니다. 게다가 단어를 쉽게 외울 수 있도록 생생하고 유익한 예문만을 엄선해, 최신의 주요 일일사전과

F·o·r·e·w·o·r·d

인터넷의 자료를 참조하였으며, 단어의 뜻도 일일사전에서 직접 옮겨 왔을 뿐만 아니라, 히라가나, 가타카나, 한자 등 각 단어마다 정확한 한글발음을 표기하여 초보자도 쉽게 따라 발음할 수 있도록 하였습니다. 또한 기본 뜻 외에 반의어, 동의어, 파생어 및 영어도 함께 실어 연상효과도 얻을 수 있도록 하였으며, 시대상황을 고려하여 많이 사용하는 외래어를 중심으로 첨가하였습니다. 부록은 일본어 학습에 꼭 필요한 알찬 내용만을 엄선하여 실었습니다. 따라서 본서에 표시되어 있는 체크박스를 체크하면서 매일 조금씩 외우다 보면 어느새 여러분은 단어왕이 되어 있을 것입니다. 그리고 언제나 들고 다니면서 공부할 수 있도록 포켓용으로 만들어져 단어학습에 한층 Point up 함으로써 일본어실력을 단계별로 향상시켜 줄 것입니다.

참고로 이 책을 학습하는 데 필요한 사용기호를 살펴보면,
명 → 명사 동 → 동사 부 → 부사 대 → 대명사 접 → 접속사
い형 → 형용사 な형 → 형용동사 접속조 → 접속조사 관어 → 관용구
기능어 → 기능어 접미 → 접미사 조수사 → 조수사 연체 → 연체사
복합동사 → 복합동사 (↔) → 반의어 (=) → 동의어
□ → 번호순서대로 체크하면서 외우는 표시임.

Contents

차례

- Part I 왕초보 1스텝 기본단어 ·········· 7
  (초급 단계)
- Part II 왕초보 2스텝 필수단어 ········· 131
  (중급 단계)
- Part III 왕초보 3스텝 핵심단어 ········ 263
  (고급 단계)

〈부록〉

- 일본어의 문자와 음절 ················· 452
- 50음도(일본어의 알파벳) ············ 453
- 수사 읽는 방법 ························· 458
- 동사 활용표 ······························ 461
- 명사·형용사·형용동사의 변화 ···· 463
- 반의어 ····································· 466
- 필수 관용구 ······························ 469
- 필수 속담 ································· 476
- 찾아보기 ·································· 481

Part I

3-step

1단계

기본단어

3-step 1단계

1
□ **あう**   会う
아우
동 만나다, 우연히 만나다
❖ 友達に会う。 친구를 만나다.

2
□ **あおい**   青い
아오이
い형 푸르다, 파랗다, 미숙하다
❖ 青い目の人形。 파란 눈의 인형.

3
□ **あかい**   赤い
아까이
い형 빨갛다, (빛깔이 붉고) 아름답다
❖ 赤いばら。 붉은 장미.

4
□ **あかるい**   明るい
아까루이
い형 밝다, 환하다, 전망이 좋다
❖ 月が明るい。 달이 밝다.

5
□ **あき**   秋
아끼
명 가을
❖ 読書の秋。 독서의 가을.

6
□ アクセサリー
아쿠세사리-

명 액세서리(accessory)

❖ 少女 趣味のアクセサリー。
소녀 취미의 액세서리.

7
□ アクセント
아쿠센토

명 악센트(accent)

❖ アクセントを置く。 강세를 두다.

8
□ あくび　　欠伸
아꾸비

명 하품(yawn)

❖ 欠伸をしている。
하품을 하고 있다.

9
□ あぐら　　胡座
아구라

명 책상다리하고 앉는 일

❖ 胡座をかいている。
양반다리를 하고 있다.

10
□ あける　　開ける
아께루

동 (문·뚜껑·책 등)열다, 사이를 떼다

❖ 目を開ける。 눈을 뜨다.

11
□ あける　　明ける
아께루

동 개다, 밝다(↔くれる)

❖ 年が明ける。 새해가 되다.

12
□ **あげる** 上げる 동 올리다, 안내하다, 끝내다

아게루

❖ 幕を上げる。 막을 올리다.

13
□ **あさごはん** 朝ご飯 명 아침식사

아사고한

❖ 朝ご飯を炊く。 아침 밥을 짓다.

14
□ **あした** 明日 명 내일(=あす)

아시따

❖ 明日帰ります。 내일 돌아옵니다.

15
□ **あせ** 汗 명 땀, (표면에 서린)물방울

아세

❖ 顔の汗をふく。 얼굴의 땀을 닦다.

16
□ **あそぶ** 遊ぶ 동 놀다, (~に~꼴로)유람하다

아소부

❖ 野球をして遊ぶ。
야구를 하며 놀다.

17
□ **あたえる** 与える 동 주다, 과(課)하다

아따에루

❖ 宿題を与える。 숙제를 내주다.

18

□ **あたたかい** 暖かい　　(い형) 따뜻하다, 포근하다, 다정하다

아따따까이

❖ 暖かいご飯。 따뜻한 밥.

19

□ **あたたまる** 暖まる　　(동) 따뜻해지다(↔ひえる), 데우다

아따따마루

❖ 熱いコーヒーを飲んで体が暖まる。
따뜻한 커피를 마셔 몸이 따뜻해지다.

20

□ **あたらしい** 新しい　　(い형) 새롭다(↔ふるい), 싱싱하다

아따라시이

❖ 新しい靴。새 구두.

21

□ **あつい** 暑い　　(い형) 덥다

아쯔이

❖ 今日は大変暑い。
오늘은 매우 덥다.

22

□ **あつい** 熱い　　(い형) 뜨겁다(↔つめたい), 열렬하다

아쯔이

❖ 体が熱い。몸이 뜨겁다.

23

□ **あつい** 厚い　　(い형) 두껍다(↔うすい), 두텁다

아쯔이

❖ 厚い本。두꺼운 책.

기본단어 | **11**

24
□ **あびる** 浴びる 　　(동) 끼얹다, 뒤집어쓰다, 받다, 입다

아비루

❖ 喝采を浴びる。 갈채를 받다.

25
□ **あぶら** 油 　　(명) 기름, 지방

아부라

❖ 油をストーブに入れる。
기름을 난로에 넣다.

26
□ **あめ** 雨 　　(명) 비, 우천

아메

❖ 雨が降る。 비가 내리다.

27
□ **アメ** 　　(명) 엿

아메

❖ ぐにゃぐにゃしたアメ。
날캉한 엿.

28
□ **アメリカ** 　　(명) 미국, 아메리카

아메리카

❖ アメリカ大陸横断。
아메리카 대륙횡단.

29
□ **あやまる** 謝る 　　(동) 사과하다, 사죄하다, 사절하다

아야마루

❖ あっさり謝る。 깨끗이 사과하다.

30
□ **あらためる** 改める （동） 고치다, 개선하다

아라따메루

❖ 規則を改める。 규칙을 고치다.

31
□ **あらわれる** 現れる （동） 나타나다, 출현하다

아라와레루

❖ 天才が現れる。 천재가 나타나다.

32
□ **ある** 有る （동） 있다, (무게, 넓이, 높이) 얼만큼 되다

아루

❖ 知恵が有る。 슬기가 있다.

33
□ **ある ひと** 或る人 （명） 어느 사람

아루 히또

❖ 或る人のことを思い出す。
어느 사람의 일이 생각나다.

34
□ **アルカリ** （명） 알칼리(alkali)

아루카리

❖ アルカリ金属。 알칼리 금속.

35
□ **あるく** 歩く （동） 걷다, 산책하다

아루꾸

❖ さっさと歩く。 바삐 걸어가다.

기본단어 | **13**

36
□ **あわ**　　泡　　　　몡 거품

아와
❖ 水の泡と消える。
물거품같이 사라지다.

37
□ **いい・よい**　良い　　い형 좋다, 괜찮다

이이・요이
❖ 今日は天気がいい。
오늘은 날씨가 좋다.

38
□ **いいわけ**　言い訳　　몡 변명(excuse), 해명

이이와께
❖ 言い訳をする。 변명을 하다.

39
□ **いう**　　言う　　　　동 말하다

유-
❖ ぼそっと一言言う。
나직이 한 마디 말하다.

40
□ **いえ**　　家　　　　몡 집, 주택, 가정, 집안, 가문

이에
❖ 家に帰る。 집[가정]으로 돌아가다.

41
□ **いく**　　行く　　　　동 가다, 되다, 진척되다

이꾸
❖ 東京へは何度行きましたか。
도쿄에는 몇 번 갔습니까?

42
□ **いさましい**　勇ましい　　（い형） 용감하다, 활달하다

이사마시이

❖ 勇ましい武士。 용감한 무사.

43
□ **いじめる**　苛める　　（동） 괴롭히다

이지메루

❖ 弟を苛める。 남동생을 괴롭히다.

44
□ **いしゃ**　　医者　　（명） 의사

이샤

❖ 医者にかよう。
　의사에게 치료를 받다.

45
□ **いちじるしい**　著しい　　（い형） 현저하다, 명확하다

이찌지루시이

❖ 著しく不足する。
　현저하게 부족하다.

46
□ **いつもより**　　（부） 여느 때보다

이쯔모요리

❖ いつもより早めに起きる。
　여느 때보다 조금 일찍 일어나다.

47
□ **いぬ**　　犬　　（명） 개, 앞잡이

이누

❖ 犬が尾を振る。
　개가 꼬리를 흔들다(꼬리치다).

기본단어 | **15**

48
□ **イメージ**

이메-지

㈅ 이미지(image)

❖ イメージが浮かぶ。
이미지가 떠오르다.

49
□ **いもうと**　妹

이모-또

㈅ 여동생, 누이동생

❖ これがわたしの妹です。
이 애가 제 누이동생입니다.

50
□ **いる**　居る

이루

㈄ (사람·동물)있다

❖ 犬が居る。 개가 있다.

51
□ **いる**　要る

이루

㈄ 필요하다, 소용되다(=ひつようだ)

❖ 資金が要る。 자금이 필요하다.

52
□ **いろ**　色

이로

㈅ 색, 빛깔, 분

❖ 色があせる。 빛깔이 바래다.

53
□ **インキ**

잉키

㈅ 잉크(ink=インク)

❖ 黒いろインキ。 흑색 잉크.

54
□ **インターチェンジ**
인타-첸지

명 인터체인지(interchange)

❖ インターチェンジのブース。
인터체인지의 부스.

55
□ **インターフォン**
인타-훤

명 인터폰(interphone)

❖ インターフォンの騒音を発する。
인터폰소음을 내다.

56
□ **ウイスキー**
우이스카-

명 위스키(whisky)

❖ 極上のウイスキー。
최상의 위스키.

57
□ **うえ**　　　上
우에

명 위

❖ 机の上に置く。 책상 위에 놓다.

58
□ **うえき**　　植木
우에끼

명 정원수

❖ 植木を刈っている。
정원수를 자르고 있다.

59
□ **ウェディングドレス**
웨딩구도레스

명 웨딩드레스(wedding dress)

❖ ウェディングドレスを着ている。
웨딩드레스를 입고 있다.

60
うえる 飢える ⓢ **굶주리다**

우에루

❖ 飢饉で農民が飢える。
기근으로 농민이 굶주리다.

61
うえる 植える ⓢ (나무 등을)심다, 불어 넣다

우에루

❖ 活字を植える。 식자하다.

62
うかべる 浮かべる ⓢ 띄우다, (마음속에)떠올리다

우까베루

❖ 舟を浮かべる。 배를 띄우다.

63
うける 受ける ⓢ 받다, 계승하다

우께루

❖ 質問を受ける。 질문을 받다.

64
うし 牛 ⓜ 소(cow)

우시

❖ 牛が草を食っている。
소가 풀을 먹고 있다.

65
うしなう 失う ⓢ 잃다, 상실하다

우시나우

❖ 命を失う。 목숨을 잃다.

66
うすい 薄い　　 い형 얇다(↔あつい), 엷다
우스이
❖ 壁が薄い。 벽이 얇다.

67
うた 歌　　 명 노래
우따
❖ 歌を歌う。 노래를 부르다.

68
うたう 歌う　　 동 노래부르다, 새가 지저귀다, 읊다
우따우
❖ 鼻歌を歌う。 콧노래를 부르다.

69
うつ 打つ　　 동 치다, 때리다, 두드리다
우쯔
❖ ボールを打つ。 공을 치다.

70
うつる 移る　　 동 옮겨지다, 이사하다
우쯔루
❖ 家が東京に移る。
집이 동경으로 옮겨지다.

71
うどん　　 명 우동
우돈
❖ あつあつのうどん.
매우 뜨거운 우동.

기본단어 | **19**

72
うばう 奪う (동) 빼앗다

우바우

❖ 地位を奪う。 지위를 빼앗다.

73
うまい (い형) 맛있다, 잘하다, 좋다, 훌륭하다

우마이

❖ 彼の歌はとてもうまい。
그는 노래를 상당히 잘한다.

74
うらぎる 裏切る (동) 배신하다

우라기루

❖ 友達を裏切る。 친구를 배신하다.

75
うらやましい (い형) 부럽다

우라야마시이

❖ 美人と結婚した友がうらやましい。 미인과 결혼한 친구가 부럽다.

76
うる 売る (동) 팔다, 걸다

우루

❖ 情報を売る。 정보를 팔다.

77
うれしい 嬉しい (い형) 즐겁고 기쁘다, 고맙다

우레시이

❖ 嬉しい悲鳴をあげる。
즐거운 비명을 올리다.

78
- **ウール**
  우-루

  ⑲ 울(wool)

  ❖ ウールのコート。 울 코트.

79
- **えいが** 映画
  에-가

  ⑲ 영화

  ❖ 映画を見に行く。
  영화를 보러 가다.

80
- **えいきょう** 影響
  에-쿄-

  ⑲ 영향

  ❖ 影響を受ける。 영향을 받다.

81
- **えいご** 英語
  에-고

  ⑲ 영어

  ❖ 英語ができる。 영어를 할 줄 알다.

82
- **えいよう** 栄養
  에이요-

  ⑲ 영양

  ❖ 栄養失調。 영양실조.

83
- **えき** 駅
  에끼

  ⑲ 역, 정거장

  ❖ 駅はどこですか。
  역은 어디입니까?

84
□ **エネルギー**　　　명 에너지(Energie)정력, 힘, 활력

에네루기-
- ❖ エネルギー産業。 에너지 산업.

85
□ **えはがき**　絵葉書　　명 그림엽서

에하가끼
- ❖ 絵葉書をポストに投函する。
  그림엽서를 우체통에 넣다.

86
□ **えらい**　偉い　　い형 훌륭하다, 위대하다

에라이
- ❖ 偉い学者。 훌륭한 학자.

87
□ **える**　得る　　동 얻다

에루
- ❖ 力を得る。 힘을 얻다.

88
□ **エンジニア**　　　명 엔지니어(engineer)

엔지니아
- ❖ ヒューマンエンジニアリング。
  휴먼 엔지니어링, 인간 공학.

89
□ **えんそう**　演奏　　명 연주

엔소-
- ❖ 演奏にじっとききいる。
  연주를 조용히 경청하다.

90
えんそく 遠足 　　⑲ 소풍

엔소꾸

❖ あさっての遠足が楽しみだ。
　모레의 소풍이 기다려진다.

91
えんちょう 延長 　　⑲ 연장

엔쪼-

❖ 期限を延長する。
　기한을 연장하다.

92
えんぴつ 鉛筆 　　⑲ 연필

엠삐쯔

❖ 鉛筆を削る。 연필을 깎다.

93
おいしい 　　[い형] 맛있다, 맛좋다(=うまい)

오이시이

❖ おいしく頂きました。
　맛있게 먹었습니다.

94
おう 王 　　⑲ 왕, 임금, 군주

오우

❖ 王の業績は偉大だ。
　왕의 업적은 위대하다.

95
おおきい 大きい 　　[い형] 크다(↔ちいさい), (수량, 나이)많다

오-끼이

❖ 被害が大きい。 피해가 크다.

96
おかあさん お母さん

오까-산

명 어머니, 엄마

❖ お母さん、ただいま。
어머니, 다녀왔습니다.

97
おかし お菓子

오까시

명 과자

❖ お菓子が七つある。
과자가 일곱 개 있다.

98
おきる 起きる

오끼루

동 일어나다(↔ねる), 기상하다

❖ 毎朝6時に起きる。
매일 아침 6시에 일어나다.

99
おさない 幼い

오사나이

い형 나이가 어리다, 미숙하다

❖ 見方が幼い。 보는 눈이 미숙하다.

100
おさめる 納める

오사메루

동 (금품을)납부하다, 끝내다

❖ 税金を納める。 세금을 납부하다.

101
おさめる 収める

오사메루

동 넣다, 거두다, 받다, 받아들이다

❖ 勝利を収める。 승리를 거두다.

102
おしい　惜しい
오시이

い형 아깝다, 애석하다, 유감스럽다

❖ 命が惜しい。 목숨이 아깝다.

103
おしえる　教える
오시에루

동 가르치다, 깨우치다, 훈계하다

❖ 英語を教える。 영어를 가르치다.

104
おしっこ
오식꼬

명 소변, 오줌

❖ おしっこをする。 오줌을 싸다.

105
おしゃれだ
오샤레다

な형 멋을 내다, 멋쟁이

❖ おしゃれな女。 멋을 부리는 여자.

106
おそい　遅い
오소이

い형 늦다(↔はやい), 느리다(=のろい)

❖ テンポが遅い。 템포가 느리다.

107
おそろしい　恐ろしい
오소로시이

い형 무섭다 , 지독하다

❖ 恐ろしい話をする。
무서운 이야기를 하다.

기본단어 | **25**

108
おちば 落ち葉 　 ⑲ 낙엽(fallen leaves)

오찌바

❖ 落ち葉を燃やしている。
　 낙엽을 태우고 있다.

109
おちゃ お茶 　 ⑲ 차, 다도

오쨔

❖ お茶をたてる。 차를 끓이다.

110
おちる 落ちる 　 ⑤ (아래로) 떨어지다, 빠지다

오찌루

❖ 飛行幾が落ちる。
　 비행기가 떨어지다.

111
おつり 　 ⑲ 거스름돈

오쯔리

❖ 2千円のおつりでございます。
　 2천 엔의 거스름돈입니다.

112
おてあらい お手洗い 　 ⑲ 화장실

오떼아라이

❖ お手洗いはどこですか。
　 화장실은 어디입니까.

113
おとうさん お父さん 　 ⑲ 아버지, 아빠 (↔お母さん, 엄마)

오또-산

❖ お父さん、お電話です。
　 아버지, 전화 왔습니다.

114
おとこのがくせい 男の学生
오또꼬노가꾸세ー

명 남학생

❖ 男の学生です。 남학생입니다.

115
おとこのこ 男の子
오또꼬노꼬

명 남자아이

❖ 男の子をうむ。 사내아이를 낳다.

116
おとしだま お年玉
오또시다마

명 세뱃돈

❖ お年玉をやる。 세배돈을 주다.

117
おとす 落とす
오또스

동 (아래로) 떨어뜨리다

❖ コップを落とす。
컵을 떨어뜨리다.

118
おととし 一昨年
오또또시

명 재작년

❖ 一昨年米国から帰った。
재작년에 미국에서 돌아왔다.

119
おにごっこ 鬼ごっこ
오니곡꼬

명 숨바꼭질, 술래잡기

❖ 鬼ごっこをする。
술래잡기를 하다.

120
□ **おねえさん** お姉さん 명 누나, 언니

오네—산

❖ ねえさん、おあいそ。
아가씨, 계산해 주세요.

121
□ **オフィス** 명 오피스(office), 사무실(=じむしつ)

오휘스

❖ オフィス街(がい)。 오피스 거리.

122
□ **おべんとう** お弁当 명 도시락

오벤또—

❖ お弁当(べんとう)を残(のこ)す。
도시락을 남기다.

123
□ **おみやげ** お土産 명 선물

오미야게

❖ 海外旅行(かいがいりょこう)のお土産(みやげ)。
해외여행에서 사 온 선물.

124
□ **おむつ** 명 기저귀

오무쯔

❖ おむつをする。
기저귀를 채우다.

125
□ **おもい** 重い い형 무겁다(↔かるい), 중대하다

오모이

❖ 重(おも)い荷物(にもつ)。 무거운 짐.

126
おもいで 思い出   명 추억

오모이데

❖ 懐かしい 思い出が浮かぶ。
그리운 추억이 떠오르다.

127
おもしろい 面白い   い형 재미있다(↔つまらない), 우습다

오모시로이

❖ よく 面白い 冗談をいう 人。
우스운 농담을 잘 하는 사람.

128
おやつ   명 오후간식

오야쯔

❖ おやつにしましょう。
간식을 합시다.

129
おりる 降りる   동 (아래로) 이동하다, 자리 물러나다

오리루

❖ 階段を 降りる。계단을 내려오다.

130
オリンピック   명 올림픽(Olympic)

오림픽쿠

❖ オリンピック聖火。올림픽 성화.

131
おる 折る   동 접다, 굽히다, 구부리다, 꺾다

오루

❖ 枝を 折る。나뭇가지를 꺾다.

기본단어 | **29**

132
おれる 折れる 동 접히다, 꺾이다, 부러지다

오레루

❖ 四つ角を右に折れる。
네거리를 오른쪽으로 구부러지다.

133
オレンジ 명 오렌지(orange)

오렌지

❖ オレンジジュース。오렌지 주스.

134
おろす 降ろす 동 (아래로)옮기다, (탈것에서) 내려놓다

오로스

❖ 棚から荷物を降ろす。
선반에서 짐을 내리다.

135
おわる 終わる 동 끝나다

오와루

❖ 会議が終わる。회의가 끝나다.

136
おんがく 音楽 명 음악

옹가꾸

❖ 音楽を習う。음악을 배우다.

137
おんなのがくせい 女の学生 명 여학생

온나노가꾸세-

❖ 女の学生が一人います。
여학생이 한 명 있습니다.

138
□ **オーケストラ**
오-케스토라

명 오케스트라(orchestra)

❖ はなやかなオーケストラの響き。
화려한 관현악의 음향.

139
□ **オーバーコート**
오-바-코-토

명 오버코트(overcoat)

❖ オーバーコートが大きい。
오버코트가 크다.

140
□ **カーテン**
카-텐

명 커튼(curtain)

❖ カーテンをあける。 커튼을 걷다.

141
□ **かいけつ**　解決
카이께쯔

명 해결

❖ 円満に解決する。
원만히 해결하다.

142
□ **ガイド**
가이도

명 가이드(guide), 안내, 안내인

❖ 海外旅行ガイド。
해외 여행 안내서.

143
□ **かいもの**　買い物
카이모노

명 쇼핑, 물건을 삼

❖ 買い物をする。
장보기를[쇼핑을] 하다.

기본단어 | **31**

144
□ **かいわ** 会話 　　（명） 회화

카이와

❖ フランス語で会話する。
프랑스어로 회화하다.

145
□ **かう** 買う 　　（동） 사다, 구입하다

카우

❖ 土地を買う。 토지를 사다.

146
□ **かえす** 返す 　　（동） 제자리에 돌려놓다, (되)갚다

카에스

❖ 本を返す。 책을 돌려주다.

147
□ **かえる** 代える 　　（동） (서로) 바꾸다, 교환하다

카에루

❖ 手形を現金に代える。
어음을 현금으로 바꾸다.

148
□ **かえる** 返る 　　（동） (원상태, 원위치로) 돌아가다

카에루

❖ 我に返る。 제정신이 들다.

149
□ **かえる** 変える 　　（동） (상태 등을) 변화시키다

카에루

❖ 顔色を変える。 안색을 바꾸다.

150
□ かえる 帰る
카에루

동 돌아오다, 돌아가다

❖ 故郷に帰る。 고향으로 돌아가다.

151
□ かお 顔
카오

명 얼굴, 낯, 용모, 체면, 면목

❖ 顔をしかめる。 얼굴을 찌푸리다.

152
□ かかえる 抱える
카까에루

동 안다, 껴안다, 감싸 쥐다

❖ 借金を抱える。 빚을 떠맡다.

153
□ かがやく 輝く
카가야꾸

동 눈부시게 빛나다

❖ 輝く瞳。 반짝이는 눈동자.

154
□ かかる 掛かる
카까루

동 걸리다, 덤비다, 공격하다

❖ 時間が掛かる。 시간이 걸린다.

155
□ カギ
카기

명 열쇠

❖ カギあなからのぞく。
열쇠 구멍으로 엿보다.

156
□ **かぎる** 　　限る　　　　⑧ 한정(제한)하다, 한하다

카기루

❖ 人数を限る。 인원수를 제한하다.

157
□ **かくす** 　　隠す　　　　⑧ 감추다, 숨기다

카꾸스

❖ 姿を隠す。 모습을 감추다.

158
□ **がくせい** 　学生　　　　⑨ 학생

가꾸세－

❖ 学生がそうしてもいいのか。
학생이 그래서 되겠느냐?

159
□ **かける** 　　欠ける　　　⑧ 귀떨어지다, 부족하다

카께루

❖ 常識に欠ける。 상식이 부족하다.

160
□ **かこむ** 　　囲む　　　　⑧ 에우다, 둘러싸다, 포위하다

카꼬무

❖ 海に囲まれている。
바다에 둘러싸여 있다.

161
□ **かさ** 　　　傘　　　　　⑨ 우산, 양산

카사

❖ この傘はいくらですか。
이 우산은 얼마입니까?

162
かさなる　重なる　⟮동⟯ 포개어지다, 겹치다

카사나루

❖ 不幸が重なる。 불행이 겹치다.

163
かさねる　重ねる　⟮동⟯ 포개다, 거듭하다, 되풀이하다

카사네루

❖ 左右の手を重ねる。
좌우의 손을 포개다.

164
かざる　飾る　⟮동⟯ 치장하다, 꾸미다, 빛내다

카자루

❖ 最後を飾る。 최후를 장식하다.

165
かす　貸す　⟮동⟯ 빌려 주다, 이용케하다

카스

❖ お金を貸す。 돈을 꾸어주다.

166
ガス　　⟮명⟯ 가스(gas)

가스

❖ 自動車のはいきガス。
자동차의 배기 가스.

167
かぜ　風　⟮명⟯ 바람, (사물의)형세, 형편

카제

❖ 風にたなびく。 바람에 나부끼다.

168
かぜ 風邪 — 圏 감기

카제

❖ 風邪(かぜ)をひく。 감기 들다.

169
かせぐ 稼ぐ — 图 벌다, 수입을 얻다

카세구

❖ お金(かね)を稼(かせ)ぐ。 돈을 벌다.

170
かぞえる 数える — 图 세다

카조에루

❖ 人数(にんずう)を数(かぞ)える。 인원수를 세다.

171
かぞく 家族 — 圏 가족

카조꾸

❖ 家族(かぞく)づれで遊(あそ)ぶ。
가족이 같이 놀다.

172
かたまる 固まる — 图 굳다, 딱딱해지다, 확고해지다

카따마루

❖ 方針(ほうしん)が固(かた)まる。 방침이 확고해지다.

173
かたむく 傾く — 图 기울어지다, 지다

카따무꾸

❖ 船体(せんたい)が傾(かたむ)く。 선체가 기울다.

174
かたむける 傾ける [동] 기울이다, 기울게 하다, 쏟다

카따무께루

❖ 全力を傾ける。 전력을 기울이다.

175
かつ 勝つ [동] 이기다, 극복하다, 이겨내다

카쯔

❖ 誘惑に勝つ。 유혹을 이겨내다.

176
かっこいい [い형] 멋지다

칵꼬이이

❖ ヨンジュンかっこいい。
용준 멋있어요!

177
がっこう 学校 [명] 학교

칵꼬ー

❖ デザイン学校に通っている。
디자인 학교에 다니고 있다.

178
かなう 叶う [동] 이루어지다, 성취되다

카나우

❖ 願いが叶う。 소원이 이루어지다.

179
かばん [명] 가방

카반

❖ かばんを肩に掛ける。
가방을 어깨에 메다.

180
□ **がまん**　　　我慢　　　영 참음

가만

❖ もはや我慢(がまん)ができない。
이제는 참을 수 없다.

181
□ **がまんする**　我慢する　　동 참다, 인내하다

가만스루

❖ 痛(いた)さを我慢(がまん)する。 아픔을 참다.

182
□ **ガム**　　　　　　　　영 껌(gum)

가무

❖ ガムをかむ。 껌을 씹다.

183
□ **カメラマン**　　　　　영 카메라맨(cameraman)

카메라만

❖ カメラマンのフラッシュを浴(あ)びる。 카메라맨의 플래시 세례를 받다.

184
□ **かよう**　　　通う　　　동 다니다, 왕래하다, 상통하다

카요우

❖ 心(こころ)の通(かよ)う友(とも)。 마음이 통하는 벗.

185
□ **からオケ**　　　　　　영 가라오케, 녹음한 것을 반주로 하여 노래부르기

카라오케

❖ からオケに行(い)こう。
노래방 가자.

186
□ **からだ** 体 　⑲ 몸, 신체, 육체

카라다

❖ 体を酷使する。 몸을 혹사하다.

187
□ **かりる** 借りる 　⑧ 빌다, 꾸다

카리루

❖ 本を借りる。 책을 빌리다.

188
□ **かるい** 軽い 　(い형) 가볍다(↔おもい＝かろい)

카루이

❖ 軽い靴。 가벼운 신발.

189
□ **かれる** 枯れる 　⑲ (초목이) 마르다, 시들다, 말라 죽다

카레루

❖ 花が枯れる。 꽃이 시들다.

190
□ **カロリ-** 　⑲ 칼로리(calorie)

카로리-

❖ カロリーの高いものを食べる。
칼로리가 높은 것을 먹다.

191
□ **かわ** 川 　⑲ 강, 내, 시내

카와

❖ 川を渡る。 강을 건너다.

기본단어 | **39**

192
□ **かわいい**

카와이이

い형 귀엽다(↔にくい), 사랑스럽다

❖ かわいい子には旅をさせよ。
귀여운 자식은 여행을 시켜라.

193
□ **かわる** 替わる

카와루

동 대신하다, 바뀌다, 교체되다

❖ 投手が替わる。 투수가 바뀌다.

194
□ **かんけり**

캉께리

명 깡통차기

❖ かんけりをする。 깡통차기를 하다.

195
□ **かんこうきゃく** 観光客

캉꼬-꺄꾸

명 관광객

❖ 観光客を誘致する。
관광객을 유치하다.

196
□ **かんじ** 漢字

칸지

명 한자

❖ 漢字で書く。 한자로 쓰다.

197
□ **かんしゃ** 感謝

칸샤

명 감사

❖ 感謝のしるし。 감사의 표시.

198
かんじゃ 患者   명 환자

칸쟈

❖ 患者用の食事。
환자용의 식사.

199
かんじる 感じる   동 느끼다, 감동하다, 반응하다

칸지루

❖ 寒さを感じる。 추위를 느끼다.

200
かんたんだ 簡単だ   な형 간단하다

칸딴다

❖ 簡単な仕事。 간단한 일.

201
がんばる 頑張る   동 화이팅하다, 주장하다

감바루

❖ 自分が正しいと頑張る。
자기가 옳다고 주장하다.

202
かんぺき 完璧   명 완벽

칸뻬끼

❖ 完璧な仕上げだ。
완벽한 마무리다.

203
カーブ   명 커브(curve)

카부

❖ 車がカーブを切る。
차가 커브를 틀다.

기본단어 | **41**

204
□ **き** 木
키

명 나무, 수목

❖ 木を植える。 나무를 심다.

205
□ **ききとり** 聞き取り
키끼또리

명 듣기, 듣고 이해하기, 청취

❖ 聞き取りの試験。 듣기 시험.

206
□ **きく** 利く
키꾸

동 효력이 있다, 듣다, 가능하다

❖ 顔が利く。 이름이 알려져 잘 통하다.

207
□ **きく** 聞く
키꾸

동 듣다, 묻다, 시음하다

❖ ラジオを聞く。 라디오를 듣다.

208
□ **きく** 効く
키꾸

동 효과가 듣다, 작용하다

❖ 薬がよく効く。 약이 잘 듣다.

209
□ **きざむ** 刻む
키자무

동 잘게 썰다

❖ 大根を刻む。 무를 잘게 썰다.

210
□ **きず** 傷 　　　명 상처, 흠, 결점

키즈
- 傷を負う。 상처를 입다.

211
□ **きせる** 着せる 　　동 옷을 입히다(put on)

키세루
- 子供に服を着せる。
  아이에게 옷을 입히다.

212
□ **きのう** 昨日 　　명 어제

키노-
- 昨日の午後。 어제 오후.

213
□ **きびしい** 厳しい 　　い형 엄하다, 엄격하다, 심하다

키비시이
- 厳しいとりしまり。 엄중한 단속.

214
□ **キャッシュカード** 　　명 현금 카드(cash card)

캇슈카-도
- キャッシュカードレジスター。
  금전 등록기.

215
□ **きゅうじつ** 休日 　　명 휴일

큐-지쯔
- 休日に補講する。
  휴일에 보강하다.

기본단어 | 43

216
きゅうよう 急用　　圏 급한 용무, 급한 볼 일

큐-요-

❖ 急用で上京する。
급한 일로 상경하다.

217
キュウリ　　圏 오이(cucumber)

큐-리

❖ このキュウリは私が作りました。
이 오이는 내가 길렀습니다.

218
きょう　　今日　　圏 오늘

쿄-

❖ 父は今日帰って来ます。
아버지는 오늘 돌아옵니다.

219
きょうしつ 教室　　圏 교실, 대학의 연구실, 강습

쿄-시쯔

❖ 教室の前列に席をとる。
교실 앞줄에 자리를 잡다.

220
きょうだい 兄弟　　圏 형제

쿄-다이

❖ 兄弟の仲が疎遠になる。
형제의 사이가 멀어지다.

221
きょねん　去年　　圏 작년, 지난 해(=さくねん)

쿄넨

❖ 去年の春。 작년 봄.

222
きらいだ 嫌いだ

키라이다

[な형] 싫어하다

❖ 勉強が嫌いだ。 공부가 싫다.

223
きれいだ

키레이다

[な형] 예쁘다, 깨끗하다

❖ きれいな着物。 예쁜 옷.

224
きれる 切れる

키레루

[동] 베이다, 끊어지다, 없어지다

❖ ロープが切れる。 로프가 끊어지다.

225
ぎんこう 銀行

깅꼬-

[명] 은행

❖ 銀行に入金する。
은행에 입금시키다.

226
くいちがう 食い違う

쿠이찌가우

[동] 어긋나다

❖ 意見が食い違う。
의견이 엇갈리다.

227
くうき 空気

쿠-끼

[명] 공기, 대기, 분위기

❖ 新鮮な空気を吸う。
신선한 공기를 들이마시다.

기본단어 | **45**

228
□ **くじら** 鯨 　　　 명 고래(whale)

쿠지라

❖ <ruby>鯨<rt>くじら</rt></ruby>をとる。 고래를 잡다.

229
□ **くすり** 薬 　　　 명 약, 유익, 도움

쿠스리

❖ <ruby>薬<rt>くすり</rt></ruby>をのむ。 약을 먹다.

230
□ **クッキ-** 　　　 명 과자(cookie)

쿡키-

❖ <ruby>土産<rt>みやげ</rt></ruby>にクッキーを<ruby>持<rt>も</rt></ruby>って<ruby>行<rt>い</rt></ruby>く。
선물로 쿠키를 들고 가다.

231
□ **くむ** 組む 　　　 동 엇걸다, 끼다, 얽다, 엮다, 꼬다

쿠무

❖ <ruby>腕<rt>うで</rt></ruby>を<ruby>組<rt>く</rt></ruby>む。 팔짱을 끼다.

232
□ **くやしい** 悔しい 　　　 い형 분하다

쿠야시이

❖ あんなやつにばかにされて<ruby>悔<rt>くや</rt></ruby>しい。
저런 놈에게 멸시당해서 억울하다.

233
□ **くらい** 暗い 　　　 い형 어둡다(↔あかるい), 우울하다

쿠라이

❖ <ruby>暗<rt>くら</rt></ruby>い<ruby>性格<rt>せいかく</rt></ruby>。 어두운(음울한) 성격.

234
クラス
쿠라스

(명) 클래스(class), 학급

❖ 彼がクラスで最も背が高い。
그가 학급에서 제일 키가 크다.

235
クラブ
쿠라부

(명) 클럽(club)

❖ クラブを結成する。
클럽을 결성하다.

236
くらべる　比べる
쿠라베루

(동) 비교하다, (우열을) 겨루다

❖ 身長を比べる。 신장을 비교하다.

237
くりかえす　繰り返す
쿠리까에스

(동) 반복하다

❖ 失敗を繰り返す。
실패를 반복하다.

238
くる　来る
쿠루

(동) 오다, 다가오다, 이리로 오다

❖ 電車が来る。 전차가 오다.

239
くるう　狂う
쿠루우

(동) 미치다, 빠지다

❖ 失恋して気が狂う。
실연해서 실성하다.

240
□ くるしむ　苦しむ
쿠루시무

(동) 괴로워하다, 고생하다, 고심하다

❖ 病に苦しむ。 병에 시달리다.

241
□ くるま　車
쿠루마

(명) 자동차, 바퀴

❖ 車で行こう。 자동차로 가자.

242
□ くるみ
쿠루미

(명) 호두

❖ くるみを割る。 호두를 까다.

243
□ くれる　暮れる
쿠레루

(동) 해가 지다, (계절 한 해가) 저물다

❖ 涙に暮れる。 눈물로 지새다.

244
□ くろい　黒い
쿠로이

(い형) 검다, 까맣다, (범죄) 혐의가 짙다

❖ 黒い外套を着ている。
검은 외투를 입고 있다.

245
□ くわえる　加える
쿠와에루

(동) 보태다, 더하다, 가하다, 넣다

❖ 仲間に加える。 한패에 넣다.

246
くわわる 加わる — 동 늘다, 추가되다, 더해지다

쿠와와루

❖ 人数が加わる。 인원수가 늘다.

247
けいかく 計画 — 명 계획

케이까꾸

❖ 夏休みになにをするか計画を立てている。 여름 방학에 무엇을 할까 계획을 세우고 있다.

248
ケイタイ 携帯 — 명 휴대폰(carrying)

케이따이

❖ 今度もケイタイをレンタルするんですか。
이번에도 휴드폰 렌탈하시나요?

249
ケーキ — 명 케이크(cake)

케-키

❖ 当店自慢の特製ケーキ。
저희 가게가 자랑하는 특제 케이크.

250
ゲーム — 명 게임(game)

게-무

❖ ゲームが引き分けになる。
게임이 무승부가 되다.

251
けしゴム 消しゴム — 명 지우개

케시고무

❖ 消しゴムで消してください。
지우개 로 지워 주세요.

252
けちだ

케찌다

な형 인색하다, 비열하다

❖ 金^{かね}にけちだ。 돈에 인색하다.

253
けっこうだ 結構だ

켁꼬―다

な형 훌륭하다, 충분하다, 만족스럽다

❖ もう結構^{けっこう}だ。 이제 충분하다.

254
げひんだ 下品だ

게힌다

な형 품위 없다, 조잡하고 천하다

❖ 下品^{げひん}な言葉^{ことば}づかい。 천한 말씨.

255
げんきだ 元気だ

겡끼다

な형 건강하다

❖ わたしは元気^{げんき}です。
저는 건강합니다.

256
げんざい 現在

겐자이

명 현재

❖ 現在^{げんざい}・過去^{かこ}・未来^{みらい}。
현재・과거・미래.

257
げんだい 現代

겐다이

명 현대

❖ 現代^{げんだい}的^{てき}な建物^{たてもの}。 현대적인 건물.

258
□ **ケース**
케-스

명 케이스(case), 상자, 갑, 용기

❖ これは特殊なケースだ。
이것은 특수한 케이스이다.

259
□ **こうえん** 公園
코-엔

명 공원

❖ 公園を散歩する。
공원을 산책하다.

260
□ **こうてい** 校庭
코-떼-

명 교정, 학교 마당

❖ 放課後はいつも校庭で遊ぶ。
방과후는 항상 교정에서 논다.

261
□ **こうどう** 行動
코-도-

명 행동

❖ 行動を共にする。
행동을 같이 하다.

262
□ **こぐ** 漕ぐ
코구

동 (배를) 젓다

❖ ボートを漕ぐ。 보트를 젓다.

263
□ **ごご** 午後
고고

명 오후(=ひるすぎ)

❖ 午後9時に閉門する。
오후 9시에 폐문한다.

264
□ **こごえる** 凍える　　(동) (손발이) 얼다, 곱아지다

코고에루

❖ 手が凍える。 손이 곱아지다.

265
□ **こころよい** 快い　　(い형) 유쾌하다

코꼬로요이

❖ 快い音色。 기분 좋은 음색.

266
□ **こす** 越す　　(동) 넘다, 넘기다, 앞서다, 앞지르다

코스

❖ 境を越す。 경계를 넘다.

267
□ **こっか** 国家　　(명) 국가

콕까

❖ 国家に有用な人物。
국가에 유용한 인물.

268
□ **こと** 事　　(명) 일, 것, 수, 짓, 기, 사항, 사건

코또

❖ 去年の事だ。 작년의 일이다.

269
□ **ことし** 今年　　(명) 금년, 올해(=ほんねん)

코또시

❖ 今年は雨が多い。
금년은 비가 잦다.

270
□ **こども**　子供　　　　명 어린이, 아이(↔ おとな), 자식

코도모

❖ 子供たちが公園で遊んでいる。
아이들이 공원에서 놀고 있다.

271
□ **こなぐすり**　粉薬　　명 가루약

코나구스리

❖ 粉薬を一服飲む。
가루약을 한 봉지 먹다.

272
□ **このましい**　好ましい　　い형 호감이 가다, 바람직하다

코노마시이

❖ 好ましい人。 호감이 가는 사람.

273
□ **ごはん**　御飯　　　　명 식사, 밥

고한

❖ 御飯をたく。 밥을 짓다.

274
□ **コピー**　　　　　　　명 카피, 복사(copy)

코피-

❖ コピーを取る。
사본을 뜨다, 복사하다.

275
□ **ごまかす**　　　　　　동 속이다

고마까스

❖ 親をごまかす。 부모를 속이다.

276
□ **こままわし** — 몡 팽이치기

코마마와시

❖ **こままわし**をする。
팽이치기를 하다.

277
□ **こまる**　困る — 동 곤란해지다, 시달리다, 난처하다

코마루

❖ 寒<ruby>さむ</ruby>くて<ruby>困こま</ruby>る。 추워서 곤란하다.

278
□ **ゴムとび** — 몡 고무줄넘기

고무도비

❖ **ゴムとび**をする。
고무줄 놀이를 하다.

279
□ **ごめん** — 몡 용서, 사면

고멘

❖ **ごめん**なさい。 미안합니다.

280
□ **コメント** — 몡 코멘트(comment), 설명, 논평

코멘토

❖ **コメント**を<ruby>求もと</ruby>める。
논평을 구하다.

281
□ **こもりうた**　子守歌 — 몡 자장가

코모리우따

❖ <ruby>子守歌こもりうた</ruby>を<ruby>歌うた</ruby>う。 자장가를 부르다.

282
□ **ころがる**　転がる
코로가루

동 구르다, 눕다, 드러눕다

❖ ボールが転がる。 공이 구르다.

283
□ **ころす**　殺す
코로스

동 죽이다

❖ 害虫を薬で殺す。
해충을 약으로 죽이다.

284
□ **こわす**　壊す
코와스

동 부수다, 깨뜨리다, 고장을 내다

❖ おなかを壊す。 배탈이 나다.

285
□ **こわれる**　壊れる
코와레루

동 깨지다, 파손되다

❖ コップが壊れる。 컵이 깨지다.

286
□ **こんげつ**　今月
콩게쯔

명 이달

❖ 今月のはじめに。 이달 초에.

287
□ **こんしゅう**　今週
콘슈-

명 이번주, 금주

❖ 今週の月曜日。 금주 월요일.

기본단어 | **55**

288
□ コンセント
콘센토

명 콘센트(consent)

❖ コンセントにプラグをさしこむ。
콘센트에 플러그를 꽂다.

289
□ こんなに
콘나니

부 이렇게

❖ その後にこんなに大きくなったね。 그동안 이만큼 컸구나.

290
□ コンビニ
콤비니

명 편의점

❖ コンビニの雑誌コーナ。
편의점 잡지 코너.

291
□ コンプレックス
콤푸렉쿠스

명 콤플렉스(complex)

❖ コンプレックスを抱く。
열등감을 품다.

292
□ コース
코-스

명 코스(course)

❖ 直線コース。 직선 코스.

293
□ コーナー
코-나-

명 코너(corner)

❖ 新刊本コーナー。 신간본 코너.

294
□ **サイズ**
사이즈

명 사이즈(size)

❖ サイズを取る。 치수를 재다.

295
□ **さかだち** 逆立ち
사까다찌

명 거꾸로 섬, 물구나무 섬

❖ 逆立ちをしている。
물구나무를 서고 있다.

296
□ **さかな** 魚
사까나

명 물고기, 생선

❖ 魚がくさる。 생선이 썩다.

297
□ **さかなや** 魚屋
사까나야

명 생선가게

❖ 魚屋の御上。 생선 가게 안주인.

298
□ **ささえる** 支える
사사에루

동 받치다, 버티다, 지탱하다

❖ 敵を支える。 적을 저지하다.

299
□ **ささやく**
사사야꾸

동 속삭이다

❖ 愛をささやく。 사랑을 속삭이다.

300
□ **さしみ**　　刺身　　명 생선회

사시미

❖ まぐろの刺身。 다랑어회, 참치회.

301
□ **さす**　　刺す　　동 찌르다, 쏘다, 물다

사스

❖ 蚊が刺す。 모기가 물다.

302
□ **さす**　　差す　　동 (빛살이) 비치다, 받치다

사스

❖ 傘を差す。 우산을 받다.

303
□ **させつ**　　左折　　명 좌회전(↔うせつ)

사세쯔

❖ 次の角を左折してください。
다음 모퉁이를 좌회전해 주세요.

304
□ **サッカ-**　　　　　명 축구(soccer)

삭카-

❖ サッカ-試合。 축구 시합.

305
□ **さとる**　　悟る　　동 깨닫다

사또루

❖ 世の無常を悟る。
세상의 무상함을 깨닫다.

306
□ **さびしい** 寂しい 〔い형〕 쓸쓸하다, 허전하다, 적적하다

사비시이

❖ 寂(さび)しい村(むら)。 쓸쓸한 마을.

307
□ **さむい** 寒い 〔い형〕 춥다(↔あつい), 차다, 오싹하다

사무이

❖ いくぶん寒(さむ)い。 약간 춥다.

308
□ **さめる** 覚める 〔동〕 잠이 깨다, 술이 깨다

사메루

❖ 夢(ゆめ)から覚(さ)める。 꿈에서 깨어나다.

309
□ **さらいげつ** 再来月 〔명〕 내내월

사라이게쯔

❖ 再来月(さらいげつ)の十日(とおか)。 내내월의 10일.

310
□ **さらいしゅう** 再来週 〔명〕 다음 다음주

사라이슈

❖ 再来週(さらいしゅう)の日曜日(にちようび)。
다음 다음주 일요일.

311
□ **さらいねん** 再来年 〔명〕 내후년

사라이넨

❖ 再来年(さらいねん)の秋(あき)。 내후년 가을.

312
□ さる　　去る

사루

(동) 지나다, 사라지다

❖ 去る二日の晩。 지난 2일날 밤.

313
□ さわがしい　騒がしい

사와가시이

(い형) 시끄럽다

❖ 騒がしい教室。 소란스런 교실.

314
□ さわぐ　　騒ぐ

사와구

(동) 떠들다

❖ 子供たちが騒ぐ。
아이들이 떠들다.

315
□ さわる　　触る

사와루

(동) 만지다

❖ 肩に触る。 어깨에 손을 대다.

316
サンプル

삼푸루

(명) 샘플(sample), 견본

❖ 新薬のサンプル。 신약의 샘플.

317
□ さんぽ　　散歩

삼뽀

(명) 산책, 산보

❖ 公園を散歩する。
공원을 산책하다.

318
サービス
사-비스

명 서비스(service)
❖ サービスがいい。 서비스가 좋다.

319
しかめる
시까메루

동 찡그리다, 찌푸리다
❖ 顔をしかめている。
얼굴을 찡그리고 있다.

320
じかん 時間
지깐

명 시간, 때, 시각
❖ 時間をすごす。 시간을 보내다.

321
じき 時期
지끼

명 시기
❖ 試験の時期。 시험 시기.

322
しごと 仕事
시고또

명 일, 직업, 업무
❖ 仕事が終わる。 일이 끝나다.

323
じしょ 辞書
지쇼

명 사전(=じてん)
❖ 辞書をひく。 사전을 찾다.

324
□ **しずかだ**　静かだ　　**な형** 조용하다, 고요하다

시즈까다

❖ 静かな教室。 조용한 교실.

325
□ **システム**　　　　**명** 시스템(system), 조직, 체계, 계통

시스테무

❖ 会社のシステム。
회사의 조직 체계.

326
□ **しせい**　姿勢　　**명** 자세

시세이

❖ 姿勢がいい。 자세가 좋다.

327
□ **しない**　市内　　**명** 시내

시나이

❖ 市内をひとめぐりする。
시내를 한 바퀴 돌다.

328
□ **じみだ**　地味だ　　**な형** 수수하다, 검소하다

지미다

❖ 服装が地味だ。 복장이 수수하다.

329
□ **しめる**　締める　　**동** 조이다, 매다

시메루

❖ 帯を締める。 허리띠를 매다.

330
しゃこう 社交 　　명 사교

샤꼬-

❖ 社交的な人。 사교적인 사람.

331
しゃしん 写真 　　명 사진

샤신

❖ 写真をとる。 사진을 찍다.

332
シャワー 　　명 샤워(shower)

샤와-

❖ シャワーを浴びている。
샤워를 하고 있다.

333
ジュース 　　명 주스(juice)

쥬-스

❖ 湯上がりにジュースを飲む。
목욕을 마치고 주스를 마시다.

334
しゅうまつ 週末 　　명 주말

슈-마쯔

❖ 週末は別荘で過ごす。
주말은 별장에서 지내다.

335
じゅく 塾 　　명 학원

쥬꾸

❖ 塾の生徒。 학원의 학생.

336
しゅくだい 宿題
슈꾸다이

명 숙제

❖ 夏休みの宿題を出す。
여름 방학의 숙제를 내다.

337
しょうがくせい 小学生
쇼-가꾸세-

명 초등학생

❖ 小学生じゃ出来ない。
초등학교 학생으로서는 할 수 없다.

338
しょうてんがい 商店街
쇼-뗑가이

명 상점가

❖ にぎやかな商店街。
번화한 상점가.

339
しょうひん 商品
쇼-힌

명 상품(goods), 매매를 위한 물건

❖ 商品を売っている。
상품을 팔고 있다.

340
じょうひんだ 上品だ
죠-힌다

な형 고상하다, 품위 있다

❖ 上品な趣味。 고상한 취미.

341
しょうぼうしゃ 消防車
쇼-보-샤

명 소방차

❖ 消防車が来た。 소방차가 왔다.

342
- **ショック** 명 쇼크(shock), 충격

  쇼쿠

  ❖ 石油ショック。
  석유 쇼크, 오일 쇼크.

343
- **しる** 知る 동 알다

  시루

  ❖ かれの秘密を知る。
  그의 비밀을 알다.

344
- **しれる** 知れる 동 알려지다

  시레루

  ❖ 世間に知れる。 세상에 알려지다.

345
- **しろい** 白い い형 희다

  시로이

  ❖ 色が白い。 색이 희다.

346
- **しんせつだ** 親切だ な형 친절하다

  신세쯔다

  ❖ 親切な人。 친절한 사람.

347
- **しんせんだ** 新鮮だ な형 신선하다, 싱싱하다

  신센다

  ❖ 野菜が非常に新鮮だ。
  야채가 아주 싱싱하다.

기본단어 | 65

348
スカート
스카토

명 스커트(skirt), 여자용의 양장치마

❖ スカートをはいている。
스커트를 입고 있다.

349
スキー
스키-

명 스키(ski)

❖ 水上スキー。 수상 스키.

350
すきだ 好きだ
스끼다

な형 좋아하다

❖ 僕は甘いものが好きだ。
나는 단것을 좋아한다.

351
すぎる 過ぎる
스기루

동 지나가다, 통과하다, 끝나다

❖ 冗談が過ぎる。 농담이 지나치다.

352
すくう 救う
스꾸우

동 구하다, 돕다, 살리다, 덜어 주다

❖ 溺れている人を救う。
물에 빠져 있는 사람을 구하다.

353
すくない 少ない
스꾸나이

い형 적다

❖ 最近は鳥が少なくなった。
최근에는 새가 적어졌다.

354
□ **スケジュール**
스케쥬-루

명 스케줄(schedule)

❖ スケジュールを組む。
스케줄을 짜다.

355
□ **すごい** 凄い
스고이

い형 무섭다, 훌륭하다, 지독하다

❖ 凄いうなり声。
무시무시한 신음소리.

356
□ **すずしい** 涼しい
스즈시이

い형 서늘하다, 시원하다

❖ ここが一番涼しい。
여기가 제일 시원하다.

357
□ **スター**
스타-

명 스타(star)

❖ スターの実像。 스타의 실상.

358
□ **すてきだ** 素敵だ
스떼끼다

な형 매우 멋지다, 매우 훌륭하다

❖ あの人素敵じゃない。
저 사람 멋지지 않아?

359
□ **ストレス**
스토레스

명 스트레스(stress), 악센트, 강세

❖ ストレスが溜まる。
스트레스가 쌓이다.

360
□ **すなあそび** 砂遊び
스나아소비

명 어린이가 하는 모래 장난

❖ 砂遊びをする。 모래장난을 하다.

361
□ **すべり** 滑り
스베리

명 미끄러짐(sliding)

❖ 滑り台ですべる。 미끄럼을 타다.

362
□ **ズボン**
즈본

명 양복 바지

❖ ズボンをはいている。
양복 바지를 입고 있다.

363
□ **すます** 済ます
스마스

동 끝내다, 마치다

❖ 仕事を済ます。 일을 마치다.

364
□ **すむ** 済む
스무

동 끝나다, 완료되다, 해결되다

❖ 千円で済む。 천 엔이면 족하다.

365
□ **する**
스루

동 하다

❖ 勉強をする。 공부를 하다.

366
□ するどい　鋭い

스루도이

(い형) 날카롭다, 예리하다, 예민하다

❖ 頭が鋭い。 머리가 예리하다.

367
□ するめ

스루메

(명) 말린 오징어

❖ するめをひにあぶる。
오징어를 불에 굽다.

368
□ せいせき　成績

세-세끼

(명) 성적(=できばえ)

❖ 成績が上がる。 성적이 오르다.

369
□ せみ　　　蝉

세미

(명) 매미

❖ 蝉をつかまえている。
매미를 잡고 있다.

370
□ ゼミナール　狭い

제미나-루

(명) (대학교 등의)연구, 연습(seminary)

❖ ゼミナールを開く。
학생의 공동 연구·연습을 열다.

371
□ せめる　　攻める

세메루

(동) 공격하다, 치다

❖ 城を攻める。 성을 공격하다.

기본단어 | **69**

372
□ **セルフサ-ビス** 　 명 **셀프서비스(self-service)**

세루후사-비스

❖ 朝食はセルフサービスです。
조식은 셀프서비스입니다.

373
□ **せんげつ** 先月 　 명 **지난달**

셍게쯔

❖ 先月は大口の付け落ちがあった。
지난달에는 거액의 기장 누락이 있었다.

374
□ **せんしゅう** 先週 　 명 **지난주, 전주**

센슈-

❖ 先週の月曜日。 전주 월요일.

375
□ **せんせい** 先生 　 명 **선생(님), 스승**

센세-

❖ 学校の先生をする。
학교의 선생[님]으로 일하다.

376
□ **せんせんしゅう** 先先週 　 명 **지지난주**

센센슈-

❖ 先先週の日曜日。 지지난 일요일.

377
□ **センタ-** 　 명 **센터(center)**

센타-

❖ 文化センター。 문화 센터.

378
ぞう　　　象
조-

명 코끼리

❖ アフリカ象。 아프리카 코끼리.

379
そうじ　　掃除
소-지

명 청소

❖ 掃除が行きとどいている。
청소가 구석구석까지 잘 되어 있다.

380
ソウル
소우루

명 서울

❖ 釜山はソウルに次ぐ大都市だ。
부산은 서울에 다음가는 대도시다.

381
そと　　　外
소또

명 밖, 바깥, 겉, 표면, 외부

❖ 外で遊ぶ。 바깥에서 놀다.

382
そら　　　空
소라

명 하늘, 날씨, (허공에 뜬)신세, 처지

❖ 空高く舞い上がる。
하늘 높이 날아오르다.

383
そろばん
소로반

명 주산

❖ そろばんは二級です。
주산은 2급입니다.

384

□ **たいいく** 体育 　　　명 **체육**

타이이꾸

* 体育は必修とする。
체육은 필수로 한다.

385

□ **たいかい** 大会 　　　명 **대회**

타이까이

* 写生大会に出る。
사생대회에 나오다.

386

□ **だいじょうぶだ** 大丈夫だ 　　　な형 **괜찮다, 말짱하다**

다이죠-부다

* この車はまだ大丈夫だ。
이 차는 아직 말짱하다.

387

□ **たいそう** 体操 　　　명 **체조**

타이소-

* 体操をしている。
체조를 하고 있다.

388

□ **だいひょう** 代表 　　　명 **대표**

다이효-

* クラスの代表を選ぶ。
반의 대표를 뽑다.

389

□ **たいへんだ** 大変だ 　　　な형 **힘들다, 고생스럽다**

타이헨다

* こりゃ、大変だ。 이거, 큰일났다.

390
タイミング
타이밍구

명 타이밍(timing)

❖ タイミングがいい。 타이밍이 좋다.

391
ダウン
다운

명 다운(down↔アップ)

❖ 学力（がくりょく）がダウンする。
학력이 떨어지다.

392
たおす　倒す
타오스

동 쓰러뜨리다, 죽이다, 잡다

❖ 熊（くま）を銃（じゅう）で倒（たお）す。
곰을 총으로 쏘아 잡다.

393
タオル
타오루

명 수건, 타월

❖ タオルで体（からだ）をふく。
타월로 몸을 닦다.

394
たおれる　倒れる
타오레루

동 쓰러지다, 도산하다, 몸져눕다

❖ 過労（かろう）で倒（たお）れる。 과로로 쓰러지다.

395
たかい　高い
타까이

い형 높다(↔ひくい), 비싸다(↔やすい)

❖ 手（て）を高（たか）く上（あ）げる。 손을 높이 들다.

기본단어 | **73**

396
たからさがし
타까라사가시

(명) 보물찾기

❖ たからさがしをする。
보물찾기를 하다.

397
だく 抱く
다꾸

(동) 안다, (마음 속에) 품다

❖ 人形を抱いて寝る。
인형을 안고 자다.

398
タクシー
타쿠시-

(명) 택시

❖ タクシーを拾う。 택시를 잡다.

399
たくはいびん 宅配便
타꾸하이빈

(명) 택배(편)

❖ 田中さん、宅配便です。
다나카씨, 택배입니다.

400
たこあげ
타꼬아게

연날리기

❖ たこあげをする。
연날리기를 하다.

401
たしかだ 確かだ
타시까다

(な형) 확실하다, 틀림없다

❖ 腕前は確かだ。 솜씨는 틀림없다.

402

□ **たしかめる** 確かめる （동） 확인하다

타시까메루

❖ 出発の時間を確かめる。
출발 시간을 확인하다.

403

□ **だす** 出す （동） 내다, 내밀다, 드러내다

다스

❖ ひき出しから書類を出す。
서랍에서 서류를 꺼내다.

404

□ **たずねる** 訪ねる （동） 방문하다

타즈네루

❖ 友を訪ねる。 친구를 방문하다.

405

□ **たたく** 叩く （동） 두드리다, 때리다, 치다

타따꾸

❖ 手を叩く。 손뼉을 치다.

406

□ **たつ** 経つ （동） 경과하다, 지나다

타쯔

❖ ここに移り住んでから3年経った。
이곳으로 이사한 지 3년이 지났다.

407

□ **たつ** 立つ （동） 일어서다, 서다, 곤두서다

타쯔

❖ 矢が立つ。 화살이 꽂히다.

408
たてる 建てる 동 건축하다, 짓다

타떼루

❖ ビルを建てる。 빌딩을 짓다.

409
たね 種 명 종, 씨, 종자(seed)

타네

❖ 種をまいている。
씨를 뿌리고 있다.

410
たのしい 楽しい い형 즐겁다

타노시이

❖ 楽しい音楽。 즐거운 음악.

411
たのむ 頼む 동 부탁하다, 의뢰하다, 당부하다

타노무

❖ 金を貸してくれと頼む。
돈을 꾸어 달라고 부탁하다.

412
たばこ 명 연초, 담배(tabaco)

타바꼬

❖ たばこをくわえている。
담배를 물고 있다.

413
たび 旅 명 여행

타비

❖ かわいい子には旅をさせよ。
귀여운 자식에게는 여행을 시켜라.

414
たべる 食べる 　　동 먹다
타베루
❖ ご飯を食べる。 밥을 먹다.

415
ためす 試す 　　동 시험하여 보다
타메스
❖ 能力を試す。 능력을 시험해 보다.

416
だめだ 駄目た 　　な형 안 되다
다메다
❖ 食べては駄目だ。
  먹어서는 안 된다.

417
ためる 溜める 　　동 모으다
타메루
❖ お金を溜める。 돈을 모으다.

418
たよる 頼る 　　동 의지하다, 믿다, 연줄을 찾아가다
타요루
❖ 知り合いを頼って勤め口を探す。
  아는 이를 연줄로 하여 취업을 구하다.

419
だるい 　　い형 나른하다, 노곤하다
다루이
❖ 熱が出て体がだるい。
  열이 나서 몸이 나른하다.

420
□ **だれ** 誰 　　　명 누구(사람, 동물, 사물)

다레

❖ あの<ruby>人<rt>ひと</rt></ruby>は<ruby>誰<rt>だれ</rt></ruby>ですか。
저 사람은 누구입니까?

421
□ **たんじょうび** 誕生日 　　명 탄생일, 생일

탄죠–비

❖ <ruby>誕生日<rt>たんじょうび</rt></ruby>おめでとう。 생일 축하해!

422
□ **ダンス** 　　　명 댄스(dance)

단스

❖ ダンスの<ruby>相手<rt>あいて</rt></ruby>をする。
댄스의 상대가 되다.

423
□ **ターミナル** 　　명 터미널(terminal)

타–미나루

❖ バスターミナル。 버스 터미널.

424
□ **ちいさい** 小さい 　　い형 작다, 어리다, 생각이 좁다

치이사이

❖ <ruby>小<rt>ちい</rt></ruby>さい<ruby>村<rt>むら</rt></ruby>。 작은 마을.

425
□ **ちぢむ** 縮む 　　동 줄다, 오그라들다

치지무

❖ セーターが<ruby>縮<rt>ちぢ</rt></ruby>む。
스웨터가 오그라들다.

426
ちゅうごく 中国
츄-고꾸

명 중국

❖ 中国 文学。 중국 문학.

427
ちゅうごくご 中国語
츄-고꾸고

명 중국어

❖ 中国語を幾らか知っている。
중국어를 조금만큼 안다.

428
ちゅうごくじん 中国人
츄-고꾸진

명 중국인

❖ 中国人と漢字で筆談する。
중국인과 한자로 필담하다.

429
ちょうこく 彫刻
쵸-꼬꾸

명 조각

❖ 彫刻をしている。
조각을 하고 있다.

430
ちょうし 調子
쵸-시

명 상태, 컨디션

❖ エンジンの調子を調べる。
엔진의 상태를 점검하다.

431
ちらかす 散らかす
치라까스

동 흩뜨리다, 어지르다

❖ 部屋を散らかす。 방을 어지르다.

432
□ **ちらかる**　散らかる　동 흩어지다, 널리다

치라까루

❖ ビラが散らかる。
전단이 흩어지다.

433
□ **つえ**　　　杖　　　명 지팡이

쯔에

❖ つえをついている。
지팡이를 짚고 있다.

434
□ **つかう**　　使う　　동 쓰다, 사용하다, 조종하다

쯔까우

❖ この椅子使ってもいいですか。
이 의자 사용해도 좋습니까?

435
□ **つかまる**　捕まる　동 (범인 등이) 잡히다, 붙잡히다

쯔까마루

❖ 犯人が捕まる。 범인이 잡히다.

436
□ **つかれる**　疲れる　동 지치다, 피로하다, 진이 빠지다

쯔까레루

❖ 目が疲れる。 눈이 피로해지다.

437
□ **つく**　　　突く　　동 찌르다, (도장을) 찍다, 짚다, 괴다

쯔꾸

❖ つえを突く。 지팡이를 짚다.

438
□ つくえ 机 　㊅ 책상

쯔꾸에

❖ 机に向かう。
[공부하기 위해]책상 앞에 앉다.

439
□ つくる 作る 　㊅ 만들다, 제작하다, 육성하다

쯔꾸루

❖ 人材を作る。 인재를 육성하다.

440
□ つける 付ける 　㊅ 붙이다

쯔께루

❖ 体を壁に付ける。
몸을 벽에 붙이다.

441
□ つたわる 伝わる 　㊅ 전해지다, 전해 내려오다

쯔따와루

❖ 熱が伝わる。 열이 전도되다.

442
□ つづく 続く 　㊅ 이어지다, 계속되다, 뒤따르다

쯔즈꾸

❖ 先生に続け。 선생님을 뒤따르라.

443
□ つつむ 包む 　㊅ 싸다, 두르다, 숨기다, 감추다

쯔쯔무

❖ ふろしきで包む。 보자기로 싸다.

444
□ **つとめる** 務める （동） 소임을 맡다

쯔또메루

❖ 議長（ぎちょう）を務（つと）める。 의장[직]을 맡다.

445
□ **つなひき** 網引き （명） 줄다리기

쯔나히끼

❖ 網引（つなひ）きをする。 줄다리기를 하다.

446
□ **つば** （명） 침(つばき), 타액

쯔바

❖ つばを吐（は）いている。
침을 뱉고 있다.

447
□ **つまる** 詰る （동） 가득 차다, 막히다, 메다

쯔마루

❖ 仕事（しごと）が詰（つま）っている。
일이 잔뜩 밀려 있다.

448
□ **つむ** 積む （동） 물건을 쌓다, 거듭하다

쯔무

❖ 経験（けいけん）を積（つ）む。 경험을 쌓다.

449
□ **つめたい** 冷たい （い형） 차다(↔あつい), 냉정하다

쯔메따이

❖ 風（かぜ）が冷（つめ）たい。 바람이 차다.

450
□ **つめる** 詰める 〔동〕 대기하다, (빈틈없이) 채우다
쯔메루
❖ 席を詰めて座わる。
자리를 좁혀 앉다.

451
□ **つもる** 積もる 〔동〕 쌓이다, 많아지다, 세월이 지나다
쯔모루
❖ 不満が積もる。 불만이 쌓이다.

452
□ **つらい** 辛い 〔い형〕 괴롭다, 가혹하다
쯔라이
❖ 仕事が辛い。 일이 고통스럽다.

453
□ **テキスト** 〔명〕 텍스트(text), 교과서, 교본, 원문
테키스토
❖ 英会話のテキスト。
영어 회화의 교본.

454
□ **テスト** 〔명〕 테스트(test), 검사, 시험
테스토
❖ テストを受ける。 테스트를 받다.

455
□ **てつぼう** 鉄棒 〔명〕 철봉
테쯔보-
❖ 鉄棒にぶら下がる。
철봉에 매달리다.

기본단어 | **83**

456
□ **デパート**   圐 백화점

데파-토

❖ デパートが立て込んでいる。
백화점이 붐비고 있다.

457
□ **てる**   照る   동 (해, 달 등이) 비치다

테루

❖ 月が照る。 달이 비치다.

458
□ **でる**   出る   동 나가(오)다, 전진하다, 진출하다

데루

❖ 庭に出る。 뜰로 나가다.

459
□ **テレビ**   圐 텔레비전(television)

테레비

❖ テレビを聴視する。
텔레비전을 시청하다.

460
□ **テンポ**   圐 템포(tempo), 박자, 속도

템포

❖ 話のテンポが遅い。
이야기의 템포가 느리다.

461
□ **でんわ**   電話   圐 전화

뎅와

❖ 電話を切る。 전화를 끊다.

462
テーマ
테-마

⑲ 테마(Thema), 주제
❖ 論文のテーマを決める。
논문의 주제를 정하다.

463
ドア
도아

⑲ 문(door), 도어
❖ ドアを開閉する。 문을 여닫다.

464
とおす 通す
토-스

⑤ 통하게 하다, 안으로 들이다
❖ 検査を通す。 검사를 통과하다.

465
とく 溶く
토꾸

⑤ (액체에) 풀다, 개다
❖ 小麦粉を水で溶く。
밀가루를 물로 개다.

466
とける 溶ける
토께루

⑤ 녹다
❖ 氷が溶ける。 얼음이 녹다.

467
とける 解ける
토께루

⑤ 풀리다, 끌러지다, 해소되다
❖ 誤解が解ける。
오해가 풀리다.

기본단어 | **85**

468
どこでも
토꼬데모

<부> 어디라도

❖ どこでもいい。 어디라도 좋다.

469
ところ 所
토꼬로

<명> 곳, 때, 점, 바, 부분, 정도

❖ 便利なところに住む。
편리한 곳에 살다.

470
トップ
톱푸

<명> 톱(top)

❖ トップを争う。 수위를 다투다.

471
とどける 届ける
토도께루

<동> 보내다, 전하다, 신고하다

❖ 品物を届ける。 물건을 전하다.

472
とどまる 止まる
토도마루

<동> 그치다, 멈추다, 끝나다

❖ 時間は止まることなく進む。
시간은 멈추지 않고 흐른다.

473
とまる 泊まる
토마루

<동> 숙박하다, 숙직하다, 정박하다

❖ 宿屋に泊まる。 여관에 숙박하다.

474
とまる 止まる　⑧ 멎다, 서다, (새벌레 등이) 앉다

토마루

❖ 鳥が木の枝に止まる。
새가 나뭇가지에 앉다.

475
ともだち 友達　⑲ 친구, 동무, 벗(=ゆうじん)

토모다찌

❖ 友だちに電話をかける。
친구에게 전화를 걸다.

476
ドライブ　⑲ 드라이브(drive)

도라이부

❖ 彼女とドライブした。
그녀와 드라이브했다.

477
とらえる 捕らえる　⑧ 잡다, 붙잡다, 파악하다

토라에루

❖ 真相を捕える。 진상을 파악하다.

478
ドラマ　⑲ 드라마(drama)

도라마

❖ テレビドラマ。 텔레비전 드라마.

479
とり 鳥　⑲ 새, 조류

토리

❖ 鳥が鳴く。 새가 울다.

480
とりけす　取り消す　⑧ 취소하다
토리께스

❖ 契約を取り消す。
계약을 취소하다.

481
どりょく　努力　⑲ 노력, 애씀
도료꾸

❖ 努力が報いられる。
노력이 보답되다.

482
とる　撮る　⑧ 찍다, 촬영하다
토루

❖ 写真を撮る。 사진을 찍다.

483
トンネル　⑲ 터널(tunnel)
톤네루

❖ トンネルを抜ける。
터널을 빠져나가다.

484
ないよう　内容　⑧ 내용
나이요-

❖ 内容を細筆する。
내용을 상세히 쓰다.

485
なおす　直す　⑧ 바로잡다, 고치다, 병을 고치다
나오스

❖ 読み直す。 다시 읽다.

486
- **なおる** 直る
  나오루

  동 고쳐지다, 수선되다, 회복되다

  ❖ 天気が直る。 날씨가 좋아지다.

487
- **なか** 中
  나까

  명 안, 속, 가운데

  ❖ かばんの中に入れる。
  가방 속에 넣다.

488
- **なく** 泣く
  나꾸

  동 울다, 괴로운 꼴을 당하다

  ❖ わずか1点に泣く。
  불과 한 점에 [져서] 울다.

489
- **なぐさめる** 慰める
  나구사메루

  동 위로하다

  ❖ 骨折を慰める。 노고를 위로하다.

490
- **なぐる** 殴る
  나구루

  동 세게 때리다

  ❖ げんこつで殴る。
  주먹으로 때리다.

491
- **なつ** 夏
  나쯔

  명 여름

  ❖ 夏の間に背がぐんと伸びた。
  여름 동안에 부쩍 키가 자랐다.

492
なまける 怠ける
나마께루

동 게으름을 피우다

❖ 仕事を怠ける。 일을 게을리하다.

493
なれる 慣れる
나레루

동 익숙해지다, 숙달되다

❖ 履き慣れた靴。
늘 신어 길이 난 구두

494
なわとび 縄跳び
나와또비

명 줄넘기, 줄뛰기(rope skipping)

❖ 縄跳びをする。 줄넘기를 하다.

495
にがてだ 苦手だ
니가떼다

な형 서투르다, 잘하지 못하다

❖ 苦手の学科は数学だ。
서투른 학과는 수학이다.

496
にぎやかだ 賑やかだ
니기야까다

な형 번화하다, 떠들썩하다

❖ 外が賑やかだ。 밖이 떠들썩하다.

497
にくい 憎い
니꾸이

い형 밉다, 얄밉도록 기특하다

❖ 犯人が憎い。 범인이 밉다.

498
にくや 肉屋 　　 圏 정육점
니꾸야
❖ 買いつけの肉屋。 단골 정육점.

499
にている 似ている 　　 통 닮다
니떼이루
❖ 母親によく似ている。
어머니와 많이 닮다.

500
にぶい 鈍い 　　 い형 무디다, 둔하다, 느리다
니부이
❖ 頭が鈍い。 머리가 둔하다.

501
にほんご 日本語 　　 명 일본어
니홍고
❖ 英語を日本語になおす。
영어를 일본어로 번역하다.

502
にほんじん 日本人 　　 명 일본인
니혼진
❖ 日本人の髪の毛はだいたい黒だ。
일본인의 머리카락은 대개 검다.

503
ニュース 　　 명 뉴스(news)
뉴-스
❖ ニュース解説。 뉴스 해설.

504
□ **にらめっこ**

니라멕꼬

명 서로 맞서는 상태

❖ にらめっこをする。
눈(目)싸움을 하다.

505
□ **にんき** 人気

닝끼

명 인기

❖ 人気が上がる。 인기가 올라가다.

506
□ **ぬう** 縫う

누우

동 꿰매다

❖ 着物を縫う。 옷을 꿰매다.

507
□ **ぬける** 抜ける

누께루

동 빠지다, 누락하다, 탈락하다

❖ 張り合いが抜ける。 맥이 빠지다.

508
□ **ぬすむ** 盗む

누스무

동 훔치다, 도둑질하다, 속이다

❖ 人目を盗んで会う。
남모르게 만나다.

509
□ **ぬらす** 濡らす

누라스

동 적시다

❖ 雨で服を濡らす。
비로 옷을 적시다.

510
□ **ぬるい**
누루이

い형 미지근하다

❖ ふろが温るい。
목욕물이 미지근하다.

511
□ **ネクタイ**
네쿠타이

명 넥타이(necktie)

❖ 洋服とネクタイが良く似合う。
양복과 넥타이가 잘 어울리다.

512
□ **ねこ**　　猫
네꼬

명 고양이

❖ 猫をかぶる。 시치미를 떼다.

513
□ **ねごと**　　寝言
네고또

명 잠꼬대

❖ 寝言を言う。 잠꼬대를 하다.

514
□ **ネズミ**
네즈미

명 쥐(rat)

❖ 袋のネズミ。 독 안에 든 쥐.

515
□ **ノート**
노-토

명 노트(note), 수기(手記), 각서

❖ ノートに書く。 공책에 적다.

516
□ **のせる**   乗せる   동 태우다, 싣다(↔おろす)

노세루

❖ 人を車に乗せる。
사람을 차에 태우다.

517
□ **のぞく**   覗く   동 들여다보다

노조꾸

❖ 望遠鏡を覗く。
망원경을 들여다보다.

518
□ **のぞく**   除く   동 제거하다, 없애다, 제외하다

노조꾸

❖ 臭気を除く。 냄새를 없애다.

519
□ **のち**   後   명 (시간 상)뒤, 후

노찌

❖ 晴れ後くもり。 맑음 후 흐림.

520
□ **のぼる**   登る   동 오르다

노보루

❖ 山に登る。 산에 오르다.

521
□ **のむ**   飲む   동 마시다, 복용하다, 삼키다, 참다

노무

❖ ビールを飲む。 맥주를 마시다.

522
□ **のる**　　乗る　　동 타다, 올라가다, 기회를 타다

노루
❖ 自動車に乗る。 자동차를 타다.

523
□ **のんきだ**　　な형 무사태평하다, 느긋하다

농끼다
❖ のんきな性格。 낙천적인 성격.

524
□ **はいる**　　入る　　동 들어가다, 들어오다

하이루
❖ 応接間に入る。 응접실에 들어가다.

525
□ **はえる**　　生える　　동 돋아 나오다

하에루
❖ 歯が生える。 이가 나다.

526
□ **はかる**　　測る　　동 재다

하까루
❖ 目方を測る。 무게를 달다.

527
□ **はく**　　掃く　　동 쓸다, (솔붓 등으로)칠하다

하꾸
❖ ほうきで掃く。 비로 쓸다.

기본단어 | 95

528
□ **はさまる**　挟まる　　동 사이에 끼이다

하사마루

❖ ドアに手が挟まる。
문에 손이 끼이다.

529
□ **はさむ**　挟む　　동 끼우다, 집다, 사이에 두다

하사무

❖ 机を挟んで対談する。
책상을 사이에 두고 대담하다.

530
□ **はし**　箸　　명 젓가락

하시

❖ 箸ではさむ。 젓가락으로 집다.

531
□ **パジャマ**　　명 파자마(pajamas), 서양식 잠옷

파쟈마

❖ パジャマのままで飛び出した。
파자마 바람으로 뛰어나갔다.

532
□ **パス**　　명 패스(pass)

파스

❖ 試験にパスする。
시험에 합격하다.

533
□ **バス**　　명 버스(bus)

바스

❖ 観光バスに乗る。
관광버스를 타다.

534
□ **バスケットボール**

바스켓토―루

몡 농구(basketball)

❖ 僕の趣味はバスケットボールです。 내 취미는 농구입니다.

535
□ **はずす**　外す

하즈스

동 떼다

❖ めがねを外す。 안경을 벗다.

536
□ **はずれる**　外れる

하즈레루

동 빠지다, 벗겨지다, 벗어나다

❖ くじに外れる。 추첨에 맞지 않다.

537
□ **パソコン**

파소콘

몡 퍼스널 컴퓨터(personal computer)

❖ パソコンのマウスを動かす。
퍼스널 컴퓨터의 마우스를 움직이다.

538
□ **はと**　鳩

하또

몡 비둘기(pigeon)

❖ 鳩がえさをつついている。
비둘기가 먹이를 콕콕 쪼고 있다.

539
□ **はな**　鼻

하나

몡 코, 후각

❖ 鼻をかむ。 코를 풀다.

540
はな 花 명 꽃
하나
❖ 花をいける。 꽃을 꽂다.

541
はなす 放す 동 놓아주다, (잡고 있던 것을)놓다
하나스
❖ 魚を川に放す。
물고기를 강에 놓아주다.

542
はなす 離す 동 떼다, 놓다, 풀다, 거리를 두다
하나스
❖ 字を離して書く。
글자를 띄어서 쓰다.

543
はなす 話す 동 말하다, 이야기하다
하나스
❖ 英語で話す。 영어로 이야기하다.

544
はなび 花火 명 불꽃
하나비
❖ 花火をしている。
불꽃 놀이를 하고 있다.

545
はなや 花屋 명 꽃집, 꽃가게
하나야
❖ 花屋でバラを買う。
꽃집에서 장미를 사다

546
□ **はなやかだ** 華やかだ　　な형 화려하다, 화사하다, 눈부시다

하나야까다

❖ この部屋は華やかではありません。 이 방은 화려하지 않습니다.

547
□ **はなれる** 放れる　　동 (매여 있던 것이) 풀리다

하나레루

❖ 犬がくさりから放れる。
개가 사슬에서 풀리다.

548
□ **はぶく** 省く　　동 줄이다, 생략하다

하부꾸

❖ 手間を省く。 손을[수고를]덜다.

549
□ **はやい** 速い　　い형 빠르다(↔ おそい)

하야이

❖ 速く走る。 빨리 달리다.

550
□ **はらう** 払う　　동 없애다, 쫓아버리다, (돈을)지불하다

하라우

❖ お金を払う。 돈을 지불하다.

551
□ **はる** 張る　　동 뻗다, 붙이다, 바르다

하루

❖ 壁紙を張る。 벽지를 바르다.

552
□ **はる** 春   　명 봄, 새해, 한창 때

하루

❖ 春だが風がかなり冷たい。
봄이지마는 바람이 꽤 쌀쌀하다.

553
□ **バレーボール**   　명 배구(volleyball)

바레-보-루

❖ 最近もバレーボール頑張ってるの？ 최근에도 배구 열심히 해?

554
□ **はれる** 腫れる   　동 붓다

하레루

❖ まぶたが腫れている。
눈꺼풀이 부어 있다.

555
□ **はれる** 晴れる   　동 (하늘이) 개다, (괴로이) 사라지다

하레루

❖ 空が晴れる。 하늘이 개다.

556
□ **パン**   　명 빵(pãati)

판

❖ このパンはおいしくない。
이 빵은 맛이 없다.

557
□ **ばんごはん** 晩ご飯   　명 저녁식사

방고한

❖ 晩御飯までには帰る。
저녁 식사 때까지는 돌아간다.

558
□ ばんざい　万歳

반자이

명 만세, 많은 세월, 만년

❖ 万歳_{ばんざい}をしている。
만세를 부르고 있다.

559
□ はんズボン　半ズボン

한즈본

명 반바지

❖ 半_{はん}ズボンをはいている。
반바지를 입고 있다.

560
□ ハンドバック

한도박쿠

명 핸드백(handbag)

❖ ハンドバックをさげている。
핸드백을 들고 있다.

561
□ ハンドル

한도루

명 핸들(handle)

❖ ハンドルをにぎる。핸들을 잡다.

562
□ パーセント

파-센토

명 퍼센트(percent)

❖ 効果_{こうか}ひゃくパーセント。
효과 만점.

563
□ ピアノ

피아노

명 피아노(piano)

❖ ピアノを弾_ひく。피아노를 치다.

564
- **ひえる** 冷える 　(동) 식다, 차가워지다, 추워지다

  히에루
  - 二人の仲が冷える。
    두 사람의 사이가 식다.

565
- **ひく** 弾く 　(동) 악기를 치다, 켜다

  히꾸
  - ギターを弾く。 기타를 치다.

566
- **ひくい** 低い 　(い형) 낮다(↔たかい), 얕다

  히꾸이
  - 鼻が低い。 코가 낮다.

567
- **ひこうき** 飛行機 　(명) 비행기

  히꼬-끼
  - 飛行機の本体。 비행기의 본체.

568
- **ビザ** 　(명) 비자(visa)

  비자
  - ビザが下りる。 비자가 나오다.

569
- **ひじ** 　(명) 팔꿈치(elbow)

  히지
  - ひじを枕にする。
    팔꿈치를 베개삼다.

570
ひたい 額
히따이

(명) 이마

❖ 額に手を当てている。
이마에 손을 대고 있다.

571
ひと 人
히또

(명) 사람, 남, 인류, 인간

❖ 人として生きる。
사람으로서 살다.

572
ひも 紐
히모

(명) 끈, 물건을 묶는 줄

❖ 紐をほどいている。
끈을 풀고 있다.

573
びょういん 病院
뵤-인

(명) 병원

❖ 病院は待ち時間が長い。
병원은 기다리는 시간이 길다.

574
ビル
비루

(명) 빌딩(building), 고층 건물

❖ ビルが並ぶ。 빌딩이 줄지어 서다.

575
ひるめし 昼飯
히루메시

(명) 점심식사

❖ 昼飯をとる。 점심을 들다.

576
□ **ひろう**　拾う　　　　　동 줍다, 습득하다, 건지다

히로우
* 財布を拾う。 지갑을 줍다.

577
□ **ひろげる**　広げる　　동 넓히다

히로게루
* 道を広げる。 길을 넓히다.

578
□ **ヒーター**　　　　　　명 히터(heater), 난방장치

히-타-
* ヒーターをつける。 히터를 켜다.

579
□ **ぶあつい**　　　　　　い형 두껍다, 두툼하다

부아쯔이
* ぶあつい札束。 두툼한 돈다발.

580
□ **ファン**　　　　　　　명 팬(fan)

팬
* 私はあの俳優のファンだ。
  저는 그 배우의 팬이다.

581
□ **ファーストフード**　　명 패스트푸드(fast food), 즉석 식품

-스토후-도
* ファーストフードはおいしくない。
  패스트푸드는 맛이 없다.

582
□ ふうせん 風船
후-센

명 풍선

❖ 風船を持っている。
풍선을 들고 있다.

583
□ プール
푸-루

명 풀, 수영장

❖ プールはどこも満員だった。
풀장은 모두 만원이었다.

584
□ ふえ 笛
후에

명 피리(pipe), 호각

❖ 笛をふいている。
피리를 불고 있다.

585
□ ふく 服
후꾸

명 옷

❖ ここにはかわいい服が多いです。 여기는 예쁜 옷들이 많습니다.

586
□ ふく 吹く
후꾸

동 불다

❖ 口笛を吹く。 휘파람을 불다.

587
□ ぶじだ 無事だ
부지다

な형 무사하다

❖ 無事に暮らす。 무사히 지내다.

588
ふせる 伏せる

후세루

(동) 아래로 숙이다, 엎드리다

❖ 顔を伏せる。 얼굴을 숙이다.

589
ふとい 太い

후또이

(い형) 두껍다(↔ほそい), 크다, 넉살좋다

❖ 太い糸。 굵은 실.

590
ふべんだ 不便だ

후벤다

(な형) 불편하다

❖ 不便な生活。 불편한 생활.

591
ふみつぶす 踏みつぶす

후미쯔부스

(동) 밟아서 뭉개다

❖ ぶどうを踏み潰す。
포도를 밟아서 뭉개다.

592
ふゆ 冬

후유

(명) 겨울

❖ 冬にも雨が降る。
겨울에도 비가 온다.

593
プラス

푸라스

(명) 플러스(plus↔マイナス), 더하다

❖ 元金に利息をプラスする。
원금에 이자를 더하다.

594
□ フリ-
후리-

명 프리(free)

❖ フリーの記者。자유 계약 기자.

595
□ ふる　　振る
후루

동 흔들다(swing)

❖ 手を振っている。
손을 흔들고 있다.

596
□ プレゼント
푸레젠토

명 선물

❖ プレゼントをどっさりもらった。
선물을 잔뜩 받았다.

597
□ ふれる　　触れる
후레루

동 닿다, 스치다, 접촉하다

❖ 問題の核心に触れる。
문제의 핵심에 언급하다.

598
□ ブロ-チ
부로-치

명 브로치(brooch)

❖ ブローチをつける。브로치를 달다.

599
□ へいきだ　　平気だ
헤-끼다

な형 태연하다, 끄떡없다

❖ 平気な顔をしている。
태연한 얼굴을 하고 있다.

600
□ **ペーパー**
페-파-
명 종이, 원고
❖ ペーパーナイフ。 페이퍼 나이프.

601
□ **へただ** 下手だ
헤따다
な형 서툴다
❖ 仕事の切り回しが下手だ。
일 처리가 서툴다.

602
□ **ベッド**
벧도
명 베드, 침대
❖ ベッドを整理します。
침대를 정리합니다.

603
□ **ヘッドホーン**
헷도-혼
명 헤드폰(headphone)
❖ ヘッドホーンを付けている。
헤드폰을 끼고 있다.

604
□ **へや** 部屋
헤야
명 방, 헛간
❖ 子供部屋を作る。
아이들 방을 만들다.

605
□ **ペン**
펜
명 펜
❖ このペンは字がよく書ける。
이 펜은 글씨가 잘 쓰인다.

606
□ **べんきょう** 勉強 | 명 공부, 에누리

벵꾜-

❖ 一生懸命勉強しなさい。
열심히 공부하세요.

607
□ **ベンチ** | 명 벤치

벤치

❖ ベンチに腰を掛ける。
벤치에 걸터앉다.

608
□ **べんりだ** 便利だ | な형 편리하다

벤리다

❖ 生活に便利な道具。
생활에 편리한 도구.

609
□ **ポイント** | 명 포인트(point), 점, 지점, 점수

포인토

❖ ポイントを取る。 점수를 따다.

610
□ **ぼうし** 帽子 | 명 모자

보-시

❖ 帽子をかぶる。 모자를 쓰다.

611
□ **ボール** | 명 볼(ball), 공

보-루

❖ ボールをパスする。 공을 패스하다.

612
ほこる 誇る （동） 자랑하다, 뽐내다

호꼬루

❖ 自分の技を誇る。
자기의 재주를 자랑하다.

613
ポスター （명） 포스터(poster)

포스타-

❖ ポスターの図案。 포스터의 도안.

614
ほそい 細い （い형） 가늘다(↔ふとい), 좁다

호소이

❖ 線が細い。 선이 가늘다.

615
ボタン （명） 단추, 버튼(button)

보탄

❖ ボタンを留める。 단추를 채우다.

616
ほめられる （동） 칭찬받다

호메라레루

❖ 先生にほめられる。
선생님한테 칭찬받다.

617
ボリューム （명） 볼륨(volume), 분량, 양, 중량감

보류-무

❖ ボリュームより味が大切だ。
양보다 맛이 중요하다.

618
ほる 掘る
호루

동 파다, 캐다

❖ 井戸を掘る。 우물을 파다.

619
ほんきだ 本気だ
홍끼다

な형 진실하다, 진심이다

❖ 私は本気ですよ。 나는 진심입니다.

620
ほんだな 本棚
혼다나

명 책장, 서가

❖ 本棚を階下へ移す。
책장을 아래층으로 내려가다.

621
ホーム
호-무

명 홈(home)

❖ ホームチームを応援する。
홈 팀을 응원하다.

622
マイナス
마이나스

명 마이너스(minus), 감함

❖ 家計はいつもマイナスだ。
가계는 언제나 마이너스다.

623
まいにち 毎日
마이니찌

명 매일

❖ 毎日出勤する。 매일 출근하다.

624
まいる 参る   동 (いく;가다), (くる;오다)의 겸사말
마이루
* 墓に参る。 성묘하다.

625
まく 巻く   동 말다, 감다
마꾸
* 紙を巻く。 종이를 말다.

626
まける 負ける   동 지다, 패배하다, 양보하다
마께루
* 子供だから負けてやる。
  어린이라 봐준다.

627
まずしい 貧しい   い형 가난하다, 부족하다, 빈약하다
마즈시이
* 暮らしが貧しい。 살림이 가난하다.

628
まっすぐ 直っ直   명 곧장
맛스구
* 真っ直に進む。 똑바로 나아가다.

629
まど 窓   명 창, 창문
마도
* 窓を開ける。 창(문)을 열다.

630
□ **まとめる** 纏める
마또메루
(동) 모으다, 종합하다, 끝맺다
- 荷物を一箇所に纏める。
짐을 한데 모으다.

631
□ **まねく** 招く
마네꾸
(동) 손짓하여 부르다, 모셔(불러)오다
- 医者を招く。 의사를 모셔오다.

632
□ **ままごと** 飯事
마마고또
(명) 소꿉놀이, 소꿉장난
- 飯事をする。 소꿉놀이를 하다.

633
□ **まるい** 丸い
마루이
(い형) 둥글다, 포동포동 살찌다
- 丸い月。 둥근 달.

634
□ **まわす** 回す
마와스
(동) 돌리다, 회전시키다, 둘러치다
- こまを回す。 팽이를 돌리다.

635
□ **マンション**
만숀
(명) 맨션(mansion)
- マンションを分譲する。
맨션을 분양하다.

636
マーケット
마-켓토

(명) 마켓(market)

❖ マーケットを開拓(かいたく)する。
시장을 개척하다.

637
み　　　実
미

(명) 열매, 씨앗

❖ 実(み)をとっている。
열매를 따고 있다.

638
みぎ　　　右
미기

(명) 오른쪽(↔ひだり), 우측

❖ 右(みぎ)に向(む)く。 오른쪽으로 향하다.

639
みじかい　　短い
미지까이

(い형) 짧다(↔ながい), 키가 작다(=ひくい)

❖ 距離(きょり)が短(みじか)い。 거리가 짧다.

640
みせ　　　店
미세

(명) 가게, 상점, 점포

❖ 店(みせ)を出(だ)す。 가게를 내다.

641
みたす　　満たす
미따스

(동) 채우다

❖ ガソリンを満(み)たす。
휘발유를 채우다.

642
- **みちる** 満ちる (동) 꽉 차다, 가득해지다
  미찌루
  ❖ 部屋に香りが満ちる。
  방 안에 향기가 가득 차다.

643
- **みならう** 見習う (동) 보고 배우다
  미나라우
  ❖ 仕事を見習う。 일을 보고 배우다.

644
- **みにくい** 醜い (い형) 보기 흉하다, 꼴불견이다
  미니꾸이
  ❖ 醜い顔。 못생긴 얼굴.

645
- **みらい** 未来 (명) 미래
  미라이
  ❖ 未来の希望はスチュワーデスになることです。
  미래의 희망은 승무원이 될 것이다.

646
- **みょうじ** 名字 (명) 이름, 성
  묘-지
  ❖ 名字は何ですか。
  성은 무엇입니까?

647
- **みる** 見る (동) 보다, 확인하다
  미루
  ❖ テレビを見る。 텔레비전을 보다.

기본단어 | **115**

648
むく 向く   (동) 향하다, 면하다, (마음이) 쏠리다

무꾸

❖ 南に向いた家。 남쪽을 향한 집.

649
むける 向ける   (동) 향하다, 돌리다, 기울이다

무께루

❖ 注意を向ける。 주의를 기울이다.

650
むす 蒸す   (동) 찌다, 무덥게 느껴지다

무스

❖ 芋を蒸す。 감자를 찌다.

651
むずかしい 難しい   (い형) 어렵다(↔やさしい), 까다롭다

무즈까시이

❖ この書物は難しい。
이 책은 어렵다.

652
むちゅうだ 夢中だ   (な형) 열중하다, 몰두하다

무쮸-다

❖ 彼は金もうけに夢中だ。
그는 돈벌이에 정신 없다.

653
むりだ 無理だ   (な형) 무리다, 할 수 없다

무리다

❖ 無理なことを言う。
무리한 말을 하다.

654
□ **め** 目

메

(명) 눈, 안목, 시력

❖ 目を閉じる。 눈을 감다.

655
□ **めずらしい** 珍しい

메즈라시이

(い형) 진귀하다, 드물다, 희귀하다

❖ 珍しい形の花。 희귀한 모양의 꽃.

656
□ **メッセージ**

멧세-지

(명) 메시지(messenger)

❖ メッセージを送る。
메시지를 보내다.

657
□ **メディア**

메디아

(명) 미디어(media), 매체

❖ コミュニケーションのメディア。
커뮤니케이션의 매체.

658
□ **メロディー**

메로디-

(명) 멜로디(melody)

❖ 聞き慣れたメロディー。
귀에 익은 멜로디.

659
□ **メンバー**

멤바-

(명) 멤버(member), 회원, 구성원

❖ 会のメンバーになる。
모임의 회원이 되다.

기본단어 **117**

660
もうしこむ 申し込む (동) 신청하다
모-시꼬무
* 面会を申し込む。면회를 신청하다.

661
もうす 申す (동) 「言う」「告げる」등의 공손한 말
모-스
* ご案内申します。
  안내해 드리겠습니다.

662
もえる 燃える (동) (불)타다, 피어오르다
모에루
* 陽炎が燃える。
  아지랑이가 피어 오르다.

663
もつ 持つ (동) 가지다, 들다, 소유하다
모쯔
* お金を持っていない。
  돈을 가지고 있지 않다.

664
もと 下 (명) 밑, ~아래
모또
* 親の下を離れる。
  부모님 밑을 떠나다.

665
もり 森 (명) 숲
모리
* 森陰にひそむ。 숲 속에 숨다.

666
もれる　　漏れる　　⑧ 새다, 누설되다
모레루
❖ 水が漏れる。 물이 새다.

667
やおや　　八百屋　　⑲ 야채가게
야오야
❖ 八百屋はどちらですか。
채소가게는 어느 쪽입니까?

668
やきゅう　　野球　　⑲ 야구
야뀨ー
❖ 野球に熱狂する。 야구에 열광하다.

669
やく　　焼く　　⑧ 태우다, 굽다, 그을리다, 애태우다
야꾸
❖ 炭火で魚を焼く。
숯불로 생선을 굽다.

670
やくざいし　薬剤師　　⑲ 약사
야꾸자이시
❖ 私の将来の夢は薬剤師です。
제 장래희망은 약사입니다.

671
やさしい　　易しい　　(い형) 쉽다(↔ むずかしい)
야사시이
❖ 問題が易しい。 문제가 쉽다.

기본단어 | **119**

672
- **やしなう**　養う　　⑧ 기르다

  야시나우
  * 妻子を養う。 처자를 부양하다.

673
- **やすい**　安い　　[い형] 값이 싸다(↔ たかい)

  야스이
  * 物価が安い。 물가가 싸다.

674
- **やすみ**　休み　　⑲ 휴일, 휴가, 방학

  야스미
  * 食後の休みを取る。
    식후의 휴식을 취하다.

675
- **やすむ**　休む　　⑧ 쉬다, 휴식하다, 자다

  야스무
  * 休む暇も無い。 쉴 사이[틈]도 없다.

676
- **やとう**　雇う　　⑧ 고용하다, 세내다

  야또우
  * お手伝いさんを雇う。
    도움이 아줌마를 쓰다.

677
- **やぶる**　破る　　⑧ 찢다, 째다, 깨다, (기록을) 갱신하다

  야부루
  * 世界記録を破る。
    세계 기록을 갱신하다.

678
- **やま** 山 — 몡 산, 광산
  야마
  ❖ 山あり谷あり。
  산이 있고 골짜기가 있다.

679
- **やまのぼり** 山登り — 몡 등산
  야마노보리
  ❖ 週末 毎に山登りする。
  주말마다 등산하다.

680
- **やむ** 止む — 동 그치다, 멎다, 그치다, 중지하다
  야무
  ❖ 雨が止む。 비가 멎다.

681
- **やめる** 止める — 동 그만두다, 끊다, 중지하다
  야메루
  ❖ 酒を止める。 술을 끊다.

682
- **やらせる** — 동 시키다, 하게 하다
  야라세루
  ❖ それはわたしにやらせて下さい。
  그것은 저에게 시켜 주십시오.

683
- **やる** — 동 하다, 행하다
  야루
  ❖ 一杯やる。 한 잔 하다.

기본단어 | **121**

684

□ **ゆうびんきょく** 郵便局 　圀 우체국

유-빙꾜꾸

❖ この辺に郵便局がありますか。
이 근처에 우체국이 있습니까?

685

□ **ゆうめいだ** 有名だ 　な형 유명하다

유-메-다

❖ あまりにも有名だ。
너무나도 유명하다.

686

□ **ゆきさき** 行き先 　圀 행선지, 목적지

❖ この汽車の行き先はどこですか。
이 기차의 행선지는 어디입니까?

687

□ **ゆれる** 揺れる 　동 흔들리다, 요동하다

유레루

❖ 心が揺れる。 마음이 흔들리다.

688

□ **ようじんぶかい** 用心深い 　い형 주의깊다, 신중하다

요-진부까이

❖ 用心深い人。 조심성이 많은 사람.

689

□ **よこぎる** 横切る 　동 가로지르다, 횡단하다

요꼬기루

❖ 道を横切る。 길을 가로지르다.

690
よごす 汚す
요고스
(동) 더럽히다, 버무리다
* 空気を汚す。 공기를 더럽히다.

691
よごれる 汚れる
요고레루
(동) 더러워지다
* 靴が汚れる。 구두가 더러워지다.

692
よせる 寄せる
요세루
(동) 밀려오다, 다가오다, 의탁하다
* 親類に身を寄せる。
  친척에게 몸을 의탁하다.

693
よそよそしい
요소요소시이
(い형) 친근감이 없다, 서먹서먹하다
* よそよそしい笑顔。
  서먹서먹하게 웃는 얼굴.

694
よむ 読む
요무
(동) 읽다, 읊다
* 手紙を読む。 편지를 읽다.

695
よる 寄る
요루
(동) 다가서다, 접근하다, 모이다
* わきに寄って下さい。
  옆으로 비켜 주십시오.

696
□ **よろこぶ** 喜ぶ 　(동) 기뻐하다, 즐거워하다, 좋아하다
요로꼬부
❖ 受賞を喜ぶ。 수상을 기뻐하다.

697
□ **ラーメン** 　(명) 라면
라-멘
❖ みそラーメン。 된장라면.

698
□ **らいげつ** 来月 　(명) 내달
라이게쯔
❖ 来月の十日。 내달의 10일.

699
□ **らいしゅう** 来週 　(명) 다음주, 내주
라이슈-
❖ 来週の日曜日。 내주의 일요일.

700
□ **ライバル** 　(명) 라이벌(rival), 경쟁자, 경쟁 상대
라이바루
❖ ライバル会社。 라이벌 회사.

701
□ **らくだ** 楽だ 　(な형) 편하다, 용이하다, 쉽다
라꾸다
❖ 楽な問題。 쉬운 문제.

702
□ **リズム**
리즈무

명 리듬(rhythm)

❖ 生活のリズムが乱れる。
생활의 리듬이 흐트러지다.

703
□ **りっぱだ** 立派だ
립빠다

な형 훌륭하다, 뛰어나다, 멋지다

❖ 見かけは立派だ。 외모는 멋지다.

704
□ **りょうしん** 両親
료-신

명 양친, 부모, 어버이

❖ 両親とも教育者だ。
양친 모두 교육자이다.

705
□ **りょうり** 料理
료-리

명 요리, 음식

❖ 料理が上手だ。 요리를 잘 하다.

706
□ **りょこう** 旅行
료꼬-

명 여행(=たび)

❖ 旅行をおもいたつ。
여행하려고 마음먹다.

707
□ **りんご**
링고

명 사과

❖ りんごのようなほお。
사과 같은 볼.

기본단어 | **125**

708
□ **ルール**
루-루

몡 룰(rule), 규칙

❖ 会議のルール。 회의의 규칙.

709
□ **レッスン**
렛슨

몡 레슨(lesson), 수업, 교습

❖ フランス語のレッスンを受ける。
프랑스어의 레슨을 받다.

710
□ **レポート**
레포-토

몡 리포트(report), 과제

❖ レポートを作成する。
리포트를 작성하다.

711
□ **れんしゅう** 練習
렌슈-

몡 연습

❖ 練習をおろそかにする。
연습을 소홀히 하다.

712
□ **レンズ**
렌즈

몡 렌즈(lens)

❖ カメラのレンズを向ける。
카메라를 들이대다.

713
□ **ロープ**
로-푸

몡 로프, 줄, 밧줄

❖ ロープをつかむ。
밧줄을 붙잡다.

714
ロビ-
로비-

명 로비(lobby)

❖ ホテルのロビ-。 호텔 로비.

715
ワイシャツ
와이샤쯔

명 와이셔츠(white shirt)

❖ ワイシャツを着ている。
와이셔츠를 입고 있다.

716
わがくに 我国
와가꾸니

명 우리나라

❖ 我国最初の快挙。
우리 나라 최초의 쾌거.

717
わかす 沸かす
와까스

동 끓이다, 데우다, 열광시키다

❖ 観衆を沸かす。 관중을 열광시키다.

718
わがままだ
와가마마다

な형 버릇없다

❖ わがままなことを言う。
제멋대로의 말을 하다.

719
わかる 分かる
와까루

동 알다, 판명되다, 잘 헤아리다

❖ 味の分かる人。 맛을 아는 사람.

기본단어 **127**

720
わかれる 別れる (동) 헤어지다, 이별하다

와까레루

❖ 妻と別れる。 아내와 헤어지다.

721
わかれる 分かれる (동) 갈라지다

와까레루

❖ 道が二つに分かれる。
길이 두 갈래로 갈리다.

722
わく 沸く (동) (물이) 끓다, 뜨거워지다, 녹다

와꾸

❖ 湯が沸く。 물이 끓다.

723
わける 分ける (동) 나누다, 말리다, 중재하다

와께루

❖ 幾つに分けるか。
몇 개로 나누느냐?

724
わらう 笑う (동) 웃다(↔なく), 꽃이 피다

와라우

❖ 陰で笑う。 뒤에서 조소하다.

725
わりびき 割引 (명) 할인, 줄잡음

와리비끼

❖ 割引してください。
할인해 주십시오.

726
□ **わる** 割る

와루

동 쪼개다, 깨다, 깨뜨리다

❖ 10人に割る。
열 사람에게 분배하다.

727
□ **われる** 割れる

와레루

동 깨지다, 부서지다, 갈라지다

❖ 地面が割れる。 지면이 갈라지다.

728
□ **わるくち** 悪口

와루꾸찌

명 나쁜 버릇, 욕

❖ 悪口を言う。 욕을 하다.

" <ruby>早<rt>はや</rt></ruby><ruby>起<rt>お</rt></ruby>は<ruby>三<rt>さん</rt></ruby><ruby>文<rt>もん</rt></ruby>の<ruby>徳<rt>とく</rt></ruby>。

아침 일찍 일어나는 거지 따뜻한 밥 먹는다. "

Part II

3-step

2단계

필수단어

729
あいにく
아이니꾸

(부) 공교롭게, (때)마침

❖ あいにく留守だった。
공교롭게도 집에 없었다.

730
アイロン
아이론

(명) 다리미(iron)

❖ 電気アイロン。 전기 다리미.

731
あきかん　空きかん
아끼깐

(명) 빈깡통, 빈 양철통

❖ 空きかんを集める。
빈 깡통을 모으다.

732
あきらかだ　明らかだ
아끼라까다

(な형) 분명하다, 명백하다

❖ 明らかな真理。 명백한 진리.

733
あく　開く
아꾸

(동) 열리다, 뚫리다

❖ 箱のふたが開く。
상자 뚜껑이 열리다.

734
□ **アクセル**
아쿠세루
명 액셀(accelerator), 가속장치
❖ アクセルを踏む。 액셀을 밟다.

735
□ **あさ** 朝
아사
명 아침
❖ 翌朝。 이튿날 아침.

736
□ **あさい** 浅い
아사이
い형 얕다(↔ふかい)
❖ 川が浅い。 강이 얕다.

737
□ **あさって** 明後日
아삳떼
명 모레(=みょうごにち)
❖ 明後日の朝会ましょう。
모레 아침에 만납시다.

738
□ **あし** 足
아시
명 발, 다리, (발)걸음, 발자취, 움직임
❖ 足がふるえる。 다리가 떨리다.

739
□ **あじわう** 味わう
아지와우
동 맛보다, 음미하다, 감상하다
❖ 苦しみを味わう。
괴로움을 맛보다.

740
あずける　預ける　　（동） 맡기다, 보관시키다, 처리를 맡기다

아즈께루

* 荷物を預ける。 짐을 맡기다.

741
あたためる　暖める　　（동） 따뜻하게 하다, 알을 품다

아따따메루

* 電子レンジでおにぎりを暖める。
전자렌지로 주먹밥을 따뜻하게 하다.

742
あたま　頭　　（명） 머리, 머리카락, 인원수, 꼭대기

아따마

* 頭をなでる。 머리를 쓰다듬다.

743
あたりまえだ　　（な형） 당연하다

아따리마에다

* 人間として当たり前なこと。
인간으로서 당연한 일.

744
あたる　当たる　　（동） 맞다, 명중하다, 당하다

아따루

* 弾に当たる。 총알에 맞다.

745
あてる　当てる　　（동） 맞히다, 명중시키다, (토를)달다

아떼루

* くじで一等を当てる。
제비에서 1등을 당첨하다.

746
あと 後 — 명 후, 뒤, 나중, 다음, 후임자
아또
❖ 後のバスに乗る。
다음 버스를 타다.

747
あとかたづけ 後片付け — 명 뒤처리, 뒷수습
아또까따즈께
❖ 後片付けをしている。
뒤처리를 하고 있다.

748
あな 穴 — 명 구멍, 굴, 은신처
아나
❖ くつ下に穴があく。
양말에 구멍이 나다.

749
あに 兄 — 명 형, 오빠
아니
❖ 兄貴にはかなわない。
형님에게는 당할 수 없어.

750
あね 姉 — 명 누나, 언니
아네
❖ 姉の日記を盗み読みする。
누나의 일기를 몰래 읽다.

751
あばれる 暴れる — 동 날뛰다, 난폭하게 굴다
아바레루
❖ 馬が暴れる。 말이 날뛰다.

752
□ **あひる**
아히루

명 집오리

❖ あひるを描いた。 오리를 그렸다.

753
□ **あぶない**　危ない
아부나이

い형 위험하다, 위태롭다, 불안하다

❖ 不況で会社が危ない。
불황으로 회사가 위태하다.

754
□ **アプローチ**
아푸로-치

명 어프로치(approach), 접근

❖ 彼女にアプローチしてみる。
그녀에게 접근해 보다.

755
□ **あまい**　甘い
아마이

い형 달다([→からい] 맵다), 달콤하다

❖ 甘い言葉で人を惑わす。
달콤한 말로 사람을 속이다.

756
□ **あまえる**　甘える
아마에루

동 응석 (어리광)부리다

❖ 母に甘える。
어머니에게 응석부리다.

757
□ **アマチュア**
아마츄아

명 아마추어(amateur)

❖ アマチュア無線。 아마추어 무선.

758
□ あまり
아마리

명 너무, (부정)그다지, 나머지

❖ あまり嬉しくない。
그다지 기쁘지 않다.

759
□ あむ　　編む
아무

동 엮다, 뜨다, 겯다, 편집하다

❖ 毛糸を編む。 털실을 뜨다.

760
□ あやしい　　怪しい
아야시이

い형 이상하다, 괴상하다

❖ 彼女の怪しい魅力。
그녀의 불가사의한 매력.

761
□ あやとり　　綾取り
아야또리

명 실뜨기

❖ 綾取りをする。 실뜨기를 하다.

762
□ あらい　　荒い
아라이

い형 거칠다

❖ 語調が荒い。 말투가 거칠다.

763
□ あらう　　洗う
아라우

동 씻다, (파도가)밀려 왔다갔다 하다

❖ 食器を洗う。 식기를 씻다.

필수단어 | **137**

764
あらそう 争う

아라소우

(동) 겨루다, 경쟁하다, 싸우다

❖ 勝負を争う。 승부를 겨루다.

765
あらただ 新ただ

아라따다

(な형) 새롭다

❖ 新たな条件。 새로운 조건.

766
あらゆる

아라유루

(연체) 모든

❖ あらゆる本を読む。
온갖 책을 읽다.

767
あらわす 表す

아라와스

(동) (생각·의지 등을) 발표하다, 표현하다

❖ 姿を表す。 모습을 표현하다.

768
ありがとう 有り難う

아리가또우

(감) 고맙다, 고마워, 고맙소

❖ ほんとにありがとう。
정말로 고마워.

769
アリバイ

아리바이

(명) 알리바이(alibi)

❖ アリバイを作る。
알리바이를 꾸미다.

770
アルバム
아루바무

명 앨범(album)

❖ 卒業記念アルバム。
졸업 기념 앨범.

771
あれる 荒れる
아레루

동 거칠어지다, 사나워지다

❖ 生活が荒れる。 생활이 거칠어지다.

772
アレルギ-
아레루기-

명 알레르기

❖ アレルギー性体質。
알레르기성 체질.

773
あわせる 合わせる
아와세루

동 합치다, 맞추다, 모으다, 합주하다

❖ 力を合わせる。 힘을 모으다.

774
あわただしい
아와따다시이

い형 분주하다

❖ 慌ただしい一日。 분주한 하루.

775
アンケ-ト
앙케-토

명 앙케트(enquetecirc;te), 질문

❖ アンケートを集める。
앙케트를 모으다.

필수단어 | **139**

776
- **あんぜんだ**　安全だ　　[な형] 안전하다

  안젠다
  - ❖ 安全な遊び場。 안전한 놀이터.

777
- **いきがい**　生きがい　　[명] 사는 보람

  이끼가이
  - ❖ 子供だけが生きがいだ。
    자식만이 사는 보람이다.

778
- **いくつ**　幾つ　　[명] 몇, 몇 개, 몇 살

  이꾸쯔
  - ❖ 幾つありますか。
    몇 개 있습니까?

779
- **いけない**　　　[연어] 안된다, 좋지 않다, 나쁘다

  이께나이
  - ❖ あいつがいけないんだ。
    저 녀석이 나쁜 거야.

780
- **いける**　行ける　　[동] (물건이) 꽤 쓸만하다, 상당히 좋다

  이께루
  - ❖ この料理はなかなか行けるね。
    이 요리는 꽤 먹을 만한데.

781
- **いじょう**　異常　　[명] 이상(↔せいじょう)

  이죠-
  - ❖ 地球温暖化のため異常気象になる。
    지구온난화 때문에 이상기상이 된다.

782
- **いじわるだ** 意地悪だ　[な형] 심술궂다
  이지와루다
  - ❖ 意地悪な人。 심술궂은 사람

783
- **いす** 椅子　[명] 의자
  이스
  - ❖ 椅子をひきよせる。
    의자를 끌어당기다.

784
- **いそがしい** 忙しい　[い형] 바쁘다, 겨를이 없다
  이소가시이
  - ❖ 目が回るほど忙しい。
    눈이 핑핑 돌 정도로 바쁘다.

785
- **いたい** 痛い　[い형] 아프다, 쓰리다, 뜨끔하다
  이따이
  - ❖ のどが腫れて痛い。
    목구멍이 부어서 아프다.

786
- **いだく** 抱く　[동] 안다, 품다
  이다꾸
  - ❖ 疑いを抱く。 의심을 품다.

787
- **いたずら**　[명] 짓궂은 장난, 나쁜 장난
  이따즈라
  - ❖ いたずらをしている。
    장난치고 있다.

필수단어 | **141**

788
□ **いただき** 頂 　 명 정상, 꼭대기(=頂上)

이따다끼
❖ 山の頂。 산꼭대기.

789
□ **いたむ** 痛む 　 동 아프다, 괴롭다, 슬프다

이따무
❖ 心が痛む。 마음이 괴롭다.

790
□ **いち** 位置 　 명 위치

이찌
❖ 所定の位置に置く。
정해진 위치에 놓다.

791
□ **いちば** 市場 　 명 시장

이찌바
❖ 青物市場。 청과물 시장.

792
□ **いっしょ** 一緒 　 명 함께함, 동시, 한꺼번

잇쇼
❖ 一緒に生活する。 함께 생활하다.

793
□ **いつも** 　 부 언제나, 늘, 항상

이쯔모
❖ いつも7時に起きる。
언제나 7시에 일어나다.

794
いとこ 従兄弟・従姉妹 <u>명</u> 사촌

이또꼬

❖ いとこのお姉(ねえ)さんです。
사촌 언니입니다.

795
いのる 祈る <u>동</u> 빌다, 기도하다, 간절히 바라다

이노루

❖ 御成功(ごせいこう)を祈(いの)る。
성공하시기를 빈다.

796
いびき <u>명</u> 코고는 소리(snore)

이비끼

❖ いびきをかいている。
코를 골고 있다.

797
いま 今 <u>명</u> 지금, 이제, 현재, 방금, 막, 곧

이마

❖ 今(いま)がチャンスだ。 지금이 찬스다.

798
いみ 意味 <u>명</u> 의미, 뜻, 의도, 까닭, 가치, 보람

이미

❖ 単語(たんご)の意味(いみ)を調(しら)べる。
단어의 뜻을 찾아[알아]보다.

799
いやだ 嫌だ <u>な형</u> 싫다, 바라지 않는다

이야다

❖ たばこの煙(けむり)が嫌(いや)だ。
담배 연기가 싫다.

800
□ イヤホーン
이야호-ㄴ

명 이어폰(earphone)

❖ イヤホーンを付けている。
이어폰을 끼고 있다.

801
□ イヤリング
이야링구

명 귀걸이(earring)

❖ 美しいイヤリングをつけて歩いて行く。
예쁜 귀걸이를 달고 걸어가다.

802
□ いれる　　　入れる
이레루

동 넣다, 듣다, 두다, 놓다, 들이다

❖ 風を入れる。 바람을 들이다.

803
□ いわう　　　祝う
이와우

동 축하하다, 축복하다

❖ 入学を祝う。
입학을 축하하다.

804
□ インスタント
인스탄토

명 인스턴트(instant)

❖ インスタント食品の決定版。
인스턴트 식품의 결정판.

805
□ インタビュー
인타뷰-

명 인터뷰(interview)

❖ 首相にインタビューする。
수상과 인터뷰하다.

806
□ **インターナショナル**
인타-나쇼나루

(명) 인터네셜(international), 국제적

❖ 陸上競技の インターナショナル で優勝した。
육상 경기 전국 대회에서 우승하였다.

807
□ **インテリア**
인테리아

(명) 인테리어(interior)

❖ インテリアデザイナー。
인테리어 디자이너.

808
□ **ウイルス**
우이루스

(명) 바이러스(virus)

❖ 新種ウイルス。 신종 바이러스.

809
□ **うかぶ**　浮かぶ
우까부

(동) 떠오르다, 뜨다(↔しずむ)

❖ アイディアが浮かぶ。
아이디어가 떠오르다.

810
□ **うく**　浮く
우꾸

(동) 뜨다, 들뜨다, 근거가 없다

❖ 浮いたうわさ。 헛소문, 뜬소문.

811
□ **うけいれる**　受け入れる
우께이레루

(동) 받아들이다

❖ 民主主義を受け入れる。
민주주의를 받아들이다.

812
□ **うけたまわる** 承る　　(동) (受ける, 引き受ける)의 겸사말

우께따마와루

❖ 御意見を承る。 삼가 고견을 듣다.

813
□ **うごかす** 動かす　　(동) 움직이게 하다

우고까스

❖ 椅子を前に動かす。
의자를 앞으로 옮기다.

814
□ **うごきまわる** 動き回る　　(동) 움직이며 돌아다니다.

우고끼마와루

❖ 忙しく動き回る。
바삐 돌아다니다.

815
□ **うしろ** 後ろ　　(명) 뒤쪽, 뒤, 그늘, 뒷모습

우시로

❖ 後ろを見送る。
뒷모습을 바라보며 전송하다.

816
□ **うすめる** 薄める　　(동) 묽게 하다, 엷게 하다

우스메루

❖ ウイスキーを水で薄める。
위스키에 물을 타서 묽게 하다.

817
□ **うたがう** 疑う　　(동) 의심하다

우따가우

❖ 目を疑う。 눈을 의심하다.

818
- **うたがわしい** 疑わしい　　い형 의심스럽다, 수상쩍다

  우따가와시이
  - ❖ 疑わしい行動。 수상쩍은 행동.

819
- **うつす**　　　移す　　　동 옮기다, 시작하다

  우쯔스
  - ❖ 家を移す。 집을 옮기다.

820
- **うつる**　　　写る　　　동 찍히다, 속이 비쳐 보이다

  우쯔루
  - ❖ よく写るカメラ。 잘 찍히는 카메라.

821
- **うまれる**　　生まれる　동 태어나다, 출생하다

  우마레루
  - ❖ 長男が生まれた。
    장남이 태어났다.

822
- **うみ**　　　　海　　　　명 바다

  우미
  - ❖ 小舟で海に出る。
    작은 배로 바다에 나가다.

823
- **うむ**　　　　生む　　　동 낳다, 만들어 내다

  우무
  - ❖ 卵を生む。 알을 낳다.

824
□ **うむ** 有無 　명 유무(=あるなし)

우무

❖ 回答の有無にかかわらず。
회답이 있고 없음에 관계없이.

825
□ **うめる** 埋める 　동 묻다, 메우다(↔ほる)

우메루

❖ ごみを埋める。쓰레기를 매장하다.

826
□ **うやまう** 敬う 　동 존경하다(=あがめる)

우야마우

❖ 師を敬う。스승을 존경하다.

827
□ **うらなう** 占う 　동 점치다

우라나우

❖ 運勢を占う。운수를 점치다.

828
□ **うれしい** 嬉しい 　い형 기쁘다

우레시-

❖ 試験に合格して嬉しい。
시험에 합격해 기쁘다.

829
□ **うんどうぐつ** 運動ぐつ 　명 운동화

운도-구쯔

❖ 運動ぐつをはいている。
운동화를 신고 있다.

830
□ うんどうじょう 運動場　　명 운동장

운도-죠-

❖ 運動場を一回り走る。
운동장을 한 바퀴 뛰다.

831
□ ウーマン　　명 여자(woman)

우만

❖ ウーマンパワー。 우먼 파워.

832
□ え　　絵　　명 그림

에

❖ 絵を描く。 그림을 그리다.

833
□ エチケット　　명 에티켓(éeacute), 예의, 예법

에치켓토

❖ 食事のエチケットを覚える。
식사 예절을 배우다.

834
□ エプロン　　명 에프론(apron), 앞치마

에푸론

❖ エプロンを掛ける。
앞치마를 도르다.

835
□ えもの　　獲物　　명 (고기잡이나 수렵에서)잡은 것

에모노

❖ 獲物を逃す。
사냥감을 놓치다.

필수단어 | **149**

836
□ **えらぶ**　　選ぶ

에라부

(동) 고르다, 택하다, 가리다

❖ 品を選ぶ。 물건을 고르다.

837
□ **えん**　　円

엔

(명) 원, 엔(화폐 단위)

❖ 円が高くなる。
엔 시세가 높아지다[오르다].

838
□ **エンジン**

엔진

(명) 엔진(engine)

❖ 練習にようやくエンジンがかかってきた。
연습이 겨우 궤도에 올랐다.

839
□ **おもいがけない**

오모이가께나이

(い형) 의외다, 뜻밖이다

❖ おもいがけない失敗をする。
생각지도 않은[뜻밖의]실수를 하다.

840
□ **オイル**

오이루

(명) 오일(oil), 기름

❖ オイルが切れる。
기름이 떨어지다.

841
□ **おう**　　追う

오우

(동) 따르다, 뒤쫓아가다, 추구하다

❖ 犯人を追う。 범인을 뒤쫓아가다.

842
おうだんほどう 横断歩道
오-단호도-

명 횡단보도

❖ 横断歩道ではたふりをする。
횡단 보도에서 기신호를 하다.

843
おえる 終える
오에루

동 끝내다(↔はじめる)

❖ 仕事を終える。 일을 끝마치다.

844
おおごえ 大声
오-고에

명 큰 목소리(loud voice)

❖ 大声を出している。
큰소리를 지르고 있다.

845
おおざっぱだ
오-잡빠다

な형 엉성하다

❖ 彼の仕事はおおざっぱだ。
그의 일솜씨는 엉성하다.

846
おおぜい 大勢
오-제이

명 여럿, 많은 사람

❖ 人が大勢集まった。
사람이 많이 모였다.

847
おおまかだ
오-마까다

な형 대범하다, 대충하다

❖ 大まかな性格。 대범한 성격.

필수단어 | **151**

848
おかしい 可笑しい 　　い형 **우습다**
오까시이
❖ 可笑しい話で笑わせる。
우스운 이야기로 웃기다.

849
おがむ 拝む 　　동 (합장) 배례하다, 두손 모아 빌다
오가무
❖ 日の出を拝む。 해돋이를 배례하다.

850
おぎなう 補う 　　동 보충하다
오기나우
❖ 赤字を補う。 적자를 메우다.

851
おく 奥 　　명 (깊숙한)안, 끝, 비장
오꾸
❖ 林の奥。 숲속 깊숙한 곳.

852
おく 置く 　　동 두다, 놓다, 거르다, 점치다
오꾸
❖ 念頭に置く。 염두에 두다.

853
おくびょうだ 臆病だ 　　な형 겁이 많다, 소심하다
오꾸뵤-다
❖ 臆病な人間。 겁이 많은 사람.

854
おくる 贈る
오꾸루

동 추서하다, 선물하다

❖ 中元の品を贈る。
백중 선물을 보내다.

855
おこす 起こす
오꼬스

동 일으키다, 깨우다, 들어올리다

❖ 問題を起こさないでください。
문제를 일으키지 말아 주세요.

856
おこない 行い
오꼬나이

명 행위

❖ 親切な行い。 친절한 행위.

857
おこる 怒る
오꼬루

동 화내다, 성내다, 꾸짖다, 야단하다

❖ だまされて怒る。
남에게 속아서 성내다.

858
おさめる 治める
오사메루

동 진정시키다, 다스리다

❖ 国を治める。 나라를 다스리다.

859
おじぎ お辞儀
오지기

명 절함, 인사

❖ ていねいにお辞儀をする。
공손히 절을 하다.

필수단어 | 153

860
□ おしらせ　お知らせ

오시라세

명 알림, 공지, 통지(知らせ)

❖ 知らせを受ける。 통지를 받다.

861
□ おす　　　　押す

오스

동 밀다, 누르다, 붙이다

❖ 降りる時はボタンを押してください。
내릴 때는 버튼을 눌러 주세요.

862
□ おそれる　　恐れる

오소레루

동 무서워하다, 걱정하다

❖ 失敗しないかと恐れる。
실패하지 않을까 우려하다.

863
□ おそわる　　教わる

오소와루

동 배우다(→おしえる), 가르침을 받다

❖ 英語を教わる。 영어를 배우다.

864
□ おだやかだ　穏やかだ

오다야까다

な형 온화하다

❖ 穏やかな海。 잔잔한 바다.

865
□ おっと　　　夫

옷또

명 남편

❖ 妻は夫に仕える。
아내는 남편을 섬기다.

866
おとうと 弟

오또–또

명 남동생, 아우

❖ <ruby>弟<rt>おとうと</rt></ruby>を<ruby>家<rt>いえ</rt></ruby>に<ruby>連<rt>つ</rt></ruby>れ<ruby>帰<rt>かえ</rt></ruby>る。
동생을 집으로 데리고 오다.

867
おどかす

오도까스

동 놀라게 하다, 무섭게 하다

❖ <ruby>人<rt>ひと</rt></ruby>をおどかす。 남을 놀라게 하다.

868
おとこ 男

오또꼬

명 남자, 사나이, 남성

❖ <ruby>私<rt>わたし</rt></ruby>の<ruby>兄<rt>あに</rt></ruby>は<ruby>男<rt>おとこ</rt></ruby>らしい。
나의 형은 남자답다.

869
おととい

오또또이

명 그저께, 재작일

❖ おととい<ruby>読<rt>よ</rt></ruby>みました。
그저께 읽었습니다.

870
おとな 大人

오또나

명 어른(↔こども), 성인

❖ いよいよ<ruby>大人<rt>おとな</rt></ruby>になる。
드디어 어른이 되다.

871
おとなしい

오또나시이

い형 조용하다, 성질이 얌전하다

❖ おとなしい<ruby>子<rt>こ</rt></ruby>。 얌전한 아이.

872
□ **おどる** 踊る   동 춤추다, 요동하다

오도루

❖ 歌に合わせて躍る。
노래에 맞춰 춤추다.

873
□ **おどろく** 驚く   동 놀라다

오도로꾸

❖ あまりの美しさに驚く。
너무나 예쁜 데 놀라다.

874
□ **おなか** 御中   명 배

오나까

❖ 御中が空く。 배가 고프다.

875
□ **おなじだ** 同じだ   な형 같다

오나지다

❖ これとそれは同じだ。
이것과 그것은 똑같다.

876
□ **おぼえる** 覚える   동 기억하다, 외우다, 느끼다

오보에루

❖ 部下の名前を覚える。
부하의 이름을 기억하다.

877
□ **おもいだす** 思い出す   동 생각해 내다, 회상하다

오모이다스

❖ やっと名前を思い出した。
겨우 이름을 생각해냈다.

878
おもに 主に
오모니

(부) 주로, 대부분

❖ 夜は主にテレビを見ている。
밤에는 주로 TV를 보고 있다.

879
おや 親
오야

(명) 어버이, 부모, 선조, 원조

❖ 生みの親。 낳은 부모.

880
およぐ 泳ぐ
오요구

(동) 헤엄치다, 능란하게 처세(처신)하다

❖ 海で泳ぐ。 바다에서 헤엄치다.

881
おりがみ 折紙
오리가미

(명) 종이접기용 색종이

❖ 折紙をする。 종이접기를 하다.

882
おりたたむ 折り畳む
오리따따무

(동) 접어 개다

❖ 新聞を折り畳む。 신문을 접다.

883
オルガン
오루간

(명) 오르간(organ)

❖ オルガン奏者。 오르간 연주자.

884
□ おんな　女

온나

명 여자, 여성, 여인

❖ <ruby>女<rt>おんな</rt></ruby>に<ruby>持<rt>も</rt></ruby>てる。 여자에게 인기가 있다.

885
□ オーケー

오-케-

명 오케이(OK)승낙, 동의

❖ オーケーを<ruby>取<rt>と</rt></ruby>る。 승낙을 받다.

886
□ がいこく　外国

가이꼬꾸

명 외국

❖ <ruby>外国<rt>がいこく</rt></ruby>と<ruby>交易<rt>こうえき</rt></ruby>する。
외국과 교역하다.

887
□ かいしゃ　会社

카이샤

명 회사

❖ <ruby>会社<rt>かいしゃ</rt></ruby>が<ruby>栄<rt>さか</rt></ruby>える。 회사가 번창하다.

888
□ かいだん　階段

카이단

명 계단, 단계

❖ <ruby>階段<rt>かいだん</rt></ruby>を<ruby>駆<rt>か</rt></ruby>け<ruby>上<rt>あ</rt></ruby>がる。
계단을 뛰어올라가다.

889
□ かいてきだ　快適だ

카이떼끼다

な형 쾌적하다

❖ <ruby>快適<rt>かいてき</rt></ruby>な<ruby>旅行<rt>りょこう</rt></ruby>。 쾌적한 여행

890
かう 飼う
카우

(동) (짐승을) 기르다

* 羊を飼う。 양을 치다.

891
かおり 香り
카오리

(명) 좋은 향기

* 花の香りを嗅いでいる。
  꽃 냄새를 맡고 있다.

892
かかわる
카까와루

(동) 관계되다

* 命にかかわることだ。
  목숨에 관계되는 일이다.

893
かく 書く
카꾸

(동) 쓰다, 그리다

* 字を上手に書く。 글씨를 잘 쓰다.

894
かくれる 隠れる
카꾸레루

(동) 숨다, (고귀한 분이)죽다

* 人込みに隠れる。 인파 속에 숨다.

895
かくれんぼう 隠れん坊
카꾸렘보-

(명) 숨바꼭질

* 隠れん坊をする。
  숨바꼭질을 하다.

896
□ **かけっこ**　駆けっこ　|　명 달음박질, 경주(競走)

카켁꼬

❖ 駆けっこをする。
달리기 시합을 하다.

897
□ **かし**　菓子　|　명 과자

카시

❖ 韓国伝統のお菓子です。
한국전통과자입니다.

898
□ **かしこい**　賢い　|　い형 현명하다, 똑똑하다

카시꼬이

❖ 賢い少年。 영리한 소년.

899
□ **かず**　数　|　명 수, 다수

카즈

❖ 数が合わない。 수가 안 맞다.

900
□ **かた**　肩　|　명 어깨

카따

❖ 肩の力を抜く。 어깨의 힘을 빼다.

901
□ **かたい**　堅い　|　い형 단단하다, 딱딱하다(↔やわらかい)

카따이

❖ 石は堅い。 돌은 단단하다.

902
□ **かたづける** 片付ける   동 정리하다, 해결하다

카따즈께루
- 部屋を片付ける。 방을 치우다.

903
□ **かたる** 語る   동 말하다, 이야기하다

카따루
- 心のうちを語る。
  심중을 이야기하다.

904
□ **かってだ** 勝手だ   な형 제멋대로다

캇떼다
- 自分勝手だ。 자기 멋대로다.

905
□ **カット**   명 컷(cut), 잘라 냄, 조그만 삽화

캇토
- 髪をカットする。 머리를 컷하다.

906
□ **かっぱつだ** 活発だ   な형 활발하다

캅빠쯔다
- 活発な男の子。 활발한 사내 아이.

907
□ **かてい** 家庭   명 가정

카떼ー
- 家庭を守る。 가정을 지키다.

908
□ かど 角
카도

명 모퉁이

❖ 柱の角。기둥 모서리.

909
□ かなしむ 悲しむ
카나시무

동 슬퍼하다

❖ 友の死を悲しむ。
벗의 죽음을 슬퍼하다.

910
□ かなり 可成
카나리

부 꽤, 제법, 어지간히, 상당히

❖ 可成難しい。상당히 어렵다.

911
□ かね 金
카네

명 돈, 금속

❖ 金をもうける。돈을 벌다.

912
□ カバー
카바

명 커버(cover), 씌우개, 책표지

❖ 本のカバーを取る。
책의 커버를 벗기다.

913
□ かび
카비

명 곰팡이

❖ かびが生える。곰팡이가 피다.

914
- **かぶる** 被る   동 머리에 쓰다, 뒤집어 쓰다

  카부루
  - 帽子を被る。 모자를 쓰다.

915
- **かみ** 神   명 신, 하느님

  카미
  - 神に祈る。 신에게 빌다.

916
- **かみ** 紙   명 종이

  카미
  - 紙一重の差で勝つ。
    종이 한 장 차이로 이기다.

917
- **かみぶくろ** 紙袋   명 종이 봉지

  카미부꾸로
  - 紙袋を手に下げている。
    쇼핑백을 손에 들고 있다.

918
- **カムバック**   명 컴백(comeback), 복귀

  카무박쿠
  - 芸能界にカムバックする。
    연예계에 컴백하다.

919
- **からい** 辛い   い형 맵다(↔あまい), 괴롭다(=つらい)

  카라이
  - 辛い物はなにがありますか。
    매운 것은 무엇이 있습니까?

920
カラ-

카라-

명 컬러(color), 색깔, 색채

❖ カラーテレビが普及(ふきゅう)する。
컬러 텔레비전이 보급되다.

921
かわいそうだ

카와이소-다

な형 가엾다

❖ かわいそうなことをした。
가엾은 짓을 했다.

922
かわかす 乾かす

카와까스

동 말리다

❖ 洗濯物(せんたくもの)を乾(かわ)かす。 빨래를 말리다.

923
かわかみ 川上

카와까미

명 강상류(→かわしも)

❖ 川上(かわかみ)にさかのぼる。
상류로 거슬러올라가다.

924
かんぜんだ 完全だ

칸젠다

な형 완전하다

❖ 夢(ゆめ)は完全(かんぜん)に破(やぶ)れてしまった。
꿈은 완전히 부서지고 말았다.

925
カンづめ

칸즈메

명 통조림(canned goods)

❖ カンづめふたつください。
통조림 두 개 주세요.

926
カード
카-도
명 카드(card)
❖ 単語カード。 단어 카드.

927
カーテン
카-텐
명 카텐
❖ レースのカーテン。 레이스 카텐.

928
きいろい 黄色い
키-로이
い형 노랗다
❖ くちばしが黄色い。
부리가 노랗다.

929
きえる 消える
키에루
동 사라지다, 꺼지다, 없어지다
❖ 姿が消える。 모습이 사라지다.

930
ききとる 聞き取る
키끼또루
동 알아듣다, 듣고 이해하다
❖ 声がかすれて聞き取りにくい。
목소리가 쉬어서 알아듣기 힘들다.

931
きくばり 気配り
키꾸바리
명 배려(=こころづかい)
❖ 客のもてなしに気配りをする。
손님 접대에 마음을 쓰다.

932
□ **きずつける**　傷付ける　동 상처를 입히다

키즈쯔께루

❖ 人を傷付ける。
남에게 상처를 주다.

933
□ **きそ**　基礎　명 기초

키소

❖ 基礎工事。 기초 공사.

934
□ **きた**　北　명 북, 북쪽, 북풍

키따

❖ 北へ行く。 북쪽으로 가다.

935
□ **きたい**　期待　명 기대

키따이

❖ 期待に胸をふくらませる。
기대에 가슴이 부풀다.

936
□ **きたない**　汚い　い형 더럽다, 불결하다, 지저분하다

키따나이

❖ 机の上が汚い。
책상 위가 지저분하다.

937
□ **きって**　切手　명 우표, 어음

킷떼

❖ 切手を貼る。 우표를 붙이다.

938
□ **きっぷ**　切符　　몡 표(=チケット)
킵뿌
❖ 切符を買う。 표를 사다.

939
□ **きにいる**　気に入る　　동 마음에 들다
키니이루
❖ 社長の気に入る。
사장의 마음에 들다.

940
□ **きねん**　記念　　몡 기념
키넨
❖ 卒業の記念に写真をとる。
졸업 기념으로 사진을 찍다.

941
□ **きぼう**　希望　　몡 희망
키보-
❖ 留学を希望する。
유학을 희망하다.

942
□ **きみわるい**　気味悪い　　い형 왠지 기분 나쁘다
키미와루이
❖ 気味悪い笑い。 기분 나쁜 웃음.

943
□ **ぎむ**　義務　　몡 의무
기무
❖ 義務を果たす。 의무를 다하다.

944
- **きゃく** 客
  캬꾸
  - 명 손님, 여객, 나그네
  - ❖ 客をもてなす。 손을 접대하다.

945
- **キャッチ**
  캇치
  - 명 캐치(catch), 잡음, 포착함
  - ❖ 情報をキャッチする。
    정보를 포착하다.

946
- **キャンセル**
  칸세루
  - 명 캔슬(cancel), 해약, 계약 취소
  - ❖ 航空券をキャンセルする。
    항공권을 취소하다.

947
- **キャンペーン**
  캠펜
  - 명 캠페인(campaign)
  - ❖ キャンペーンを繰り広げる。
    캠페인을 벌이다.

948
- **きゅうに** 急に
  큐-니
  - 부 갑자기
  - ❖ 子供が急に家に帰りたがる。
    아이가 갑자기 집에 가고 싶어한다.

949
- **ぎゅうにゅう** 牛乳
  규-뉴-
  - 명 우유(=ミルク)
  - ❖ 牛乳でもサイダーでも飲物をくれ。 우유건 사이다건 마실 것을 다오.

950
きよい 清い い형 맑다, 정갈하다, 결백하다

키요이

❖ 清い交際を続ける。
깨끗한 교제를 계속하다.

951
きょうぎ 競技 명 경기

쿄-기

❖ 競技の結果を的中させる。
경기의 결과를 알아맞히다.

952
きらい 嫌い 명 싫음, 구별, 차별

키라이

❖ 部下に対する好き嫌いが激しい。
부하에 대한 차별이 심하다.

953
きる 切る 동 베다, 자르다, 끊다, 절단하다

키루

❖ 大根を切る。 무를 자르다.

954
きる 着る 동 입다, 뒤집어 쓰다(↔ぬぐ)

키루

❖ コートを着る。 코트를 입다.

955
きれいだ な형 곱다, 아름답다

키레-다

❖ きれいな着物。 예쁜 옷.

956
□ **きろく** 記録
키로꾸

명 기록(=レコード)

❖ 記録に残す。 기록에 남기다.

957
□ **きをつける** 気を付ける
키오쯔께루

동 조심하다

❖ 気を付けてお帰りなさい。
조심해서 돌아가세요.

958
□ **くさとり** 草取
쿠사또리

명 김매기, 김을 매는 사람

❖ 草取をしている。
제초를 하고 있다.

959
□ **くさる** 腐る
쿠사루

동 썩다, 상하다, 부패하다, 타락하다

❖ さかなが腐る。 생선이 썩다.

960
□ **くだもの** 果物
쿠다모노

명 과일(=フルーツ)

❖ 果物が大量に入荷する。
과일이 다량으로 입하되다.

961
□ **くだらない**
쿠다라나이

い형 시시하다, 하찮다, 쓸모없다

❖ くだらない人間。 쓸모없는 인간.

962
□ **くだる**　下る　⑧ 내려가다

쿠다루

❖ 坂を下る。 비탈을 내려가다.

963
□ **くち**　口　⑲ 입, 말, 입구, 미각

쿠찌

❖ 口を大きく開ける。
입을 크게 벌리다.

964
□ **ぐち**　愚痴　⑲ 우치, 어리석고 못남

구찌

❖ 愚痴をこぼす。 푸념을 늘어놓다.

965
□ **くつ**　靴　⑲ 신, 신발, 구두

쿠쯔

❖ 靴を磨く。 구두를 닦다.

966
□ **くどい**　　⑲형 장황하다, 지겹다, 느끼하다

쿠도이

❖ くどい味。 느끼한 맛.

967
□ **くに**　国　⑲ 나라, 고향, 지역, 영지

쿠니

❖ 国を治める。 나라를 다스리다.

필수단어 | **171**

968
くべつ 区別   圏 **구별**

쿠베쯔

❖ 区別を明らかにする。
구별을 분명히 하다.

969
くもる 曇る   동 **흐리다, 우울해지다**

쿠모루

❖ 顔が曇る。 표정이 어두워지다.

970
クラシック   圏 **클래식(classic)**

쿠라식쿠

❖ 趣味はクラシック音楽の鑑賞です。 취미는 클래식음악감상입니다.

971
くらす 暮らす   동 **살다, 생활하다, 세월을 보내다**

쿠라스

❖ 一生を遊んで暮らす。
일생을 놀며 보내다.

972
グラフ   圏 **그래프(graph)**

구라후

❖ 折れ線グラフ。 꺾은선 그래프.

973
くるしい 苦しい   い형 **괴롭다, 난처하다**

쿠루시이

❖ 苦しい気持。 괴로운 심정.

974
□ **グループ**
구루-푸
몡 그룹(group), 무리, 집단
❖ グループ活動。 그룹 활동.

975
□ **くろう** 苦労
쿠로-
몡 고생, 수고, 노고, 애씀
❖ 苦労に耐える。 고생에 견디다.

976
□ **くわしい** 詳しい
쿠와시이
い형 자세하다, 상세하다, 소상하다
❖ 詳しい解説。 자세한 해설.

977
□ **けいさん** 計算
케-산
몡 계산
❖ 計算が合う。 계산이 맞다.

978
□ **けいけん** 経験
케이겡
몡 경험
❖ 経験が豊かだ。 경험이 풍부하다.

979
□ **けさ** 今朝
케사
몡 오늘 아침
❖ 今朝は遅いね。
오늘 아침은 늦는군.

980
- **げじゅん** 下旬

  게쥰

  몡 하순(↔上旬;じょうじゅん)

  ❖ 9月下旬。 9월 하순.

981
- **けす** 消す

  케스

  동 끄다, 지우다, 없애다, 감추다

  ❖ 火を消す。 불을 끄다.

982
- **けだかい** 気高い

  케다까이

  い형 고상하다

  ❖ 気高い心。 고상한 마음.

983
- **けっか** 結果

  켁까

  명 결과, 되어진 상황

  ❖ よい結果をもたらす。
  좋은 결과를 가져오다.

984
- **けっこう** 結構

  켁꼬-

  な형 훌륭함, 좋음, 만족스러움

  ❖ もう結構です。 이제 충분합니다.

985
- **けっこん** 結婚

  켁꼰

  명 결혼

  ❖ 結婚を申し込む。
  결혼을 신청하다.

986
けはい　気配
케하이

[명] 기색, 낌새

❖ 人の気配。 사람의 기척.

987
けむたい
케무따이

[い형] 연기가 끼어 맵다

❖ 部屋の中がけむたい。
방 안이 맵다.

988
げんかん　玄関
겡깐

[명] 현관

❖ 車を玄関に寄せる。
차를 현관 앞에 대다.

989
ける　蹴る
케루

[동] (발로)차다

❖ ボールを蹴る。 공을 차다.

990
~けれども
~케레도모

[접속조사] ~지만

❖ 見かけは怖いけれども心は優しい。
겉보기는 무섭지만 마음씨는 곱다.

991
けわしい　険しい
케와시이

[い형] 가파르다, 험하다

❖ 険しいのぼり道。
가파른 오르막길.

필수단어 | 175

992
□ **げんきん** 現金

겡낀

명 현금

❖ 現金で払う。 현금으로 지불하다.

993
□ **けんこう** 健康

켕꼬-

명 건강, 건전

❖ 健康を取り戻す。 건강을 되찾다.

994
□ **けんせつ** 建設

켄세쯔

명 건설

❖ これから3年で建設は完了する。
앞으로 3년이면 건설은 완료된다.

995
□ **ゲーム**

게-무

명 게임(game), 놀이, 유희, 오락

❖ 今日のバレーは3ゲームある。
오늘의 배구는 3게임이 있다.

996
□ **コーヒー**

코-히-

명 커피(coffee)

❖ コーヒー二杯ください。
커피 두 잔 주세요.

997
□ **こい** 濃い

코이

い형 짙다, 진하다, 사이가 좋다

❖ 味が濃い。 맛이 진하다.

998
こいぬ 小犬
코이누

명 강아지, 작은 개

❖ 小犬が道路を道切っている。
강아지가 도로를 횡단하고 있다.

999
こうこく 広告
코-꼬꾸

명 광고

❖ 新聞に広告を載せる。
신문에 광고를 싣다.

1000
こうすいりょう 降水量
코-스이료-

명 강수량

❖ 降水量が減る。 강수량이 줄다.

1001
こうふく 幸福
코-후꾸

명 행복(=さいわい, しあわせ)

❖ 幸福を祈る。 행복을 빌다.

1002
こうふくだ 幸福だ
코-후꾸다

な형 행복하다(↔ふこうだ)

❖ 幸福に暮らす。 행복하게 살다.

1003
こえ 声
코에

명 목소리

❖ 声をあげる。 소리를 지르다.

1004
こえる 越える (동) 넘다, 지나다, 초월하다

코에루

❖ 定員を越える。 정원을 초과하다.

1005
こおり 氷 (명) 얼음

코오리

❖ 氷のように冷たい。
얼음처럼 차갑다.

1006
こおる 凍る (동) 얼다

코-루

❖ 池の水が凍る。 연못의 물이 얼다.

1007
こくご 国語 (명) 국어

코꾸고

❖ 国語は得意だ。
국어는 자신이 있다.

1008
こくみん 国民 (명) 국민

코꾸민

❖ 国民に宣布する。
국민에게 선포하다.

1009
こころみる 試みる (동) 시도해 보다, 시험해 보다(=ためす)

코꼬로미루

❖ エベレスト登山を試みる。
에베레스트 등산을 시도하다.

1010
こし 腰
코시

명 허리(waist)

❖ 腰が低い。 겸손하다.

1011
こしかける 腰掛ける
코시까께루

동 걸터앉다

❖ いすに腰掛ける。
의자에 걸터앉다.

1012
ごぜん 午前
고젠

명 오전, 상오(↔午後 ; ごご)

❖ 午前6時に起きる。
오전 6시에 일어나다.

1013
こたえる 答える
코따에루

동 대답하다, 해답하다

❖ 先生の問いかけに答える。
선생님의 물음에 대답하다.

1014
ことば 言葉
코또바

명 말, 언어, 이야기

❖ 言葉を交わす。 말을 주고받다.

1015
ことわる 断る
코또와루

동 거절하다, 사절하다, 사퇴하다

❖ 断っておくが。 미리 말해 두지만.

1016
このむ 好む
코노무

(동) 좋아하다, 원하다, 바라다

❖ 音楽を好む。 음악을 즐기다.

1017
コレクション
코레쿠숀

(명) 컬렉션(collection), 모으기

❖ 切手のコレクション。 우표 수집.

1018
ごろね 転寝
고로네

(명) 옷을 입은 채 쓰러져서 잠

❖ 転寝をしている。
옷을 입은 채 자고 있다.

1019
ころぶ 転ぶ
코로부

(동) 구르다, 쓰러지다, 넘어지다

❖ すべって転ぶ。 미끄러져 넘어지다.

1020
コンサート
콘사ー토

(명) 콘서트(concert), 음악회, 연주회

❖ コンサートを催す。
연주회를 개최하다.

1021
こんなん 困難
콘난

(명) 곤란, 어려움

❖ 呼吸困難。 호흡 곤란.

1022
コンピューター
콤퓨―타―

명 컴퓨터(computer), 전자 계산기

❖ コンピューター万能の時代。
컴퓨터 만능 시대.

1023
コード
코―도

명 코드(code), 규정, 규칙

❖ 番組コード。 방송 윤리 규정.

1024
こんきょ　根拠
콘꾜

명 근거

❖ 根拠のない話。
근거가 없는 이야기.

1025
サービス
사―비스

명 서비스

❖ サービスがいい。 서비스가 좋다.

1026
サイクル
사이쿠루

명 사이클(cycle), 주파수, 주기

❖ 景気にはサイクルがある。
경기에는 주기가 있다.

1027
ざいりょう　材料
자이료―

명 재료, 원료, 자재

❖ 材料を良く混ぜ合わせる。
재료를 잘 혼합하다.

1028
□ **サイレン**
사이렌

명 사이렌(siren), 경적

❖ 正午のサイレンが鳴った。
정오의 사이렌이 울렸다.

1029
□ **さいわいに** 幸いに
사이와이니

부 다행히

❖ 幸いに合格した。
다행히 합격했다.

1030
□ **さきどり** 先取り
사끼도리

명 선취, 남보다 먼저 손에 넣음

❖ 時代を先取りした企画。
시대를 앞선 기획.

1031
□ **さがす** 捜す
사가스

동 찾다

❖ 口実を捜す。 구실을 찾다.

1032
□ **さからう** 逆らう
사까라우

동 역행하다, 거역하다

❖ 父に逆らう。 아버지에게 반항하다.

1033
□ **さき** 先
사끼

명 끝, 앞, 먼저, 서두, 장래

❖ 鉛筆の先がとがっている。
연필 끝이 뾰족하다.

1034
□ **さく** 咲く 　(동) 꽃피다
사꾸
❖ 桜の花が咲く。 벚꽃이 피다.

1035
□ **さぐる** 探る 　(동) 더듬다, 찾다, 탐구하다, 조사하다
사구루
❖ 懐を探る。 안주머니를 더듬다.

1036
□ **さけぶ** 叫ぶ 　(동) 외치다, 부르짖다
사께부
❖ 世界平和を叫ぶ。
　세계 평화를 부르짖다.

1037
□ **さす** 指す 　(동) 가리키다, 지적하다, 향하다, 두다
사스
❖ 将棋を指す。 장기를 두다.

1038
□ **さそう** 誘う 　(동) 권유하다, 유혹하다, 부르다
사소우
❖ 映画に誘う。
　영화에 가자고 권하다.

1039
□ **サッカー** 　(명) 축구(soccer)
삭카-
❖ 彼はサッカーの試合で負傷した。 그는 축구 경기에서 부상했다.

1040
ざっし 雑誌 　⑲ 잡지

잣시

❖ 雑誌の購読を申し込む。
잡지 구독을 신청하다.

1041
さとう 砂糖 　⑲ 설탕

사또-

❖ 砂糖を水に溶す。
설탕을 물에 녹이다.

1042
さます 覚ます 　⑧ (잠을) 깨우다, 깨우치다

사마스

❖ 目を覚ます。 잠을 깨우다.

1043
さます 冷ます 　⑧ 식히다, (신열을) 내리다

사마스

❖ スープを冷ます。 수프를 식히다.

1044
さら 皿 　⑲ 접시

사라

❖ 皿に盛る。 접시에 담다.

1045
サラリーマン 　⑲ 샐러리맨(salaried man)

사라리-만

❖ サラリーマンはからだが元手だ。
월급쟁이는 몸이 밑천이다.

1046
□ **さんぎょう**　産業

상교-

명) 산업

❖ 産業が発達する。
산업이 발달하다.

1047
□ **サングラス**

상구라스

명) 선글라스(sunglasses), 색안경

❖ サングラスをかけている。
선글라스를 쓰고 있다.

1048
□ **ざんねんだ**　残念だ

잔넨다

な형) 유감스럽다

❖ 残念ながらやめます。
유감스러우나 그만두겠습니다.

1049
□ **サークル**

사-쿠루

명) 서클(circle), 모임, 동호회

❖ 文学サークル。문학 서클.

1050
□ **しあわせだ**　幸せだ

시아와세다

な형) 행복하다

❖ 幸せな生活。행복한 생활.

1051
□ **ジーンズ**

진-즈

명) 진즈(jeans), 능직의 무명

❖ ジーンズをはいている。
청바지를 입고 있다.

1052
- **しお** 塩
  시오
  - 명 소금, 식염, 소금기
  - ❖ 魚を塩に漬ける。
    생선을 소금에 절이다.

1053
- **しずむ** 沈む
  시즈무
  - 동 가라앉다(↔うかぶ), (해, 달)지다
  - ❖ 船が沈む。 배가 가라앉다.

1054
- **しぜん** 自然
  시젠
  - 명 자연, 천성, 본성
  - ❖ 自然を愛する。 자연을 사랑하다.

1055
- **した** 下
  시따
  - 명 아래, 밑, 하위, 겸손
  - ❖ 階段のした。 계단 아래.

1056
- **したがう** 従う
  시따가우
  - 동 따르다, 좇다, 쏠리다
  - ❖ 法律に従う。 법률에 따르다.

1057
- **したしい** 親しい
  시따시이
  - い형 친하다, 사이좋다, 의좋다
  - ❖ 親しい友達。 친한 친구.

1058
じっけん　実験
직껜
- 명 실험
- ❖ 発表前に実験してみる。
  발표 전에 실험해 보다.

1059
じつは　実は
지쯔와
- 연어 실은
- ❖ 実は金がない。 사실은 돈이 없다.

1060
しつもん　質問
시쯔몬
- 명 질문
- ❖ 質問を浴びせる。 질문을 퍼붓다.

1061
しぬ　死ぬ
시누
- 동 죽다(↔生まれる), 활동이 멈추다
- ❖ 病気で死ぬ。 병으로 죽다.

1062
しばる　縛る
시바루
- 동 (새끼・끈 따위로) 동여매다(bind)
- ❖ 荷物をひもで縛っている。
  짐을 끈으로 묶고 있다.

1063
じぶん　自分
지분
- 명 자기, 자신
- ❖ 自分のものにしたい。
  자기 것으로 만들고 싶다.

1064
□ しまう　　仕舞う
시마우

(동) 끝나다, 끝내다, 안에 넣다

❖ 店をしまう。 가게를 닫다.

1065
□ しまる　　閉まる
시마루

(동) 닫히다(↔ひらく, あく)

❖ かちっと戸が閉まる。
제꺽 하고 문이 닫히다.

1066
□ しめす　　示す
시메스

(동) (나타내)보이다, 가리키다

❖ 模範を示す。 모범을 보이다.

1067
□ しめる　　湿る
시메루

(동) 축축해지다, 눅눅해지다, 습기차다

❖ 湿った空気。 습기찬 공기.

1068
□ しめる　　占める
시메루

(동) 차지하다, 점유하다, 획득하다

❖ 大多数を占める。
대다수를 차지하다.

1069
□ しめる　　閉める
시메루

(동) 닫다(=とじる↔ひらく, あける)

❖ 戸をぴちっと閉める。
문을 꼭 닫다.

1070
□ **シャツ**
샤쯔

명 셔츠(shirt), 서양식의 속옷

❖ シャツを着ている。
셔츠를 입고 있다.

1071
□ **シャッター**
샷타-

명 셔터(shutter)

❖ シャッターを下ろす。
셔터를 내리다.

1072
□ **ジャンパー**
쟘-파-

명 점퍼(jumper)

❖ ジャンパーを着ている。
점퍼를 입고 있다.

1073
□ **ジャーナリスト**
쟈-나리스토

명 저널리스트(journalist)

❖ 友達はジャーナリストだ。
친구는 저널리스트다.

1074
□ **じゅうだいだ** 重大だ
쥬-다이다

な형 중대하다

❖ 重大なあやまちをおかす。
중대한 과오를 범하다.

1075
□ **じゅうようだ** 重要だ
쥬-요-다

な형 중요하다

❖ 重要な証拠。 중요한 증거.

1076
しゅじん 主人
슈진

명 주인, 일가의 가구주

❖ 犬は主人に忠実だ。
개는 주인에게 충실하다.

1077
しょうぎょう 商業
쇼-교-

명 상업(=あきない)

❖ 商業を営む。 상업을 영위하다.

1078
しょうきょくてきだ 消極的だ
쇼-꾜꾸떼끼다

な형 소극적이다(↔積極的; せっきょくてき)

❖ 消極的な態度をとる。
소극적인 태도를 취하다.

1079
じょうげ 上下
죠-게

명 상하

❖ 上下にゆれる。 상하로 흔들리다.

1080
しょうじきだ 正直だ
쇼-지끼다

な형 정직하다

❖ 正直に告白する。
정직하게 고백하다.

1081
じょうずだ 上手だ
죠-즈다

な형 잘하다, 능숙하다(↔下手だ)

❖ 絵が上手だ。 그림을 잘 그린다.

1082
□ **じょうぶだ** 丈夫だ 〔な형〕 **튼튼하다**
죠-부다
❖ 丈夫で結構だ。 건강하여 다행이다.

1083
□ **しょくどう** 食堂 〔명〕 **식당**
쇼꾸도-
❖ 食堂に案内する。
식당으로 안내하다.

1084
□ **ショップ** 〔명〕 **숍(shop)**
숍푸
❖ コーヒーショップ。 커피 숍.

1085
□ **しらせる** 知らせる 〔동〕 **알리다**
시라세루
❖ 電話で知らせる。 전화로 알리다.

1086
□ **しらべる** 調べる 〔동〕 **조사하다, 검토(점검)하다, 찾다**
시라베루
❖ 生徒の答案を調べる。
학생의 답안을 검토하다.

1087
□ **しんけい** 神経 〔명〕 **신경**
신께-
❖ 神経をとがらす。
신경을 곤두세우다.

1088
しんけんだ 真剣だ   **な형** 진지하다

싱껜다

❖ 真剣な態度。 진지한 태도.

1089
しんこきゅう 深呼吸   **명** 심호흡

싱꼬뀨-

❖ 深呼吸をしている。
심호흡을 하고 있다.

1090
しんじる 信じる   **동** 믿다, 신용하다, 신앙하다

신지루

❖ 来世を信じる。 내세를 믿다.

1091
しんちょうだ 慎重だ   **な형** 신중하다

신쵸-다

❖ 慎重に扱う。 신중하게 다루다.

1092
しんぶん 新聞   **명** 신문

심분

❖ 新聞に出る。 신문에 나다.

1093
シーズン・   **명** 시즌(season), 철, 계절, 기후

시-즌

❖ スポーツのシーズン。 스포츠 시즌.

1094
□ **ず** 図
즈

명 도면, 도표, 그림, 심려

❖ 図に書いて説明する。
그림으로 그려 설명하다.

1095
□ **スイッチ**
스잇치

명 스위치(switch)

❖ スイッチをオフにする。
스위치를 끄다.

1096
□ **すう** 吸う
스우

동 들이마시다, 빨다, 빨아들이다

❖ 空気を吸う。 공기를 들이마시다.

1097
□ **ずうずうしい**
즈-즈-시이

い형 뻔뻔하다

❖ ずうずうしい男。 뻔뻔스런 사나이.

1098
□ **スーツ**
스-츠

명 슈트(suit), 양복 한 벌, 부인복

❖ スーツを着ている。
양복을 입고 있다.

1099
□ **すがた** 姿
스가따

명 모습, 모양, 형체, 자태

❖ 姿を隠す。 모습을 감추다.

1100
□ **すき** 好き 　　　[な형] 좋아함, 호기심

스끼

❖ ^{だい}大好き。 매우 좋아함.

1101
□ **すぐ** 　　　[부] 곧, 즉시, 바로

스구

❖ すぐ^{おこ}怒る。 금방 화내다.

1102
□ **すぐれる** 優れる 　　　[동] 뛰어나다, 우수하다, 훌륭하다

스구레루

❖ ^{たいりょく}体力が^{すぐ}優れている。
체력이 출중하다.

1103
□ **すこし** 少し 　　　[부] 조금, 약간, 좀(=ちょっと, わずか)

스꼬시

❖ ^{すこ}少し^{はや}早すぎる。 조금 이르다.

1104
□ **すごす** 過ごす 　　　[동] (시간을) 보내다, 소비하다

스고스

❖ ^{まいにち}毎日を^{ぶじ}無事に^す過ごす。
매일을 탈없이 지내다.

1105
□ **すすむ** 進む 　　　[동] 나아가다, (시계가) 빨리지다

스스무

❖ ^{とけい}時計が^{すす}進んでいる。
시계바늘이 빨리 가다.

1106
すすめる 勧める
스스메루
(동) 권하다, 권장하다, 권유하다
❖ 食事を勧める。 식사를 권하다.

1107
すすめる 進める
스스메루
(동) 전진시키다, 진행하다
❖ 馬を進める。 말을 앞으로 내몰다.

1108
すっぱい 酸っぱい
습빠이
(い형) 맛이 시다
❖ 酸っぱい味がする。
시큼한 맛이 나다.

1109
ストライキ
스토라이키
(명) 파업(strike), 동맹 휴교
❖ ストライキで電車が止まる。
동맹 파업으로 전차 운행이 중지되다.

1110
スニーカー
스니-카-
(명) 스니커즈(sneakers)
❖ スニーカーを履いている。
스니커를 신고 있다.

1111
スピード
스피-도
(명) 스피드(speed)
❖ スピードを出す。 속도를 내다.

1112
□ **すべて**
스베떼

명 모두, 통틀어, 전부, 전체, 모조리

❖ すべての人が反対だ。
모두가 반대다.

1113
□ **スポーツ**
스포-츠

명 스포츠(sports)

❖ スポーツ大会を主催する。
스포츠 대회를 주최하다.

1114
□ **すむ**　住む
스무

동 살다, 거주하다

❖ この町に住んで10年になる。
이 동네에 산 지 10년이 된다.

1115
□ **すもう**　相撲
스모-

명 씨름

❖ 相撲をとる。 씨름을 하다.

1116
□ **すわる**　座る
스와루

동 앉다, 지위를 차지하다

❖ 上座に座る。 상석에 앉다.

1117
□ **せ**　背
세

명 등, 키, 신장(=せい)

❖ 子供を背に負う。
아이를 등에 업다.

1118
- **せいかつ**　生活　　명 생활방식

  세-까쯔

  ❖ 家庭生活。 가정 생활.

1119
- **せいしつ**　性質　　명 성질(=たち)

  세-시쯔

  ❖ それぞれ性質が違う。
  각각 성질이 다르다.

1120
- **ぜいたくだ**　　　　な형 사치스럽다

  제-따꾸다

  ❖ ぜいたくな望み。 사치스러운 소망.

1121
- **せいと**　生徒　　명 생도, 학생(중·고교생)

  세-또

  ❖ 生徒の服装を規正する。
  학생의 복장을 규정하다.

1122
- **セーター**　　　　스웨터(sweater)

  세-타-

  ❖ セーターを着ている。
  스웨터를 입고 있다.

1123
- **せおう**　背負う　　동 짊어지다, 등에 업다, 지다

  세오우

  ❖ 米俵を背負う。
  쌀가마니를 짊어지다.

필수단어 | **197**

1124
□ せき　　席

세끼

(명) 자리, 좌석

❖ あいた席はこざいません。
빈 좌석은 없습니다.

1125
□ せっかく　　折角

섹까꾸

(부) 모처럼, 애써, 힘써, 부디

❖ 折角の申し出を断る。
모처럼의 제의를 거절하다.

1126
□ せっきょくてきだ　　積極的だ

섹꾜꾸떼끼다

(な형) 적극적이다(↔消極的だ;しょうきょくてき)

❖ 積極的に行動する。
적극적으로 행동하다.

1127
□ せまい　　狭い

세마이

(い형) 좁다(↔ひろい)

❖ 世間が狭い。 세상이 좁다.

1128
□ せめる　　責める

세메루

(동) 책하다, 나무라다, 비난하다,

❖ 非行を責める。 비행을 꾸짖다.

1129
□ せわ　　世話

세와

(명) 보살핌, 폐, 신세

❖ お世話を掛けてすみません。
폐를 끼쳐서 미안합니다.

1130
□ センス
센스

명 센스(sense), 감수성

❖ 彼はセンスがない。
 그는 센스가 없다.

1131
□ せんせんげつ 先先月
센센게쯔

명 지지난달

❖ 先先月アメリカから帰ってきた。 지지난달 미국에서 돌아왔다.

1132
□ そうがんきょう 双眼鏡
소-강쿄

명 쌍안경

❖ 双眼鏡で景色を見ている。
 쌍안경으로 경치를 보고 있다.

1133
□ ぞうきんがけ
조-낀가께

명 걸레질

❖ ぞうきんがけをしている。
 걸레질을 하고 있다.

1134
□ そうじき 掃除機
소-지끼

명 청소기

❖ 掃除機をかけている。
 청소기를 쓰고 있다.

1135
□ そうぞうしい
소-조-시이

い형 시끄럽다, 떠들썩하다

❖ 教室がそうぞうしい。
 교실이 떠들썩하다.

1136
そそぐ 注ぐ

소소구

(동) 흘러 들다, (물을) 주다, 뿌리다

❖ カップラーメンにお湯を注ぐ。
컵라면에 뜨거운 물을 붓다.

1137
そそっかしい

소속까시이

(い형) 덜렁대다, 경솔하다

❖ そそっかしい人。 덜렁거리는 사람.

1138
そだつ 育つ

소다쯔

(동) 자라다, 성장하다

❖ 苗が育つ。 모가 자라다.

1139
そだてる 育てる

소다떼루

(동) 기르다, 키우다, 양성하다

❖ 子供を育てる。 아이를 키우다.

1140
そなえる 備える

소나에루

(동) 갖추다, 비치하다, 대비하다

❖ 資料を備える。 자료를 갖추다.

1141
そば 側

소바

(명) 곁, 옆

❖ 側にすわる。 곁[옆]에 앉다.

1142
□ **ソフト**
소후토

[な형] 소프트(soft), 부드러움

❖ ソフトな感(かん)じ。 부드러운 느낌.

1143
□ **そまつだ** 粗末だ
소마쯔다

[な형] 변변치 않다, 허술하다

❖ 粗末(そまつ)な家(いえ)に住(す)む。
허술한 집에 살다.

1144
□ **たいくつだ** 退屈だ
타이꾸쯔다

[な형] 재미가 없어 지루하다, 따분하다

❖ 退屈(たいくつ)でたまらない。
심심해서 못 견디겠다.

1145
□ **たいこ** 太鼓
타이꼬

[명] 북(drum)

❖ 太鼓(たいこ)を叩(たた)いている。
북을 치고 있다.

1146
□ **たいした**
타이시따

[연체] 대단한, 엄청난, 굉장한

❖ 大(たい)した人出(ひとで)だ。 굉장한 인파다.

1147
□ **だいじょうぶだ** 大丈夫だ
다이죠-부다

[な형] 괜찮다, 걱정없다, 틀림없다

❖ 大丈夫(だいじょうぶ)、任(まか)せなさい。
걱정 없어요, 내게 맡겨요.

필수단어 | 201

1148
□ **たいせつだ** 大切だ

타이세쯔다

(な형) 소중하다, 중요하다

❖ この点が大切だ。
이 점이 중요하다.

1149
□ **たいてい** 大抵

타이떼이

(부) 대개, 대부분, 대강, 적당히

❖ 日曜日は大抵家にいる。
일요일에는 대개 집에 있다.

1150
□ **だいどころ** 台所

다이도꼬로

(명) 부엌

❖ 台所に置け。 부엌에다가 두어라.

1151
□ **タイトル**

타이토루

(명) 타이틀(title), 칭호, 직함

❖ すごいタイトルを持っている。
어마어마한 직함을 가지고 있다.

1152
□ **タイプ**

타이푸

(명) 타입(type)

❖ 新しいタイプの車。
새로운 형의 차.

1153
□ **たいへん** 大変

타이헨

(부) 대단히, 몹시, 매우

❖ 大変喜ぶ。 대단히 기뻐하다.

1154
□ **たいらだ** 平らだ　な형 평평하다, 평범하다

타이라다

❖ 平らな道が続く。
평탄한 길이 계속되다.

1155
□ **たうえ** 田植え　명 모심기

타우에

❖ 田植えをしている。
모내기를 하고 있다.

1156
□ **たがやす** 耕す　동 (논밭을) 갈다

타가야스

❖ 田を耕す。 논을 갈다[경작하다].

1157
□ **たくさん** 沢山　부 많이

타꾸산

❖ 沢山見た。 많이 봤다.

1158
□ **たすける** 助ける　동 구하다(=救う), 돕다, 거들다

타스께루

❖ 助けてくれ。 사람 살려!

1159
□ **ただ** 只　명 거저, 그냥, 단지, 보통, 예사

타다

❖ 本を只でもらった。
책을 거저 얻었다.

필수단어 | 203

1160
- **たたかう** 戦う （동） 싸우다, 전투하다, 투쟁하다

  타따까우

  ❖ 自由のために戦う。
  자유를 위하여 싸우다.

1161
- **たてもの** 建物 （명） 건물, 건축물

  타떼모노

  ❖ 建物を抵当にする。
  건물을 담보로 하다.

1162
- **たのしみ** 楽しみ （명） 낙, 즐거움

  타노시미

  ❖ 彼を訪ねて行くのが楽しみである。
  그를 찾아가는 것이 즐거움이다.

1163
- **たのもしい** 頼もしい （い형） 믿음직스럽다

  타노모시이

  ❖ 彼は頼もしい青年だ。
  그는 믿음직한 청년이다.

1164
- **たぶん** 多分 （부） 아마 대개(=たいてい, おそらく)

  타분

  ❖ 多分合格するだろう。
  아마 합격하겠지.

1165
- **たべもの** 食べ物 （명） 먹을 것, 음식물(=しょくもつ)

  타베모노

  ❖ 食べ物が豊富だ。
  음식물이 풍부하다.

1166
たまご 卵
타마고

명 알, 계란

❖ 卵を孵えす。 알을 깨다.

1167
たまらない
타마라나이

い형 견딜 수 없다, 더할나위없이 좋다

❖ この暑さではたまらない。
이 더위에는 견딜 수 없다.

1168
だらしない
다라시나이

い형 칠칠치 못하다

❖ だらしない人。 칠칠치 못한 사람.

1169
たりる 足りる
타리루

동 만족하다, 충분하다, 충족되다

❖ 1万円ほどあれば足りる。
1만엔 정도 있으면 족하다.

1170
だんだん 段々
단단

부 점점, 차차

❖ 街が段々復興する。
거리가 차차 부흥하다.

1171
ちかい 近い
치까이

い형 가깝다(↔とおい), 친하다

❖ 図書館は公園に近い。
도서관은 공원에 가깝다.

1172
- **ちがう** 違う (동) 틀리다, 다르다, 잘못되다
  치가우
  * 意見が違う。 의견이 다르다.

1173
- **ちかづく** 近付く (동) 가까워지다, 교제하다, 가까이하다
  치까즈꾸
  * 現場に近付く。 현장에 접근하다.

1174
- **ちかてつ** 地下鉄 (명) 지하철
  치까떼쯔
  * 地下鉄が一番速いです。
    지하철이 가장 빠릅니다.

1175
- **ちからづける** 力付ける (동) 기운을 북돋아주다
  치까라즈께루
  * 弟を力付ける。 동생을 격려하다.

1176
- **ちず** 地図 (명) 지도
  치즈
  * 地図にも載っていない。
    지도에도 실려 있지 않다.

1177
- **ちち** 父 (명) 아버지, (기독교에서)하나님, 선구자
  치찌
  * 父の後を継ぐ。
    아버지의 뒤를 잇다.

1178
ちょうど 丁度

쵸-도

(부) 꼭, 마침, 마치, 알맞게

❖ 靴が丁度合う。 구두가 꼭 맞다.

1179
ちょっと

촛또

(부) 좀, 잠시, 꽤, 좀처럼, 잠깐

❖ ちょっと待ってくれ。
잠깐 기다려 줘.

1180
ちらし 散らし

치라시

(명) 광고로 뿌리는 종이, 삐라

❖ 散らしを配っている。
광고 용지를 나눠 주고 있다.

1181
ちり 地理

치리

(명) 지리

❖ この辺の地理には不案内だ。
이 근방 지리는 잘 모르다.

1182
ちる 散る

치루

(동) 지다, 흩어지다, 없어지다

❖ 桜が散る。 벚꽃이 지다.

1183
チーム

치-무

(명) 팀(team)

❖ チームを組む。 팀을 구성하다.

1184
つかまえる　捕まえる　⑧ 붙잡다

쯔까마에루

❖ 犯人を捕まえる。 범인을 붙잡다.

1185
つかむ　　　　　⑧ 잡다, 붙잡다, 손에 넣다

쯔까무

❖ 証拠をつかむ。 증거를 잡다.

1186
つぎ　次　⑲ 다음, 버금

쯔기

❖ 次になる。 다음 번이 되다.

1187
つく　付く　⑧ 붙다, 묻다, 생기다, 따르다

쯔꾸

❖ 泥がズボンに付く。
흙탕이 바지에 묻다.

1188
つく　着く　⑧ 닿다, 도착하다

쯔꾸

❖ 手紙が着く。 편지가 도착하다.

1189
つごう　都合　⑲ 사정, 형편, 변통함(=ぐあい)

쯔고-

❖ 船の都合で一日遅れた。
배의 사정으로 하루 늦어졌다.

1190
□ **つたえる**　伝える　　동 전하다, 전도하다, 알리다

쯔따에루
* 真実を伝える。 진실을 알리다.

1191
□ **つち**　　土　　　　　명 흙, 땅, 토양, 대지

쯔찌
* 土が固くて掘りにくい。
　흙이 단단해서 파기 어렵다.

1192
□ **つとめる**　勤める　　동 근무하다, 종사하다

쯔또메루
* 商事会社に勤める。
　상사 회사에 근무하다.

1193
□ **つとめる**　努める　　동 노력하다, 힘쓰다

쯔또메루
* 受験勉強に努める。
　수험 공부에 힘쓰다.

1194
□ **つまさき**　瓜先　　　명 발끝을 위로 올림, 발끝(toe)

쯔마사끼
* 瓜先だちをしている。
　발뒤꿈치를 들고 있다.

1195
□ **つまらない**　　　　　い형 시시하다(↔おもしろい), 하찮다

쯔마라나이
* つまらない事にこだわる。
　하찮은 일에 신경을 쓰다.

1196
つみき 積み木 — 명 재목을 쌓아 놓음

쯔미끼

❖ 積み木をする。
나무토막 쌓기를 하다.

1197
つよい 強い — い형 세다, 강하다, 튼튼하다

쯔요이

❖ 力が強い。 힘이 세다.

1198
つれる 連れる — 동 데리고 가다(오다), 동반하다

쯔레루

❖ 犬を連れて散歩する。
개를 데리고 산책하다.

1199
て 手 — 명 손, 팔, 일손, 방법, 수단

테

❖ 手で押さえる。 손으로 누르다.

1200
ディーラー — 명 딜러(dealer), 업자, 상인

디-라-

❖ ディーラーになる。 딜러가 되다.

1201
テーブル — 명 테이블

테-부루

❖ 全員テーブルにつく。
전원 식탁에 앉다.

1202
- **でかける** 出掛ける　(동) (밖에)나가다, 나서다, 외출하다

  데까께루
  * 買物に出掛ける。 장보러 나가다.

1203
- **てがみ** 手紙　(명) 편지, 서한(しょかん)

  테가미
  * 手紙をもらう[やる]。
  편지를 받다[보내다].

1204
- **てきとうだ** 適当だ　(な형) 적절하다, 대충 해버리다

  테끼또-다
  * 適当な言葉を(　)に入れなさい。 적당한 말을 (　)에 넣으시오.

1205
- **てじな** 手品　(명) 남을 속이는 수단, 마술

  테지나
  * 手品をしている。
  마술을 부리고 있다.

1206
- **でたらめだ**　(な형) 엉터리이다, 무책임함

  데따라메다
  * でたらめな男。 엉터리 사나이.

1207
- **てつどう** 鉄道　(명) 철도

  테쯔도-
  * 鉄道をしく。 철도를 놓다.

1208
□ デモ
데모

명 데모, 시위

❖ 反戦デモ。 반전 데모.

1209
□ てらす 照らす
테라스

동 비추다, 대조하다, 참조하다

❖ 舞台を照らす。 무대를 비추다.

1210
□ てんき 天気
텡끼

명 날씨, 좋은 날씨, 일기, 기분

❖ 天気が怪しくなる。
날씨가 나빠지려 하다.

1211
□ てんじかい 展示会
텐지까이

명 전시회

❖ 展示会に出掛ける。
전시회 보러 나가다.

1212
□ でんしゃ 電車
덴샤

명 전차

❖ 電車に乗る。 전차를 타다.

1213
□ でんとうてき 伝統的
덴또-떼끼

な형 전통적

❖ 伝統的な因習。 전통적 인습.

1214
□ **どうぞ**
도-조

(부) 부디, 아무쪼록(=なにとぞ)

❖ どうぞお先へ。
어서 먼저 가십시오[하십시오].

1215
□ **どうも**
도-모

(부) 참으로, 아무래도, 어딘가, 도무지

❖ 明日はどうも雨らしい。
내일은 아무래도 비가 올 것 같다.

1216
□ **とおい** 遠い
토-이

(い형) 멀다(↔ちかい), 의식

❖ 完成までにはほど遠い。
완성하기까지에는 아직 멀다.

1217
□ **とがる** 尖る
토가루

(동) 끝이 뾰족해지다

❖ 先の尖った靴。 끝이 뾰족한 구두.

1218
□ **とく** 解く
토꾸

(동) 풀다, 꿰맨 것을 뜯다

❖ 包を解く。 보따리를 풀다.

1219
□ **どくとくだ** 独特だ
도꾸또꾸다

(な형) 독특하다

❖ 独特な語り口。 독특한 말버릇.

1220
とけい 時計 — 명 시계
토께ー
❖ 時計を時報に合わせる。
시계를 시보에 맞추다.

1221
としょかん 図書館 — 명 도서관
토쇼깐
❖ 図書館にせっせと通う。
도서관에 열심히 다니다.

1222
とじる 閉じる — 동 닫히다, 닫다, 눈을 감다, 덮다
토지루
❖ ドアが閉じる。 문이 닫히다.

1223
とてつもない — い형 뜻밖이다, 터무니없다
톤떼쯔모나이
❖ とてつもない要求。
터무니없는 요구.

1224
とても — 부 대단히, 도저히, 아무리해도, 몹시
토떼모
❖ とても思いもよらない。
도저히 엄두도 못 내다.

1225
となり 隣 — 명 이웃, 이웃집
토나리
❖ 美人と隣同士になる。
미인과 이웃이 되다.

1226
とにかく
토니까꾸

🔘 어쨌든, 좌우간, 하여간

❖ とにかく急ぐことが先決だ。
어쨌든 서두르는 것이 선결문제다.

1227
とぶ 飛ぶ
토부

🔘 날다, 날아가다, 흩날리다, 퍼지다

❖ 鳥が飛ぶ。 새가 날다.

1228
とめる 止める
토메루

🔘 세우다, 막다, 정지하다

❖ 車を止める。 차를 세우다.

1229
とら 虎
토라

🔘 호랑이(tiger)

❖ 虎がえさをくわえている。
호랑이가 먹이를 입에 물고 있다.

1230
トラブル
토라부루

🔘 트러블(trouble), 분쟁, 말썽

❖ トラブルを起こす。
트러블을 일으키다.

1231
トランク
토랑쿠

🔘 여행용 대형 가방(trunk)

❖ そのトランクには札束がぎっしりと詰め込んであった。 그 트렁크에는 지폐 다발이 꽉 채워져 있었다.

필수단어 | **215**

1232
□ とりあつかう　取り扱う

토리아쯔까우

(동) 취급하다, 다루다, 보살피다

❖ 機械を取り扱う。 기계를 다루다.

1233
□ とりかえっこ

토리까엑꼬

(명) 서로 바꾸기

❖ とりかえっこをする。
서로 바꿔치기 놀이를 하다.

1234
□ ドリブル

도리부루

(명) 드리블(dribble)

❖ ドリブルをしている。
드리블을 하고 있다.

1235
□ とる　　　　取る

토루

(동) 잡다, 들다, 취하다, 공제하다

❖ 机の上の本を取る。
책상 위의 책을 집다.

1236
□ ドレス

도레스

(명) 드레스(dress)

❖ 新柄のドレス。 새 무늬의 드레스.

1237
□ トン

톤

(명) 톤(ton), 미터법의 무게의 단위

❖ 自重3トンの機械。
자중 3톤의 기계.

1238
□ **ない**　　無い　　　[い형] 없다

나이
❖ 部屋に家具が無い。
방에 가구가 없다.

1239
□ **ナイロン**　　　　　[명] 나일론(nylon)

나이론
❖ ナイロンのセーター。 나일론 스웨타

1240
□ **なえ**　　苗　　　　[명] 벼 모종(seedling)

나에
❖ 苗を植え付けている。
모종을 하고 있다.

1241
□ **ながい**　　長い　　[い형] 길다(↔みじかい), 오래다

나가이
❖ 馬の顔は長い。 말의 얼굴은 길다.

1242
□ **ながす**　　流す　　[동] 흘리다, 흐르게 하다, 씻어내다

나가스
❖ 涙を流す。 눈물을 흘리다.

1243
□ **ながめる**　　眺める　[동] 바라보다, 전망하다, 멀리보다

나가메루
❖ 母の写真を眺める。
어머니의 사진을 바라보다.

필수단어 | **217**

1244
□ **ながれる**　流れる　　동 흐르다, 흘러내리다, 유창하다
나가레루
❖ 川が流れる。 강이 흐르다.

1245
□ **なく**　鳴く　　동 (새벌레짐승 등이)울다
나꾸
❖ 秋の夜に虫が鳴いている。
가을 밤에 벌레가 울고 있다.

1246
□ **なくなる**　亡くなる　　동 돌아가시다
나꾸나루
❖ 父は昨年亡くなりました。
아버지는 작년에 돌아가셨습니다.

1247
□ **なくなる**　無くなる　　동 없어지다, 분실되다
나꾸나루
❖ 見込が無くなる。
가망이 없어지다.

1248
□ **なげる**　投げる　　동 던지다, 내던지다, 투신하다
나게루
❖ ボールを投げる。 공을 던지다.

1249
□ **なだらかだ**　　　な형 완만하다
나다라까다
❖ なだらかな坂。 가파르지 않은 비탈.

1250
□ **なつかしい** 懐かしい 　[い형] 그립다
나쯔까시이
* 昔が懐かしい。 옛날이 그립다.

1251
□ **ななめだ** 斜めだ 　[な형] 비스듬하다, 비낌, 기욺, 경사짐
나나메다
* 日が斜めになる。
  해가 서쪽으로 기울다.

1252
□ **なまいきだ** 生意気だ 　[な형] 주제넘다, 건방지다
나마이끼다
* 生意気な男。 건방진 사나이.

1253
□ **なまえ** 名前 　[명] 이름
나마에
* 名前を聞き忘れた。
  이름 묻는 것을 잊었다.

1254
□ **なみだ** 涙 　[명] 눈물
나미다
* 涙にぬれる。 눈물에 젖다.

1255
□ **なめらかだ** 滑らかだ 　[な형] 매끈매끈하다, 순조롭다
나메라까다
* 滑らかな肌。 매끈매끈한 살결.

1256
□ **ならう**　習う　　⑧ 배우다, 익히다, 연습하다

나라우
❖ 先生に習う。 선생님에게 배우다.

1257
□ **ならす**　鳴らす　⑧ 소리를 내다, 울리다

나라스
❖ ベルを鳴らす。 벨을 울리다.

1258
□ **ならぶ**　並ぶ　　⑧ 늘어서다, 나란히 서다, 견주다

나라부
❖ 先頭と並ぶ。 선두와 나란히 서다.

1259
□ **ならべる**　並べる　⑧ 늘어 놓다, 나란히 세우다

나라베루
❖ 机を並べる。 책상을 나란히 하다.

1260
□ **なる**　鳴る　　⑧ 소리가 나다, 울리다

나루
❖ 鐘が鳴る。 종이 울리다.

1261
□ **なる**　成る　　⑧ 되다, 이루어지다, ~로 구성되다

나루
❖ 医師に成る。 의사가 되다.

1262
□ **ナンバー**   명 넘버(number), 수, 숫자, 번호

남바-

❖ 原稿にナンバーを打つ。
원고에 번호를 찍다.

1263
□ **にがす**   逃がす   동 놓아주다, 놓치다

니가스

❖ 魚を逃がしてやる。
물고기를 놓아주다.

1264
□ **にぎやか**   賑やか   な형 번화함, 흥청거림, 활기참

니기야까

❖ 賑やかな町。 번화한 거리.

1265
□ **にく**   肉   명 살, 고기

니꾸

❖ 肉を焼く。 고기를 굽다.

1266
□ **にくむ**   憎む   동 미워하다, 싫어하다, 증오하다

니꾸무

❖ 不正を憎む。 부정을 미워하다.

1267
□ **にげる**   逃げる   동 도망치다, 달아나다

니게루

❖ 刑務所から逃げる。
교도소에서 도망치다.

1268
□ にし　　西
니시

명 서쪽, 서풍

❖ 天気は西から崩れる。
날씨는 쪽에서부터 흐려지다.

1269
□ にもつ　　荷物
니모쯔

명 짐, 화물

❖ 荷物を積む。 짐을 쌓다[싣다].

1270
□ にる　　似る
니루

동 닮다, 비슷하다

❖ 母に似ている。 엄마를 닮았다.

1271
□ にわ　　庭
니와

명 정원, 마당, 뜰

❖ 庭に草花を植える。
정원에 화초를 심다.

1272
□ にんぎょう　　人形
닝교-

명 인형, 꼭두각시

❖ 人形劇。 인형극.

1273
□ にんげん　　人間
닝겐

명 인간, 사람, 세상

❖ 人間は社会的動物だ。
인간은 사회적인 동물이다.

1274
ぬく 抜く
누꾸

(동) 뽑다, 빼내다, 줄이다, 생략하다

❖ 刀を抜く。 칼을 뽑다.

1275
ぬぐ 脱ぐ
누구

(동) 벗다(↔着る)

❖ 帽子を脱ぐ。 모자를 벗다.

1276
ねがう 願う
네가우

(동) 바라다, 원하다, 기원하다

❖ 子供の健康を願う。
아이 건강을 바라다.

1277
ねる 寝る
네루

(동) 잠자다, 눕다, 드러눕다

❖ ぐっすり寝る。 푹 자다.

1278
のうぎょう 農業
노-교-

(명) 농업, 농경

❖ 農業に従事する。
농업에 종사하다.

1279
のうやく 農薬
노-야꾸

(명) 농약

❖ 農薬をかけている。
농약을 뿌리고 있다.

1280
のこす　　残す　　동 남기다

노꼬스

❖ 食べ物を残す。 음식을 남기다.

1281
のこる　　残る　　동 남다

노꼬루

❖ 雪が残っている。 눈이 남아 있다.

1282
のぞむ　　望む　　동 바라다, 원하다, 바라보다

노조무

❖ 学生に望む。 학생에게 바라다.

1283
のばす　　伸ばす　　동 늘이다, 펴다, 성장시키다

노바스

❖ 売上を伸ばす。 매상을 늘리다.

1284
のばす　　延ばす　　동 (시일 등을) 연장시키다

노바스

❖ 営業時間を延ばす。
영업시간을 연장시키다.

1285
のび　　伸び　　명 뻗음, 기지개

노비

❖ 伸びをしている。
기지개를 켜고 있다.

1286
のびる　　伸びる
노비루

(동) 늘다, 자라다, 펴지다(↔ちぢむ)

❖ ゴムが伸びる。 고무줄이 늘어나다.

1287
のぼる　　上る
노보루

(동) 올라가다, 상경하다, 상륙하다

❖ 階段を上る。 계단을 오르다.

1288
のりこえる　　乗り越える
노리꼬에루

(동) 타고 넘다, 헤쳐 나가다, 극복하다

❖ へいを乗り越える。
담을 타고 넘다.

1289
のろい　　鈍い
노로이

(い형) 느리다, 무디다, 둔하다

❖ 頭の回転が少し鈍い。
머리의 회전이 조금 둔하다.

1290
は　　歯
하

(명) 이, 이빨

❖ 歯が痛む。 이가 아프다.

1291
バイオリン
바이오린

(명) 바이올린(violin)

❖ バイオリンをひいている。
바이올린을 켜고 있다.

필수단어 | **225**

1292
□ **パイロット**　　　　　명 파일럿(pilot), 안내인

파이로ㄷ토
* **テストパイロット。** 시험 조종사.

1293
□ **はえ**　　　　　명 파리(fly)

하에
* **はえを追う。** 파리를 쫓다.

1294
□ **はきだす**　吐き出す　동 내뱉다

하끼다스
* **つばを吐き出す。** 침을 뱉다.

1295
□ **はく**　　　履く　동 신발을 신다

하꾸
* **靴下を履く。** 양말을 신다.

1296
□ **はげしい**　激しい　い형 심하다, 격하다, 세차다

하게시이
* **変化が激しい。** 변화가 심하다.

1297
□ **はこ**　　　箱　명 상자, 궤짝, 함

하꼬
* **箱が拉げる。** 상자가 찌부러지다.

1298
はこぶ 運ぶ (동) 나르다, 운반하다, 옮기다
하꼬부
❖ 机を隣の部屋に運ぶ。
책상을 옆방으로 옮기다.

1299
はし 橋 (명) 다리
하시
❖ 橋を渡る。 다리를 건너다.

1300
はじまる 始まる (동) 시작되다, 개시되다
하지마루
❖ 試合が始まる。 시합이 시작되다.

1301
ばしょ 場所 (명) 장소, 위치, 경우
바쇼
❖ 時と場所。 때와 장소.

1302
はしら 柱 (명) 기둥
하시라
❖ 柱を立てている。
기둥을 세우고 있다.

1303
はしる 走る (동) 달리다
하시루
❖ 子供たちが走ってきた。
아이들이 달려왔다.

필수단어 | **227**

1304
パスポート

파스포-토

명 패스포트(passport), 여권

❖ 東京ディズニーランドパスポート。
도쿄 디즈니랜드 패스포트.

1305
はたけ 畑

하따께

명 밭(field↔田(タ))

❖ 畑を耕している。
밭을 일구고 있다.

1306
はたらく 働く

하따라꾸

동 일하다, 활동하다, 움직이다

❖ 頭が働く。머리가 잘 돌아가다.

1307
バック

박꾸

명 백(back↔フロント), 뒤, 배경

❖ 海をバックに撮影する。
바다를 배경으로 촬영하다.

1308
はっけん 発見

학껜

명 발견

❖ 新大陸を発見する。
신대륙을 발견하다.

1309
はったつ 発達

핫따쯔

명 발달

❖ 心身が発達する。
심신이 발달하다.

1310
はなしかける 話し掛ける　**동** 말을 걸다
하나시카께루
❖ そばの人に話し掛ける。
옆자리의 사람에게 말을 걸다.

1311
はなはだしい　**い형** 매우 심하다
하나하다시이
❖ はなはだしい誤解。대단한 오해.

1312
はなれる 離れる　**동** (거리)떨어지다, (붙은 것)떨어지다
하나레루
❖ 親と子が離れて暮らす。
부모와 자식이 떨어져 살다.

1313
はね 羽　**명** 날개
하네
❖ 羽が抜ける。깃털이 빠지다.

1314
はは 母　**명** 어머니, 모친
하하
❖ 母の愛。어머니의 사랑.

1315
バランス　**명** 밸런스(balance), 균형
바란스
❖ バランスがくずれる。
균형이 깨지다.

1316
はり 針 — 명 바늘

하리

❖ 針に糸を通す。 바늘에 실을 꿰다.

1317
はりしごと 針仕事 — 명 바느질, 재봉(needlework)

하리시고또

❖ 針仕事をしている。
바느질을 하고 있다.

1318
ハンサムだ — な형 핸섬(handsome)하다

한사무다

❖ ハンサムな青年。 핸섬한 청년.

1319
はんそで 半袖 — 명 반소매(↔長袖: ながそで)

한조데

❖ 半袖を着ている。
반소매를 입고 있다.

1320
はんぶん 半分 — 명 반(=なかば)

한분

❖ 半分に切る。 반으로 자르다.

1321
パーティー — 명 파티(party), 서양식 연회, 회합

파ー티ー

❖ パーティーに招待される。
파티에 초대되다.

1322
- **ひ** 火 　 ⑲ 불

  히

  ❖ マッチの火が燃える。
  성냥불이 타다.

1323
- **ひがさ** 日傘 　 ⑲ 양산(parasol↔雨傘:あめがさ)

  히가사

  ❖ 日傘を差している。
  양산을 쓰고 있다.

1324
- **ひがし** 東 　 ⑲ 동쪽, 동풍

  히가시

  ❖ 風が東向きに変った。
  바람이 동쪽으로 도섰다.

1325
- **ひかる** 光る 　 ⑱ 빛나다, 출중하다, 뛰어나다

  히까루

  ❖ 星が光る。 별이 빛나다.

1326
- **ひく** 引く 　 ⑱ 잡아당기다, 끌다, 활을 쏘다

  히꾸

  ❖ 綱を引く。 밧줄을 당기다.

1327
- **ひざ** 　 ⑲ 무릎(knee)

  히자

  ❖ ひざをついている。
  무릎을 꿇고 있다.

1328
□ **ビジネス**
비지네스

명 비즈니스(business), 사무, 업무

❖ ビジネスライクな応対。
사무적인 응대.

1329
□ **ビタミン**
바타민

명 비타민(vitamin)

❖ ビタミンAを含有する。
비타민 A를 함유하다.

1330
□ **ひだり**　　左
히다리

명 왼쪽(↔みぎ)

❖ 左に傾く。 왼쪽으로 기울어지다.

1331
□ **ビデオ**
비데오

명 비디오(video)

❖ ドラマをビデオに収録する。
드라마를 비디오에 수록하다.

1332
□ **ひま**　　暇
히마

명 틈, 짬, 기회, 한가함

❖ 暇はあるけどお金がない。
한가하나 돈이 없다.

1333
□ **ひやす**　　冷やす
히야스

동 식히다, 차게 하다

❖ ビールを冷やす。
맥주를 차게 하다.

1334
□ **びょういん** 病院   몡 병원

보-인

びょういん ま じかん なが
❖ 病院は待ち時間が長い。
병원은 기다리는 시간이 길다.

1335
□ **びょうき** 病気   몡 병, 앓음, 질병(=やまい, わずらい)

보-끼

びょうき
❖ 病気になる。 병이 들다.

1336
□ **ひょうげん** 表現   몡 표현

효-겐

てきせつ ひょうげん もち
❖ 適切な表現を用いる。
적절한 표현을 쓰다.

1337
□ **ひる** 昼   몡 낮, 정오, 점심

히루

ひるま しごと
❖ 昼間は仕事をする。
낮 동안은 일을 하다.

1338
□ **ひろい** 広い   い형 넓다(↔せまい)

히로이

けんぶん ひろ
❖ 見聞が広い。 견문이 넓다

1339
□ **ヒント**   몡 힌트(hint)

힌토

あた
❖ ヒントを与える。 힌트를 주다.

1340
□ **ピーク**　　　　　　　명 피크(peak), 절정, 산꼭대기
피-쿠
❖ 流行のピーク。유행의 절정.

1341
□ **ファイル**　　　　　명 파일(file), 서류철
화이루
❖ ファイルにとじ込む。
서류철에 끼워넣다.

1342
□ **ふあんだ**　不安だ　　な형 불안하다
후안다
❖ 不安な一夜。불안한 하룻밤.

1343
□ **ふえる**　　増える　　동 늘다(↔へる), 늘어나다
후에루
❖ 財産が増える。재산이 늘어나다.

1344
□ **ぶか**　　部下　　　　명 부하
부까
❖ 部下にする。부하로 삼다.

1345
□ **ふくざつだ**　複雑だ　な형 복잡하다(↔かんたんだ)
후꾸자쯔다
❖ 複雑な仕事。복잡한 일.

1346

ふくむ 含む — 동 포함하다, 함유하다, 머금다

후꾸무

❖ 笑みを含む。 웃음을 띠다.

1347

ふくめる 含める — 동 포함시키다, 포함하다, 타이르다

후꾸메루

❖ そうした意味を含めている。
그러한 뜻을 포함하고 있다.

1348

ふしぎだ 不思議だ — な형 신기하다, 불가사의하다

후시기다

❖ 不思議な事が起こる。
불가사의한 일이 일어나다.

1349

ふせぐ 防ぐ — 동 막다, 방어하다, 가로막다

후세구

❖ 事故を防ぐ。 사고를 막다.

1350

ぶっか 物価 — 명 물가

북까

❖ 物価が上がる。 물가가 오르다.

1351

ぶっそうだ 物騒だ — な형 위험하다, 어수선하다

붓소―다

❖ 物騒な世の中。 뒤숭숭한 세상.

1352

□ **ぶぶん**　　部分　　명 **부분**(↔ぜんたい)

부분
❖ その部分を下さい。
그 부분을 주시오.

1353

□ **ふまじめだ**　不真面目だ　な형 **불성실하다**

후마지메다
❖ 不真面目な人。불성실한 사람.

1354

□ **ふやす**　　増やす　　동 **늘리다**(↔へらす), **불리다**

후야스
❖ 貯金を増やす。저금을 늘리다.

1355

□ **ふゆかいだ**　不愉快だ　な형 **유쾌하지 않다**

후유까이다
❖ 人を不愉快にする。
남을 불유쾌하게 하다.

1356

□ **ふられる**　振られる　동 **차이다**

후라레루
❖ 女に振られる。여자에게 채이다.

1357

□ **プラン**　　　　　　명 **플랜(plan), 계획, 구상, 설계**

푸란
❖ プランを練る。계획을 짜다.

1358
ブランド
브란도

명 브랜드(brand), 상표

❖ 有名ブランド。유명 브랜드.

1359
プリント
푸린토

명 프린트(print), 날염

❖ プリント柄のパジャマ。
프린트 무늬의 파자마.

1360
ふる 降る
후루

동 (비, 눈, 서리 등) 내리다

❖ 春雨が降る。봄비가 내리다.

1361
ふるい 古い
후루이

い형 오래 되다, 낡다(↔あたらしい)

❖ 古いへいをたたき壊す。
낡은 담을 때려부수다.

1362
ふるえる 震える
후루에루

동 흔들리다, (두려움 등으로) 떨리다

❖ 大地が震える。대지가 흔들리다.

1363
プレゼント
푸레젠토

명 프레젠트(present), 선물

❖ 誕生日にプレゼントする。
생일에 선물하다.

1364
□ ブレーキ

브레-키

명 브레이크(brake)

❖ ブレーキが利かない。
브레이크가 듣지 않다.

1365
□ ふろ　　　風呂

후로

명 목욕, 욕조

❖ 風呂に行く。 목욕하러 가다.

1366
□ プログラム

푸로구라무

명 프로그램(program), 예정표

❖ 多彩なプログラム。
다채로운 프로.

1367
ぶんかさい　　文化祭

붕까사이

명 문화제

❖ 文化祭のさいせいきに達する。
문화제의 전성기에 이르다.

1368
□ へいわ　　　平和

헤-와

명 평화

❖ 平和を渇望する。
평화를 갈망하다.

1369
□ ベスト

베스토

명 베스트(best), 최선, 전력

❖ ベストを尽くす。 최선을 다하다.

1370
へただ 下手だ [な형] 서투르다(↔じょうずだ)

헤따다

❖ 下手な字を書く。
서투른 글씨를 쓰다.

1371
べつ 別 [명] 구별, 차이, 별도, 따로, 다름

베쯔

❖ 男女の別なく。남녀의 구별없이.

1372
ペット [명] 애완용(pet) 동물

펫토

❖ ペットを飼う。애완동물을 키우다.

1373
へび 蛇 [명] 뱀(snake)

헤비

❖ 蛇が地を這っている。
뱀이 땅을 기어가고 있다.

1374
へらす 減らす [동] 줄이다(↔ふやす), 덜다

헤라스

❖ 酒量を減らす。주량을 줄이다.

1375
へる 減る [동] 줄다, 적어지다

헤루

❖ 目方が減る。무게가 줄다.

1376
ベル
베루

명 벨(bell)

❖ 玄関のベルを押す。
현관의 벨을 누르다.

1377
ベルト
베루토

명 벨트(belt), 허리띠, 밴드

❖ ベルトを締めている。
벨트를 매고 있다.

1378
へんか　変化
헹까

명 변화

❖ リズムに変化をつける。
리듬에 변화를 주다.

1379
ペンキ
펭키

명 페인트(pek), 도료의 한 가지

❖ ペンキを塗っている。
페인트 칠을 하고 있다.

1380
ベンチ
벤치

명 벤치(bench)

❖ 公園のベンチ。공원의 벤치.

1381
べんとう　弁当
벤또-

명 도시락

❖ 弁当を食べる。도시락을 먹다.

1382

□ **べんり** 便利 　명 편리

벤리
> べんり はか
> ❖ 便利を図る。 편리를 도모하다.

1383

□ **ほうふだ** 豊富だ 　な형 풍부하다

호-후다
> ほうふ けいけん い
> ❖ 豊富な経験を生かす。
> 풍부한 경험을 살리다.

1384

□ **ほうほう** 方法 　명 방법

호-호-
> ほうほう
> ❖ どんな方法でそれをやりますか。
> 어떤 방법으로 그것을 합니까?

1385

□ **ほうもん** 訪問 　명 방문

호-몬
> ほうもん う
> ❖ 訪問を受ける。 방문을 받다.

1386

□ **ほえる** 吠える 　동 짖다

호에루
> いぬ ほ
> ❖ 犬が吠える。 개가 짖다.

1387

□ **ほお** 頰 　명 뺨, 볼(cheek)

호오
> ほお
> ❖ 頰をふくらませている。
> 볼을 내밀고 있다.

1388
ボールペン
보-루펜

몡 볼펜

❖ ボールペンで書く。
볼펜으로 쓰다.

1389
ほしい 欲しい
호시이

い형 가지고 싶다, ~하고 싶다

❖ かわいい猫がほしいです。
귀여운 고양이를 갖고 싶습니다.

1390
ほす 干す
호스

동 말리다, 남김없이 마시다

❖ せんたくものを干す。
세탁물을 말리다.

1391
ほね 骨
호네

몡 뼈, 기골, (사물의) 핵심

❖ 骨を惜しまずに働く。
뼈가 빠지게 일하다.

1392
ほら
호라

몡 허풍을 떪, 과장해서 말함

❖ ほらをふく。 허풍을 떨다.

1393
ほん 本
혼

몡 책, 서적, 대본

❖ 本を読む。 책을 읽다.

1394
ほんじつ　本日　　명 금일

혼지쯔

* 切符は本日限り有効である。
  表는 금일한해 유효이다.

1395
ほんとう　本当　　명 진실, 정말, 진짜

혼또-

* 本当かしら。 정말일까?

1396
ボーナス　　명 보너스(bonus)

보-나스

* ボーナスの額を算定する。
  보너스의 액수를 산정하다.

1397
まえ　前　　명 앞, 전

마에

* 前の車に追突する。
  앞차를 들이받다.

1398
まかせる　任せる　　동 (사람에게) 맡기다

마까세루

* 医者に任せる。 의사에게 맡기다.

1399
まがる　曲る　　동 구부러지다, 방향을 바꾸다

마가루

* 腰が曲る。 허리가 구부러지다.

1400
まげる 曲げる
마게루

(동) 구부리다, 왜곡하다, 전당잡히다

❖ 腰を曲げる。 허리를 구부리다.

1401
まざる 混ざる
마자루

(동) 섞이다

❖ 米に石が混ざっている。
쌀에 돌이 섞여 있다.

1402
まじめだ 真面目だ
마지메다

(な형) 진지하다, 성실하다

❖ 真面目な話。 진지한 이야기.

1403
ます 増す
마스

(동) 불어나다, 늘다, 늘리다, 불리다

❖ 人口が増す。 인구가 늘다.

1404
まずい
마즈이

(い형) 맛이 없다

❖ まずくて食べられない。
맛이 없어 먹을 수 없다.

1405
まぜる 混ぜる
마제루

(동) 섞다, 혼합하다, (휘저어) 뒤섞다

❖ 米に麦を混ぜて食べる。
쌀에 보리를 섞어 먹다.

1406
□ **また** 又
마따
- 부 또, 다시, 또한
- ❖ 又雪が降った。 또[다시] 눈이 왔다.

1407
□ **まだ**
마다
- 부 아직, 여지껏, 더욱, 차라리
- ❖ まだ8時前だ。 아직 8시 전이다.

1408
□ **まち** 町
마찌
- 명 도회, 거리
- ❖ 町の名前を暗記する。
  거리 이름을 외우다.

1409
□ **まちがう** 間違う
마찌가우
- 동 틀리다, 잘못이 일어나다
- ❖ 答えは間違っていない。
  답은 틀리지 않았다.

1410
□ **まつ** 待つ
마쯔
- 동 기다리다, 채비를 하고 맞이하다
- ❖ 電車を待つ。 전차를 기다리다.

1411
□ **まっくらだ** 真っ暗だ
막꾸라다
- な형 아주 깜깜하다
- ❖ 目の前が真っ暗になる。
  눈앞이 캄캄해지다.

1412
まったく 全く

맛따꾸

(부) 완전히, 아주, 전적으로, 전혀

❖ これは全く事実に反する。
이것은 전혀 사실과는 다르다.

1413
まつる 祭る

마쯔루

(동) 제사지내다, 신으로 모시다

❖ 先祖を祭る。 조상님을 제사지내다.

1414
まどガラス 窓ガラス

마도가라스

(명) 창유리

❖ 窓ガラスをふいている。
창문을 닦고 있다.

1415
まなぶ 学ぶ

마나부

(동) 배우다, 공부하다, 학문을 하다

❖ 運転を学ぶ。 운전을 배우다.

1416
マネージャー

마네-쟈-

(명) 매니저(manager), 지배인

❖ レストランのマネージャー。
레스토랑의 지배인.

1417
まぶしい 眩しい

마부시이

(い형) 눈부시다

❖ 太陽が眩しかった。
태양이 눈부셨다.

1418
- **まもる** 守る 　동 지키다, 수호하다, 방호하다
마모루
　❖ 身を守る。 몸을 지키다.

1419
- **まよう** 迷う 　동 길을 잃다, 헤매다
마요-
　❖ 道に迷う。 길을 잃다.

1420
- **まれだ** 稀だ 　な형 드물다
마레다
　❖ 田舎には稀な美人。
　시골에는 드문 미인.

1421
- **みがく** 磨く 　동 닦다, 갈다, 윤을 내다
미가꾸
　❖ 歯を磨く。 이를 닦다.

1422
- **みごとだ** 見事だ 　な형 훌륭하다, 아름답다
미고또다
　❖ 見事な雪景色。 아름다운 설경.

1423
- **みず** 水 　명 물
미즈
　❖ 水が凍る。 물이 얼다.

1424
□ **みせる** 見せる 동 보이다, 겉을 꾸미다

미세루

❖ 尾をみせる。
약점을 보이다[나타내다].

1425
□ **みち** 道 명 길, 도로, 도리

미찌

❖ 道を尋ねる。 길을 묻다.

1426
□ **みっともない** い형 보기 흉하다, 꼴사납다

믿또모나이

❖ 人前であくびをするのはみっともない。
남 앞에서 하품을 하는 것은 꼴사납다.

1427
□ **みとめる** 認める 동 인정하다, 인지하다, 판단하다

미또메루

❖ 社長に認められる。
사장에게 인정받다.

1428
□ **みなみ** 南 명 남쪽, 남부, 남풍, 마파람

미나미

❖ 風は南から吹いてくる。
바람은 남쪽에서 불어온다.

1429
□ **みのる** 実る 동 열매를 맺다, 결실하다

미노루

❖ 柿が実る。 감이 열리다.

1430
- **みみ** 耳 　　명 귀

  미미
  - 耳まで火照らせる。
    귀까지 새빨개지다.

1431
- **みんな** 　　부 모두, 다, 죄다, 전부

  민나
  - 答えはみんな合っている。
    답은 모두 맞았다.

1432
- **むかう** 向かう 　　동 향하다, 다가오다, 대항하다

  무까우
  - 現場に向かう。현장으로 향하다.

1433
- **むかし** 昔 　　명 옛날, 옛적, 예전

  무까시
  - 昔はよかった。옛날은 좋았다.

1434
- **むくちだ** 無口だ 　　な형 과묵하다

  무꾸찌다
  - 無口な人。과묵한 사람.

1435
- **むこう** 向こう 　　명 맞은편

  무꼬-
  - 向こうに見える家。
    맞은편에 보이는 집.

필수단어 | **249**

1436
むすぶ 結ぶ   동 잇다, 맺다, 매다, 잡다, 쥐다

무스부

❖ 二点を結ぶ直線。
두 점을 잇는 직선.

1437
むだだ 無駄だ   な형 헛되다, 보람이 없다

무다다

❖ 無駄な努力。 쓸데없는 노력.

1438
むね 胸   명 가슴, 마음, 심금, 폐

무네

❖ 胸に勲章をつける。
가슴에 훈장을 달다.

1439
めいげん 名言   명 명언

메-겐

❖ 名言を吐く。 명언을 토로하다.

1440
めいし 名刺   명 명함

메-시

❖ 名刺を交換する。
명함을 교환하다.

1441
めいれい 命令   명 명령

메-레-

❖ 命令を守る。 명령을 지키다.

1442
めいろうだ 明朗だ
메-로-다

[な형] 명랑하다

❖ 明朗な性格。 명랑한 성격.

1443
めいわく 迷惑
메-와꾸

[명] 귀찮음, 성가심, 폐, 괴로움

❖ 近所の迷惑になる。
이웃에 폐가 되다.

1444
めがね 眼鏡
메가네

[명] 안경(=がんきょう)

❖ 眼鏡を外す。 안경을 벗다.

1445
メニュー
메뉴-

[명] 메뉴(menu), 식단(食單), 차림표

❖ 大手のメニュー。 대형 메뉴.

1446
メモ
메모

[명] 메모(memo), 비망록

❖ 要点をメモして置く。
요점을 메모해 두다.

1447
めんどうくさい 面倒臭い
멘도-꾸사이

[い형] 아주 귀찮다

❖ 辞書を引くのは面倒臭い。
사전을 찾기가 몹시 귀찮다.

1448
□ めんどうだ 面倒だ　　(な형) 성가시다

멘도-다

❖ 面倒な手続。 귀찮은 절차.

1449
□ メーカー　　(명) 메이커(maker)

메-카-

❖ 大手の化粧品メーカー。
대형 화장품 메이커.

1450
□ メーター　　(명) 미터(meter)

메-타-

❖ メーター制。 미터제.

1451
□ もう　　(부) 이미, 벌써, 이제, 더, 또, 곧

모-

❖ もう正午か。 벌써 정오인가?

1452
□ もうしあげる 申し上げる　　(동) 말씀드리다

모-시아게루

❖ みなさんに申し上げます。
여러분께 말씀드립니다.

1453
□ もくてき 目的　　(명) 목적(=めあて)

모꾸떼끼

❖ 目的をとげる。 목적을 이루다.

1454
□ **もちあげる** 持ち上げる   (동) 들어올리다

모찌아게루

❖ 重い石を持ち上げる。
무거운 돌을 들어올리다.

1455
□ **もちいる** 用いる   (동) 사용하다, 이용하다, 채용하다

모찌이루

❖ 建築材として用いる。
건축재로서 사용하다.

1456
□ **もったいない** 勿体無い   (い형) 아깝다, 과분하다

모ㄷ따이나이

❖ 勿体無いお言葉。 과분한 말씀.

1457
□ **もっと**   (부) 더, 더욱, 좀더, 한층(=なお)

모ㄷ또

❖ もっと食べたい。 더 먹고 싶다.

1458
□ **もと** 本   (명) 근본

모또

❖ 本にもどる。 처음으로 돌아가다.

1459
□ **もとめる** 求める   (동) 구하다, 바라다, 요구하다, 찾다

모또메루

❖ 職を求める。 직업을 구하다.

1460
□ **もどる** 戻る

모도루

(동) 되돌아가다, 되돌아오다

❖ ^{せき}席に^{もど}戻る。 자리에 되돌아가다.

1461
□ **もの** 物

모노

(명) 물건, 것, 마련, 곤

❖ ^{もの}物を^{たいせつ}大切にする。
물건을 소중히 하다.

1462
□ **ものたりない** 物足りない

모노따리나이

(い형) 약간 부족하다, 미흡하다

❖ ^{すこ}少し^{ものた}物足りない^{てん}点がある。
약간 아쉬운 점이 있다.

1463
□ **もやす** 燃やす

모야스

(동) (불)태우다

❖ ^{おちば}落葉を^も燃やす。 낙엽을 태우다.

1464
□ **もんだい** 問題

몬다이

(명) 문제

❖ ^{もんだい}問題を^お起こす。 문제를 일으키다.

1465
□ **モーター**

모 타

(명) 모터(motor), 전동기

❖ 10^{ばりき}馬力のモーター。 10마력의 모터.

1466
□ **やかましい**   [い형] 시끄럽다, 요란하다, 엄하다

야까마시이

❖ やかましいラジオの音。
시끄러운 라디오의 소리

1467
□ **やきもの**   명 구운 생선이나 고기, 도자기

야끼모노

❖ やきものをやいている。
도자기를 굽고 있다.

1468
□ **やさい**   野菜   명 채소, 야채, 푸성귀(=あおもの)

야사이

❖ 庭に野菜を作る。
뜰에 채소를 가꾸다.

1469
□ **やっかいだ**   厄介だ   [な형] 성가시다

약까이다

❖ 厄介な話を持ち込む。
귀찮은 이야기를 꺼내다.

1470
□ **ゆうがた**   夕方   명 저녁때, 해질녘(=ゆうこく)

유-가따

❖ 明日の夕方に電話します。
내일 저녁때 전화하겠습니다.

1471
□ **ゆうびん**   郵便   명 우편

유-빈

❖ 郵便を配達する。
우편을 배달하다.

1472
□ ゆうべ
유-베

- 명 어젯밤, 간밤(=さくや)
- ❖ ゆうべ泥棒が入った。
  어젯밤 밤손님이 들었다.

1473
□ ゆうめいだ 有名だ
유-메-다

- な형 유명하다(↔むめいだ)
- ❖ 有名な作家に師事する。
  유명한 작가에게 사사하다.

1474
□ ゆうようだ 有用だ
유-요-다

- な형 유용하다(↔むようだ)
- ❖ 国家に有用な人物。
  국가에 유용한 인물.

1475
□ ゆかいだ 愉快だ
유까이다

- な형 유쾌하다
- ❖ いつも愉快なことを言う。
  늘 유쾌한 말을 하다.

1476
□ ゆき 雪
유끼

- 명 눈, 흰 것의 비유
- ❖ 雪が解ける。 눈이 녹다.

1477
□ ゆきがっせん 雪合戦
유끼갓센

- 명 눈싸움(snowball fight)
- ❖ 雪合戦をする。 눈(雪)싸움을 하다.

1478
□ **ゆたかだ**　豊かだ　な형 풍부하다

유따까다
- 豊かな生活。 풍족[유복]한 생활.

1479
□ **ゆっくり**　　부 천천히, 서서히, 넉넉히, 충분히

육꾸리
- ゆっくり立ち上がる。
  천천히 일어서다.

1480
□ **ゆるす**　許す　동 허가하다, 용서하다, 허락하다

유루스
- 入学を許す。 입학을 허가하다.

1481
□ **よい**　良い　い형 좋다, 잘 됐다(=いい)

요이
- 頭が良い。 머리가 좋다.

1482
□ **ようきだ**　陽気だ　な형 명랑하다

요-끼다
- 陽気な音楽。 명랑한 음악.

1483
□ **ようす**　様子　명 모양, 사정, 형편, 낌새, 눈치

요-스
- もう少し様子を見よう。
  좀더 형편을 지켜 보자.

1484
□ **ようふく** 洋服 　　명 양복

요-후꾸
* 洋服がしわくちゃになった。
　양복이 구겨졌다.

1485
□ **よけいだ** 余計だ 　　な형 쓸데없다, 부질없음

요께-다
* 余計な物を持つな。
　쓸데없는 것을 지니지 마라.

1486
□ **よこ** 横 　　명 가로, 옆, 곁

요꼬
* 横幅。 가로 폭.

1487
□ **よぶ** 呼ぶ 　　동 부르다, 끌다

요부
* 名前を呼ぶ。 이름을 부르다.

1488
□ **よほう** 予報 　　명 예보

요보-
* 天気予報。 일기 예보.

1489
□ **らいねん** 来年 　　명 내년, 평년

라이넨
* 来年の秋。 내년 가을.

1490
- **ラケット** 　　　　　　　 명 라켓(racket)

  라켓토
  - ラケットを振る。
    라켓을 휘두르다.

1491
- **ラジオ** 　　　　　　　 명 라디오

  라지오
  - ラジオを組立てる。
    라디오를 조립하다.

1492
- **りこうだ**　利口だ　 な형 영리하다, 요령이 좋다

  리꼬-다
  - 先生に相談したのは利口だった。
    선생님께 의논한 것은 현명했다.

1493
- **りっぱ**　　立派　 な형 훌륭함, 정당함, 충분함

  립빠
  - 立派な人。 뛰어난 사람.

1494
- **りにゅうしょく**　離乳食　 명 이유식

  리뉴-쇼꾸
  - 離乳食を食べる。 이유식을 먹다.

1495
- **リボン** 　　　　　　　 명 리본(ribbon)

  리본
  - 頭にリボンを付ける。
    머리에 리본을 달다.

1496
レジャー
레쟈-

몡 레저(leisure)

❖ レジャー産業。 레저 산업.

1497
ロッカー
록카-

몡 로커(locker), 자물쇠가 달린 장

❖ ロッカーからかばんを取り出す。
로커에서 가방을 꺼내다.

1498
わかげ 若気
와까게

몡 패기, 혈기(=わかぎ)

❖ 若気の過ち。
젊은 혈기로 인한 잘못.

1499
わかわかしい
와까와까시이

い형 생기발랄하다

❖ わかわかしい青年。
아주 젊은 청년.

1500
わざわざ
와자와자

부 일부러, 고의로, 짐짓

❖ わざわざ来てくれてありがとう。 일부러 와주셔서 고맙습니다.

1501
わすれる 忘れる
와스레루

동 잊다, 잊어버리다

❖ 宿題を忘れる。 숙제를 잊다.

1502
□ **わたす** 渡す ⑧ 건네다, 건너지르다, 걸치다

와따스

❖ 書類を渡す。 서류를 건네 주다.

1503
□ **わたる** 渡る ⑧ 건너다, 지나다, 인도되다

와따루

❖ アメリカに渡る。
미국으로 건너가다.

1504
□ **わんぱく** 腕白 ⑲ 장난꾸러기, 개구쟁이, 선머슴

왐빠꾸

❖ うちの腕白もの。
우리집 개구쟁이.

1505
□ **わんりょく** 腕力 ⑲ 완력

완료꾸

❖ 腕力が強い。 완력이 세다.

" **早起(はやおき)は三文(さんもん)の徳(とく)。**
아침 일찍 일어나는 거지
따뜻한 밥 먹는다. "

Part III

3-step
3단계

핵심단어

3-step 3단계

1506
あいさつ 挨拶
아이사쯔

명 인사, 인사말

❖ 山田さんは人によく挨拶する。
やまだ　　　ひと　　　　あいさつ
야마다씨는 다른 사람에게 인사를 잘 한다.

1507
アイディア
아이디아

명 아이디어(idea), 생각, 착상, 구상

❖ アイディアを生かす。
　　　　　　　　い
아이디어를 살리다.

1508
あいだ 間
아이다

명 사이, 동안, 간격, ~하는 한

❖ 私が日本にいる間、戦争がおきた。
わたし　にほん　　あいだ　せんそう
내가 일본에 있는 동안, 전쟁이 일어났다.

1509
アイスクリーム
아이스쿠리-무

명 아이스크림

❖ アイスクリームソーダだ。
아이스크림소다야.

1510
あう 遭う
아우

동 사고 재난등을 만나다, 당하다

❖ 災害に遭いました。
재해를 당했습니다.

1511
あう 合う
아우

동 합쳐지다, 맞다, 합류하다

❖ これは私の口に合わない。
이것은 내 입에 맞지 않다.

1512
アウト
아우토

명 아웃(out→イン), 밖으로 나감

❖ アウトだ。 아웃이다, 실격이다.

1513
あおやかだ 青やかだ
아오야까다

な형 푸르고 싱싱하다

❖ 青やかな果物。 싱싱한 과일.

1514
あかちゃん
아까짠

명 아기

❖ ベッドの上であかちゃんが寝ている。
침대 위에서 아기가 자고 있다.

1515
あがる 上がる
아가루

동 오르다, 나오다, 일어나다하다

❖ 去年より物価が上がりました。
작년보다 물가가 올랐습니다.

핵심단어 | **265**

1516
あかんぼう 赤ん坊 　명 갓난애(=あかちゃん)

아깜보-

❖ 赤ん坊扱いする。
갓난애 취급을 하다.

1517
あく 空く 　동 비다

아꾸

❖ 席が空いていたから座りました。
자리가 비어 있어서 앉았습니다.

1518
あけすけだ 明け透けだ 　な형 노골적이다, 숨김없다

아께스께다

❖ 明け透けにものを言う。
거리낌없이 말하다.

1519
あさねぼう 朝寝坊 　명 늦잠꾸러기

아사네보-

❖ 朝寝坊の山田さんはいつも遅刻する。
늦잠꾸러기인 야마다씨는 언제나 지각을 한다.

1520
あさはかだ 浅はかだ 　な형 생각이 얕다, 천박함

아사하까다

❖ 浅はかにも罪を犯す。
어리석게도 죄를 범하다.

1521

□ **あざやかだ** 鮮やかだ (な형) 선명하다, 산뜻함, 선명함, 뚜렷함

아자야까다

❖ 鮮やかな色。 산뜻한 색.

1522

□ **あじ** 味 (명) 맛, 멋, 운치, (~な)제법 신통한

아지

❖ 昨日食べた料理の味はあまりよくなかった。 어제 먹은 요리의 맛은 그다지 좋지 않았다.

1523

□ **あじけない** 味気無い (い형) 따분하다, 재미없다, 시시하다

아지께나이

❖ 味気無い風景。 무미건조한 풍경.

1524

□ **あしでまとい** 足手まとい (な형) 일이나 활동에 방해가 됨

아시데마또이

❖ 子供が足手まといになる。 아이가 방해가 되다.

1525

□ **あしぶみ** 足踏み (명) 제자리걸음

아시부미

❖ 足踏みをしている。 제자리걸음을 하고 있다.

1526

□ **あしもと** 足元 (명) 발밑

아시모또

❖ 足元にをつ気けて下さい。 발밑을 조심하세요.

핵심단어 | **267**

1527
□ **あせる**　　焦る　　（동）**초조하다, 서두르다**

아세루

❖ 渋滞に巻き込まれて気持ちが焦る。
정체에 휩쓸려 기분이 초조하다.

1528
□ **あす**　　明日　　（명）**내일**

아스

❖ 明日の天気予報をお伝えします。
내일 일기 예보를 말씀드리겠습니다.

1529
□ **あそび**　　遊び　　（명）**놀이**

아소비

❖ うちの子供はあした試験なのに遊びばかりしている。
우리집 아이는 내일 시험인데 놀기만 하고 있다.

1530
□ **あつかましい**　　厚かましい　　（い형）**뻔뻔스럽다(=ずうずうしい)**

아쯔까마시이

❖ 厚かましいお願いで恐縮ですが。
염치없는 청이어서 죄송합니다만.

1531
□ **あつくるしい**　　暑苦しい　　（い형）**숨막힐 듯이 덥다**

아쯔쿠루시이

❖ 暑苦しい格好をしている。
몹시 더워 뵈는 차림을 하고 있다.

1532
あっとう 圧倒

앗또-

명 압도

* 敵を圧倒する。 적을 압도하다.

1533
アップ

압푸

명 업(up↔ダウン), 오름, 올림

* 基本給をアップする。
기본급을 올리다.

1534
あつぼったい 厚ぼったい

아쯔봇따이

い형 두툼하다, 두껍고 무거운 듯하다

* 厚ぼったい唇の女。
입술이 두툼한 여인.

1535
あつめる 集める

아쯔메루

동 모으다, 집중시키다

* その歌手は若者から人気を集めている。 그 가수는 젊은이로부터 인기를 모으고 있다.

1536
あつらえむきだ あつらえ向きだ

아쯔라에무끼다

な형 안성맞춤이다

* ちょうどあつらえ向きだ。
꼭 안성맞춤이다.

1537
あてはずれだ 当て外れだ   **な형** 기대에 어긋나다

아떼하즈레다

❖ お土産に何もないなんて、全く当て外れだった。 선물이 아무것도 없다니, 정말로 기대에 어긋난 일이었다.

1538
あでやかだ 艶やかだ   **な형** 고상하고 아름답다

아데야까다

❖ 艶やかな装い。 아리따운 차림.

1539
あまる 余る   **동** (충족되고)남다

아마루

❖ 余った時間は観光でもしませんか。 남은 시간을 관광이라도 할까요?

1540
あめがちだ 雨がちだ   **な형** 비가 잦다

아메가찌다

❖ ここは雨がちな所だ。 여기는 비가 잦은 곳이다.

1541
あやうい 危うい   **い형** 위험하다, 위태롭다

아야우이

❖ 危うい目にあった。 위태로운 꼴을 당했다.

1542
あらけずりだ 荒削りだ   **な형** 대범하다, 조잡하다

아라께스리다

❖ 荒削な性格。 대범한 성격.

1543
あらためて
아라따메떼

부 새롭게, 다른 기회에, 다시

❖ あらためて申し上げる。
다시 말씀드리다.

1544
あらっぽい 荒っぽい
아랍뽀이

い형 난폭하다, 거칠다

❖ することが荒っぽい。
하는 일이 거칠다.

1545
あらわだ 露だ
아라와다

な형 노골적이다

❖ 感情を露に出す。
감정을 노골적으로 드러낸다.

1546
ありがちだ 有り勝ちだ
아리가찌다

な형 세상에 흔히 있다

❖ 間違いはだれにも有り勝ちだ。
잘못은 누구에게나 있다.

1547
あわい 淡い
아와이

い형 (색·맛이) 엷다, 희미하다

❖ 淡い思い出。 엷은 추억.

1548
あわれだ 哀れだ
아와레다

な형 불쌍하다

❖ 哀れな孤児。 불쌍한 고아.

핵심단어 | **271**

1549
あんしん 安心　　　 명 안심

안신

❖ 子供の成績がよかったので安心した。 자식의 성적이 좋아서 안심했다.

1550
あんぜん 安全　　　 명 안전

안젠

❖ 交通安全をよく守らないと事故にあいます。 교통안전을 잘 지키지 않으면 사고를 당합니다.

1551
あんな　　　 연체 저런

안나

❖ あんなわるい人とは絶対話さないつもりだ。 저런 나쁜 사람과는 절대 말하지 않을 것이다.

1552
あんない 案内　　　 명 안내, 통지

안나이

❖ そこまでは私が案内します。 거기까지는 제가 안내하겠습니다.

1553
いか 以下　　　 명 이하

이까

❖ 二十歳以下の人は右に並んでください。 20세 이하의 사람은 오른쪽으로 나열 해주세요.

1554
□ いがい　　以外
이가이

명 이외

❖ 担当者以外の者は出てください。
担当者(たんとうしゃ)以外(いがい)の者(もの)で
담당자 이외의 사람은 나가 주세요.

1555
□ いかが
이까가

부 どう의 정중체

❖ 先生(せんせい)、あしたのご都合(つごう)はいかがですか。
선생님, 내일은 시간이 어떻습니까?

1556
□ いがく　　医学
이가꾸

명 의학

❖ 私(わたし)は大学(だいがく)の医学(いがく)部(ぶ)に入(はい)るつもりです。 나는 대학의 의학부에 들어갈 생각입니다.

1557
□ いき　　息
이끼

명 호흡, 숨을 쉬는 일(breath)

❖ 息(いき)を切(き)らしながら走(はし)っている。
헐떡거리며 달리고 있다.

1558
□ いきいき
이끼이끼

부 활발하게, 싱싱한 모양

❖ いきいきした魚(さかな)。 싱싱한 생선.

1559
いきぐるしい 息苦しい   い형 숨이 가쁘다, 답답하다

이끼구루시이

❖ 息苦しい雰囲気。답답한 분위기.

1560
いきる 生きる   동 살다, 생존하다, 효과가 있다

이끼루

❖ 彼がいなければ私は生きていけない。
그가 없으면 나는 살아 갈 수 없다.

1561
いくら~ても   기능어 아무리~라도

이꾸라~테모

❖ いくら先生でも分からない漢字がある。아무리 선생님이라도 모르는 한자가 있다.

1562
いけん 意見   명 의견

이껜

❖ 部長としてご意見をお話しください。
부장으로서 의견을 이야기해 주세요.

1563
いし 石   명 돌, 가공한 돌

이시

❖ この海には石が多いですね。
이 바다에는 돌이 많군요.

1564
いじょう 以上 　　명 이상

이죠-

❖ もうこれ以上は無理です。
　이제 이 이상은 무리입니다.

1565
いずれ 何れ 　　부 언젠가, 어느 것

이즈레

❖ 何れを選ぶか。
　어느 것을 고르겠는가?

1566
いそぐ 急ぐ 　　동 서두르다

이소구

❖ 時間がないので急がないとだめです。
　시간이 없기 때문에 서두르지 않으면 안 됩니다.

1567
いた 板 　　명 판자, 널빤지(board)

이따

❖ 板にかんなをかけている。
　널빤지에 대패질을 하고 있다.

1568
いたす 致す 　　동 する(하다)의 겸양어

이따스

❖ それは私が致します。
　그것은 제가 하겠습니다.

1569
いただく
이따다꾸

(동) 먹다, 마시다, 받다, 얻다의 겸양어

❖ これは先週先生からいただいたものです。 이것은 저번 주에 선생님으로부터 받은 것입니다.

1570
いたましい 痛ましい
이따마시이

(い형) 참혹하다, 가련하다

❖ 痛ましい事故。 참혹한 사고.

1571
いちど 一度
이찌도

(명) 한 번

❖ もう一度説明してください。
한 번 더 설명해 주세요.

1572
いっしょうけんめい 一生懸命
잇쇼-껨메-

(부) 열심히

❖ 彼は会社で一生懸命仕事をしたが首になった。 그는 회사에서 열심히 일 했지만 해고되었다.

1573
いっせいに
잇세이니

(부) 일제히

❖ 一斉に立ち上がる。
일제히 일어서다.

1574
いつのまにか
이쯔노마니까

㈜ 어느 샌가, 모르는 사이에, 어느덧

❖ 雨はいつのまにか止んでいた。
비는 어느 사이엔지 그쳐 있었다.

1575
いっぱい
입빠이

㈜ 가득, ~껏, 온~

❖ 昨日のパーティーでお腹いっぱい食べた。
어제 파티에서 배부르게 먹었다.

1576
いと　糸
이또

㈈ 실

❖ もうちょっと細い糸はありませんか。 좀 더 가는 실은 없습니까.

1577
いと　意図
이또

㈈ 의도

❖ 作者の意図を探ってみよう。
작자의 의도를 살펴보자.

1578
いどみず　井戸水
이도미즈

㈈ 우물물

❖ 井戸水を汲んでいる。
우물물을 긷고 있다.

1579
□ **いない**　以内　　명 이내

이나이

> 90点以内の人は手をあげてください。
> 90점 이내의 사람은 손을 들어 주세요.

1580
□ **いなか**　田舎　　명 시골, 고향

이나까

> 毎年2回は田舎に帰ります。
> 매년 2번은 고향에 갑니다.

1581
□ **いねかり**　いね刈り　　명 벼베기(=刈り入れ)

이네까리

> いね刈りをしている。
> 벼베기를 하고 있다.

1582
□ **いねむり**　居眠り　　명 앉아 잠, 눕지 않고 잠

이네무리

> 居眠りをしている。
> 말뚝잠을 하고 있다.

1583
□ **いばる**　威張る　　동 뽐내다, 으시대다

이바루

> 自分が一番だと威張る。
> 자기가 제일이라고 으시대다.

1584
□ いまいましい　忌々しい　[い형] 분하다
이마이마시이

❖ いつも土壇場で負けて全く忌々しい。
언제나 막판에 져서 아주 분하다.

1585
□ いまにも　今にも　[부] 당장에라도, 이내, 곧, 금방
이마니모

❖ 今にも泣き出しそうだった。
이내 울음을 터뜨릴 것 같았다.

1586
□ いまわしい　忌まわしい　[い형] 생각하기조차 싫다, 불길하다
이마와시이

❖ 忌まわしい予言。 불길한 예언.

1587
□ いやしい　卑しい　[い형] 저속하다, 미천하다, 초라하다
이야시이

❖ 卑しい言葉を使う。
저속한 말을 쓰다.

1588
□ いらいら　[부] 안절부절 못하는 모양(=じりじり)
이라이라

❖ 時間がなくていらいらする。
시간이 없어서 안절부절못하다.

1589
いらっしゃる

이랏샤루

동 가시다, 오시다, 계시다

❖ 午前11時までにいらっしゃってください。
오전 11시까지 와 주세요.

1590
いわい 祝い

이와이

명 축하(선물)

❖ この指輪は結婚のお祝いでもらったんです。 이 반지는 결혼 축하 선물로 받은 것입니다.

1591
~いん ~員

~인

접미 ~원

❖ 駅員さんに聞いてください。
역무원에게 물어주세요.

1592
いんきくさい 陰気臭い

인끼꾸사이

い형 음침하다, 음산하다

❖ 日が当たらない陰気臭い部屋だ。
햇볕이 들지 않는 음침한 방이다.

1593
インフォメーション

인훠메ー숀

명 인포메이션(information)

❖ 現代ではインフォメーションが第1位だ。
현대에서는 정보가 제1위이다.

1594
うかがう 伺う
우까가우

(동) 묻다, 듣다, 찾아뵙다의 겸양어

❖ 御機嫌を伺う。 문안드리다.

1595
うかぬかお 浮かぬ顔
우까누까오

(명) 음울하고 불쾌한 듯한 얼굴

❖ 浮かぬ顔をしている。
우울한 얼굴을 하고 있다.

1596
うけつけ 受付
우께쯔께

(명) 접수(처)

❖ 受付は1階の玄関の前にあります。
접수처는 1층의 현관 앞에 있습니다.

1597
うけつける 受け付ける
우께쯔께루

(동) 접수하다

❖ 申込みは明日まで受け付ける。
신청은 내일까지 접수한다.

1598
うけとる 受け取る
우께또루

(동) 수취하다, 자기의 것으로 받다

❖ つまらない物ですが受け取ってください。 변변치않은 물건입니다만 다만 받아주십시오.

1599

うごく 動く   동 **움직이다, 옮아가다, 작동하다**

우고꾸

❖ 写真を撮りますから動かないでください。
사진을 찍으니 움직이지 말아 주세요.

1600

うしろめたい 後ろめたい   い형 **꺼림칙하다**

우시로메따이

❖ 友達を裏切ったようで後ろめたい。 친구들을 배신하는 것 같아서 꺼림칙하다.

1601

うすい 薄い   い형 **얇다, 엷다, 적다**

우스이

❖ 薄い紙。 얇은 종이.

1602

うすきみわるい 薄気味悪い   い형 **어쩐지 무섭다, 왠지 기분나쁘다**

우스끼미와루이

❖ いつもにやにやしていて薄気味悪い人だ。 언제나 히죽 히죽거려서 기분 나쁜 사람이다.

1603

うすぐらい 薄暗い   い형 **어두컴컴하다**

우스구라이

❖ 薄暗い部屋。 어두컴컴한 방.

1604
うすっぺらだ 薄っぺらだ
우습뻬라다

(な형) 얄팍하다, 경솔하다, 천박하다

❖ 薄っぺらな考えは危ない。
얄팍한 생각은 위험하다.

1605
うそ
우소

(명) 거짓말, 틀림, 잘못

❖ 彼の話はうそばかりだ。
그의 이야기는 거짓말뿐이다.

1606
うち
우찌

(명) 안, 속, ~중

❖ この二つのうちから好きなものを選んでください。 이 두 개 중에서 좋아하는 것을 선택하세요.

1607
うちうち 内々
우찌우찌

(명) 내밀, 집안 끼리의 비밀

❖ 内々の相談できめる。
내밀히 상의해서 결정하다.

1608
うっかり
욱까리

(부) 깜빡, 멍청히, 무심코

❖ うっかり約束を忘れた。
깜빡 약속을 잊었다.

1609

□ **うつくしい** 美しい 　　 [い형] 아름답다, 곱다

우쯔꾸시이

❖ 美しい庭。 아름다운 정원.

1610

□ **うつす** 写す 　　 [동] 베끼다, 사진을 찍다, 묘사하다

우쯔스

❖ 景色をノートに写した。
경치를 노트에 담았다.

1611

□ **うで** 腕 　　 [명] 팔, 완력, 솜씨, 실력, 기술

우데

❖ 山田さんの腕はなかなかのものだ。
야마다씨의 솜씨는 대단한 것이다.

1612

□ **うとい** 疎い 　　 [い형] 서먹서먹하다

우또이

❖ 関係が疎い。 관계가 서먹서먹하다.

1613

□ **うら** 裏 　　 [명] 뒤, 뒤쪽, 뒷면, 안, 안감, 이면

우라

❖ 教室の裏のほうにトイレがあります。
교실 뒤쪽에 화장실이 있습니다.

1614
□ **うらはらだ**　裏腹だ　〖な형〗 정반대다, 모순되다

우라하라다

❖ 言うこととすることが裏腹だ。
말과 행동이 정반대다.

1615
□ **うりば**　売り場　〖명〗 매장

우리바

❖ 家具売り場は2階にあります。
가구 매장은 2층에 있습니다.

1616
□ **うるさい**　〖い형〗 귀찮다, 시끄럽다, 번거롭다

우루사이

❖ うちのとなりにカラオケができてうるさい。 우리 집 옆에 노래방이 생겨서 시끄럽다.

1617
□ **うるわしい**　麗しい　〖い형〗 아름답다, 기분 좋다

우루와시이

❖ 麗しいピアノの調べ。
아름다운 피아노의 음률.

1618
□ **うろうろ**　〖부〗 어정버정, 어슬렁어슬렁

우로우로

❖ 盛り場をうろうろと歩きまわる。
유흥가를 어슬렁어슬렁 돌아다니다.

1619

□ **うわのそらだ** 上の空だ　な형 건성이다

우와노소라다

❖ 先生の注意を上の空で聞くな。
선생님 주의를 건성으로 듣지 마라.

1620

□ **うんてん** 運転　명 운전, (돈의)회전, 활용

운뗀

❖ 日本は60歳になっても運転する人が多い。 일본은 60세가 되어도 운전하는 사람이 많다.

1621

□ **うんてんしゅ** 運転手　명 운전사

운뗀슈

❖ 昨日乗ったタクシーの運転手はとても親切だった。 어제 탄 택시의 운전사는 매우 친절했었다.

1622

□ **うんと**　부 매우, 크게, 훨씬

운또

❖ 今よりうんと楽になる。
지금보다 훨씬 편하게 된다.

1623

□ **うんどう** 運動　명 운동

운도-

❖ 毎日運動したほうが体にいい。
매일 운동하는 것이 몸에 좋다.

1624
□ **えだ** 枝

에다

명 가지

❖ 木の枝が折れている。
나무 가지가 부서져 있다.

1625
□ **エレガント**

에레간토

な형 우아함(elegant), 고상함

❖ エレガントに振舞う。
우아하게 거동하다.

1626
□ **えんりょ** 遠慮

엔료

명 사양, 겸손, 거리낌

❖ 遠慮なくお召し上がりください。
사양하지 마시고 드세요.

1627
□ **オートメーション**

오-토메-숀

명 오토메이션(automation)

❖ オフィスオートメーション。
사무 자동화.

1628
□ **オーバー**

오-바-

명 오버(over), 초과함, 넘침

❖ 定員をオーバーする。
정원을 초과하다.

1629
□ **オープン**

오-푼

な형 오픈(open), 옥외의, 격의 없음

❖ オープンに話し合う。
격의 없이 서로 이야기하다.

핵심단어 | **287**

1630
おいかける 追い掛ける 동 뒤쫓다

오이까께루

❖ 中国は韓国を追い掛けています。
중국은 한국경제를 뒤쫓고 있습니다.

1631
おいこす 追い越す 동 추월하다

오이꼬스

❖ 韓国経済が日本を追い越す日はいつ来るかな。 한국경제가 일본을 추월할 날은 언제 올까?

1632
おいでになる 동 行く, 来る의 존경어

오이데니나루

❖ 先生はもうおいでになりました。
선생님은 이미 오셨습니다.

1633
おうせつま 応接間 명 응접실

오-세쯔마

❖ 私の家は応接間が狭いです。
우리 집은 응접실이 좁습니다.

1634
おおあじだ 大味だ な형 감칠맛이 없다

오-아지다

❖ 大味な梨だ。 맛없는 배다.

1635
□ **おおい** 多い　　〔い형〕 많다(↔すくない)

오-이

❖ 人が多いところはいやです。
　사람이 많은 곳은 싫습니다.

1636
□ **おおきな** 大きな　　〔연체〕 큰, 커다란

오-끼나

❖ 大きな工場を持っています。
　큰 공장을 갖고 있습니다.

1637
□ **おおしい** 雄々しい　　〔い형〕 사내답다

오-시이

❖ 雄々しい態度。씩씩한 태도.

1638
□ **おおがらだ** 大柄だ　　〔な형〕 (형체나 몸집이)보통보다 크다

오오가라다

❖ 大柄な女性。몸집이 큰 여자.

1639
□ **おおみそか** 大晦日　　〔な형〕 섣달그믐날

오-미소까

❖ 大晦日は紅白歌合戦を見る。
　섣달그믐날에는 홍백노래대전을 보다.

1640
□ **おおはばだ** 大幅だ　　〔な형〕 큰 폭이다

오-하바다

❖ 営業利益が大幅に減る。
　영업이익이 큰 폭으로 줄었다.

1641
おおぶり 大振り 명 큰지막함

오-부리

❖ もう少し大振りの品を見せてください。 이제 조금 더 큰지막한 물건을 보여주세요.

1642
おおよそ 부 대략(=あらまし), 대체, 대강, 대요

오-요소

❖ おおよその見当がつく。
대충 짐작이 가다.

1643
~おかげだ 기능어 ~덕택이다, ~덕분이다

~오까게다

❖ 試験に合格したのは先生のおかげです。 시험에 합격한 것은 선생님 덕분입니다.

1644
~おきに 기능어 ~걸러

~오끼니

❖ 電車は20分おきに来ます。
전차는 20분 걸러 옵니다.

1645
~おく ~億 조수사 ~억

~오꾸

❖ 彼の財産は20億円だそうだ。
그의 재산은 20억엔 이라고 한다.

1646
□ **おくじょう** 屋上 　명 옥상

오꾸죠-

❖ 屋上で見た星はとてもきれいですね。
옥상에서 본 별은 매우 아름답군요.

1647
□ **おくりもの** 贈り物 　명 선물

오꾸리모노

❖ これは父の誕生日の贈り物です。
이것은 아버지 생일 선물입니다.

1648
□ **おくる** 送る 　동 보내다, 좁히다

오꾸루

❖ 手紙は昨日送りました。
편지는 어제 보냈습니다.

1649
□ **おくれる** 遅れる 　동 (정해진 날·시각에) 늦어지다, 더디다

오꾸레루

❖ 朝遅く起きたので遅れました。
아침에 늦게 일어나서 늦었습니다.

1650
□ **おごそかだ** 厳かだ 　な형 엄숙하다

오고소까다

❖ 厳かな儀式。 엄숙한 분위기.

1651
おこなう 行う
오꼬나우

동 행하다, 취급하다, 시행하다

❖ これから会議を行います。
지금부터 회의를 행하겠습니다.

1652
おごる
오고루

동 한턱내다

❖ 今日は僕がおごるよ。
오늘은 내가 쏠게.

1653
おざなりだ お座なりだ
오자나리다

な형 임시변통이다

❖ お座なりな計画。
임시 모면의 계획.

1654
おしいれ 押し入れ
오시이레

명 가재, 침구를 넣어두는 벽장

❖ 山田さんの家には押し入れがなかったんです。
야마다씨 집에는 벽장이 없었습니다.

1655
おそらく
오소라꾸

부 아마(=おおかた), 필시, 어쩌면

❖ 明日は恐らく晴れるだろう。
내일은 필시 개일 것이다.

1656
おっしゃる
옷샤루

동 말씀하시다(=いわれる)

❖ 先生のおっしゃることはよく分かります。 선생님이 하시는 말씀은 잘 알겠습니다.

1657
おと 音
오또

명 음, 소리, 소식

❖ 窓の外から雨の音が聞こえます。
창 밖에서 비 소리가 들립니다.

1658
おどり 踊り
오도리

명 춤

❖ それは昔の踊りですよ。
그것은 옛날 춤입니다.

1659
おとる 劣る
오또루

동 성능, 기능이 떨어진다

❖ 日本の機械に比べて性能が劣ります。 일본기계에 비교해서 성능이 떨어집니다.

1660
おのおの
오노오노

명 각자, 각각, 제각기

❖ おのおのが一つずつ運ぶ。
각자가 하나씩 나르다.

1661
おぼつかない

오보쯔까나이

[い형] 확실치 않다, 기대할 수 없다

❖ その成績では合格はおぼつかない。 그런 성적으로 합격은 불가능해.

1662
おもう　思う

오모우

[동] 생각하다, 예상하다, 느끼다

❖ これが正しいと思いますが。
이것이 바르다고 생각합니다만.

1663
おもおもしい　重々しい

오모오모시이

[い형] 위엄있고 무게 있다

❖ 重々しい口調で話す。
위엄있는 어조로 말하다.

1664
おもくるしい　重苦しい

오모꾸루시이

[い형] 답답하다, 갑갑하다

❖ 重苦しい雰囲気。 답답한 분위기.

1665
おもいやり　思いやり

오모이야리

[명] 배려, 남을 헤아림

❖ 思いやりのある人。
남을 배려하는 사람.

1666
おもかげ　面影

오모까게

[명] (기억에 남는 옛날의) 모습, 얼굴

❖ 幼い頃の面影が残っている。
어릴 적의 모습이 남아 있다.

1667
□ **おもちゃ**
오모쨔

명 장난감
* うちの子供はとてもおもちゃがすきです。 우리 집 아이는 매우 장난감을 좋아합니다.

1668
□ **おもて** 表
오모떼

명 겉, 표면, 집 앞
* ドアの表に花が咲いています。
문 앞에 꽃이 피어 있습니다.

1669
□ **おもながだ** 面長だ
오모나가다

な형 얼굴이 갸름하다
* 前髪を上げると面長に見える。
앞머리를 올리니 얼굴이 갸름해 보인다.

1670
□ **おもむく** 赴く
오모무꾸

동 향해가다
* 任地に赴く。 임지로 향하다.

1671
□ **おもわず** 思わず
오모와즈

부 무의식중에, 엉겁결에(=うっかり)
* 思わず悲鳴をあげる。
엉겁결에 비명을 지르다.

1672
おもわせぶりだ 思わせぶりだ   な형 의미 있는 듯이 언동하다

오모와세부리다

❖ 思わせぶりな態度。
의미있는 듯한 태도.

1673
おりる   下りる   동 허가가 나다, 내려지다,

오리루

❖ 社長からの許可が下りました。
사장으로 부터의 허가가 내려졌습니다.

1674
おる   동 いる의 겸양어

오루

❖ 部長は席を外しておりますが。
부장님은 자리에 계시지 않습니다만.

1675
おろかだ   愚かだ   な형 어리석다

오로까다

❖ 愚かなことを言う。
어리석은 말을 하다.

1676
おろそかだ   疎かだ   な형 소홀하다

오로소까다

❖ 道具の手入れを疎かにするな。
도구 손질을 소홀히 하지 마라.

1677
おわり   終わり   명 끝

오와리

❖ 始まりが悪い人は終わりも悪い。
시작이 안 좋은 사람은 끝도 안 좋다.

1678

□ **オンライン**
온라인

⑲ 온라인(on line↔オフライン)
❖ 銀行のオンラインシステム。
은행의 온라인 방식.

1679

□ **かいがん**　海岸
카이간

⑲ 해안
❖ 横浜の海岸はとても景色がいい。
요코하마의 해안은 매우 경치가 좋다.

1680

□ **かいぎ**　会議
카이기

⑲ 회의
❖ 会議は午前10時から行います。
회의는 오전 10시부터 행하겠습니다.

1681

□ **かいこむ**　買い込む
카이꼬무

⑧ 사재기하다
❖ 今のうちに買い込んでおけ。
늦기전에 구입해 두게.

1682

□ **かいじょう**　会場
카이죠-

⑲ 회장
❖ 会場はこのビルの5階でございます。 회장은 이 건물 5층입니다.

1683
かえり 帰り (명) 귀가(길)

카에리

❖ 帰りにラーメンを買ってきてください。 귀가길에 라면 사 오세요.

1684
かがく 科学 (명) 과학

카가꾸

❖ 10年前に比べると科学はすごく発展した。 10년 전과 비교하면 과학은 엄청나게 발전했다.

1685
かがみ 鏡 (명) 거울

카가미

❖ 鏡に映った彼の顔は怖かった。 거울에 비친 그의 얼굴은 무서웠다.

1686
かがやかしい 輝かしい (い형) 빛나다, 훌륭하다

카가야까시이

❖ 輝かしい成果。 훌륭한 성과.

1687
がくぶ 学部 (명) 학부

가꾸부

❖ 親は医学部に入ることを願っている。 부모는 의학부에 들어 갈 것을 바라고 있다.

1688
かくやすだ 格安だ 〔な형〕 다른 것에 비해 값이 싸다

카꾸야스다

❖ 格安で売る。 헐값에 팔다.

1689
かける 掛ける 〔동〕 걸다

카께루

❖ 壁に絵を掛ける。
벽에 그림을 걸다.

1690
かげん 加減 〔명〕 가감, 조절함, 알맞게 함, 정도

카겐

❖ 料理の味を加減する。
요리의 맛을 조절하다.

1691
がさつだ 〔な형〕 조모하다, 거슬거슬하다

가사쯔다

❖ がさつなものの言い方。
거슬거슬한 말씨.

1692
かじ 火事 〔명〕 화재

카지

❖ 家が火事で全部焼けてしまった。 집이 화재로 전부 타 버렸다.

1693
かじ 家事 〔명〕 가사, 집안일

카지

❖ 家事に追われる。 가사에 쫓기다.

핵심단어 | **299**

1694
□ **かしきり**　貸切　　명 전세, 대절

카시끼리

❖ 貸切(かしきり)バス。전세버스.

1695
□ **かしだす**　貸し出す　　동 대출하다

카시다스

❖ 政府(せいふ)の保証(ほしょう)で銀行(ぎんこう)が貸(か)し出(だ)すことになりました。 정부의 보증으로 은행이 대출하게 되었습니다.

1696
□ **~かた** (동사 ます형+方)　　기능어 ~하는 방법

~카따

❖ この漢字(かんじ)の読(よ)み方(かた)が分(わ)からない。
이 한자의 읽는 방법을 모르겠다.

1697
□ **かたくるしい**　堅苦しい　　い형 너무 격식을 차려 딱딱하다

카따꾸루시이

❖ 堅苦(かたくる)しい話(はなし)はいやだ。
너무 격식을 차린 딱딱한 말은 싫다.

1698
□ **かたち**　形　　명 꼴, 모양, 형상, 형체, 형태

카따찌

❖ このかばんは形(かたち)がどうもおかしい。
이 가방은 모양이 아무래도 이상하다.

1699
かたほう 片方
카따호-

명 한쪽, 한편, 한짝

❖ 靴が片方なくなった。
구두 한쪽이 없어졌다.

1700
がっかり
각까리

부 실망하는 모습, 낙심하는 모습

❖ 不合格にがっかりする。
불합격에 낙심하다.

1701
かなしい 悲しい
카나시이

い형 슬프다, 애처롭다, 딱하다

❖ あんなに悲しい映画ははじめてだ。
저렇게 슬픈 영화는 처음이다.

1702
かならず 必ず
카나라즈

부 반드시, 꼭(=きっと)

❖ 私も必ず行きますから、どうぞよろしく。
저도 반드시 갈테니 잘 부탁합니다.

1703
かねづかい 金づかい
카네즈까이

명 돈의 씀씀이, 돈을 쓰는 방법

❖ 金づかいが荒い。
낭비벽이 심하다.

1704
□ **かねもち** 金持ち 명 부자

카네모찌

❖ 山田さんは金持ちですが、お金を全然使わない。
야마다상은 부자이지만, 전혀 돈을 안 쓴다.

1705
□ **かのじょ** 彼女 명 그녀, ユ(=かれ)

카노죠

❖ 彼女のお父さんはとても厳しい。
그녀의 아버지는 매우 엄하다.

1706
□ **かべ** 壁 명 벽, 암벽

카베

❖ 教室は白い壁だ。
교실은 하얀 벽이다.

1707
□ **かまう** 동 상관하다

카마우

❖ ここでタバコを吸ってもかまいません。
여기서 담배를 피워도 상관없습니다.

1708
□ **かみしめる** 동 꼭 깨물다, 곰곰이 음미하다

카미시메루

❖ 国家試験に合格した喜びをかみしめる。
국가시험에 합격한 기쁨을 음미하다.

1709
かみ 髪
카미

명 머리카락

❖ 日本人の髪の毛はだいたい黒だ。
일본인의 머리카락은 대개 검다.

1710
かむ
카무

동 씹다, 물다, (코를)풀다

❖ 犬にかまれてすごく痛い。
개에게 물려 많이 아프다.

1711
かよわい か弱い
카요와이

い형 가냘프다

❖ か弱い少女。 가련한 소녀.

1712
かるがるしい 軽々しい
카루가루시이

い형 경솔하다

❖ 軽々しい行動をする。
경솔한 행동을 하다.

1713
かるはずみだ 軽はずみだ
카루하즈미다

な형 경솔하다

❖ 軽はずみな発言。 경솔한 발언.

1714
ガレージ
가레-지

명 개라지(garage), 차고(車庫)

❖ 車三台ぶんのガレージ。
차 석대분의 차고.

1715
□ **かれ** 彼 　　　 (명) 그

카레

彼が日本語の先生ですか。
그가 일본어 선생님입니까?

1716
□ **かれら** 彼ら 　　(명) 그들

카레라

彼らは高校から友だちだそうだ。
그들은 고교 때부터 친구라고 한다.

1717
□ **かろやかだ** 軽やかだ　 (な형) 경쾌하다

카로야까다

軽やかな服装。경쾌한 복장.

1718
□ **かわく** 乾く 　　(동) 마르다

카와꾸

今日のような天気は洗濯物がよく乾く。
오늘 같은 날씨는 빨래가 잘 마른다.

1719
□ **かわりに** 代わりに 　(부) 대신에

카와리니

父の代わりに私が来ました。
아버지 대신에 제가 왔습니다.

1720
□ かんがえる 考える 　동 생각하다, 고안하다

캉가에루

❖ 来週行くかどうか考えています。
다음 주에 갈지 말지 생각하고 있습니다.

1721
□ かんけい 関係 　명 관계

캉께-

❖ 最近、日本と韓国の関係がよくなったらしい。 최근 일본과 한국의 관계가 좋아진 것 같다.

1722
□ かんごふ 看護婦 　명 간호사

캉꼬후

❖ うちの子供は将来、看護婦になりたがっている。 우리 집 아이는 장래, 간호사가 되고 싶어한다.

1723
□ かんたんだ 簡単だ 　な형 간단하다

칸딴다

❖ こんな簡単な問題も分からないのか。
이런 간단한 문제도 모르느냐?

1724
□ かんりょう 完了 　명 완료

칸료-

❖ 準備完了。 준비 완료.

1725

□ **き** 気　　　**명** 기분, 마음, 신경, 성질, 감정

キ

❖ 夜の道は危ないから気をつけてください。
밤길은 위험하니 주의하세요.

1726

□ **きおもだ** 気重だ　　**な형** 침울하다

キオモダ

❖ 気重な表情。 침울한 표정.

1727

□ **きかい** 機械　　**명** 기계

キッカイ

❖ そこにある機械は韓国から持ってきたものです。 저기에 있는 기계는 한국에서 가져 온 것입니다.

1728

□ **きかい** 機会　　**명** 기회

キッカイ

❖ こんな機会は二度と来ないと思う。 이런 기회는 두 번 다시 오지 않는다고 생각한다.

1729

□ **きがるだ** 気軽だ　　**な형** 부담없이 편안하다

キガルダ

❖ 先生と気軽に話し合う。
선생님과 부담 없이 이야기한다.

1730
きげん 機嫌 명 기분(気分)
키겐
❖ 機嫌を取る。 비위를 맞추다.

1731
きけんだ 危険だ な형 위험하다
키껜다
❖ 子供を危険なところにおいてはいけない。
아이를 위험한 곳에 두면 안 된다.

1732
きこえる 聞こえる 동 들리다, (부정형으로)이해하다
키꼬에루
❖ 遠くから海の音が聞こえる。
멀리서 바다소리가 들려온다.

1733
きさくだ 気さくだ な형 소박하고 상세하다
키사꾸다
❖ 気さくな人柄。 소박한 성품.

1734
きざだ 気障だ な형 태도, 동작, 말씨 등이 아니꼬움
키자다
❖ 気障な格好。 아니꼬운 모양새.

1735
きじ 記事 명 기사
키지
❖ 新聞記事。 신문기사.

1736
□ **きしゃ** 汽車   명 기차

키샤

❖ 走る汽車からみる景色もすばらい。 달리는 기차에서 보는 경치도 훌륭하다.

1737
□ **ぎじゅつ** 技術   명 기술

기쥬쯔

❖ この技術はアメリカで習ってきたものです。
이 기술은 미국에서 배워 온 것입니다.

1738
□ **きせつ** 季節   명 계절, 절기(=シーズン)

키세쯔

❖ 私は季節の中で秋が一番好きだ。 나는 계절 중에서 가을을 제일 좋아한다.

1739
□ **きぜわしい** 気ぜわしい   い형 어수선하다, 부산하다

키제와시이

❖ 年末は気ぜわしい。
연말은 어수선하다.

1740
□ **きそく** 規則   명 규칙

키소꾸

❖ 規則をよく守らない人が増えている。 규칙을 잘 지키지 않는 사람이 늘고 있다.

1741
□ ぎっしり
깃시리

- 부 가득, 꽉, 빽빽이(=ぎっちり)

❖ 予定がぎっしり埋まっている。 예정이 꽉 차 있다.

1742
□ きっと
킷또

- 부 틀림없이, 꼭, 반드시

❖ 明日は山田さんがきっと来るだろう。
내일은 야마다상이 꼭 올 것이다.

1743
□ きっぱりと
킷빠리또

- 부 딱 잘라, 단호이

❖ きっぱりと断る。
딱 잘라 거절하다.

1744
□ きどあいらく 喜怒哀楽
키도아이라꾸

- 명 희노애락

❖ 喜怒哀楽を顔に表す。
희로애락의 감정을 얼굴에 나타내다.

1745
□ きながだ 気長だ
키나가다

- な형 느긋하다

❖ 気長に待つ。 느긋하게 기다리다.

1746
きぬ 絹
키누

몡 견, 명주

- このハンカチは絹で作られている。
  이 손수건은 명주로 만들어져 있다.

1747
きのどくだ 気の毒だ
키노도꾸다

な형 가엾다, 불쌍하다, 딱하다

- 家が火事になったなんて、気の毒だ。
  집이 불이 났다니, 안되었다.

1748
きばやだ 気早だ
키바야다

な형 성급하다, 조급하다

- 気早に判断してはいけない。
  섣부른 판단은 옳지 않아.

1749
きぶん 気分
키분

명 기분, 컨디션

- 酒を飲みすぎて気分が悪い。
  술을 과음해서 몸이 안 좋다.

1750
きまぐれだ 気紛れだ
키마구레다

な형 (날씨·기분이) 변덕스럽다

- 気紛れな性質。 변덕스런 성질.

1751
きまじめだ 生まじめだ　[な형] 너무 착실하고 고지식하다

키마지메다

❖ あまりにも生まじめで付き合いにくい。 아무래도 너무 고지식해서 사귀기가 어렵다.

1752
きまずい 気まずい　[い형] 서먹서먹하다, 거북하다

키마즈이

❖ 気まずい雰囲気。
서먹서먹한 분위기.

1753
きままだ 気ままだ　[な형] 제멋대로다, 방자하다

키마마다

❖ 気ままな独り暮らし。
방자한 독신생활.

1754
きまる 決まる　[동] 정해지다, 결정되다

키마루

❖ 会議はあさってすることに決まりました。
회의는 모레하기로 정해졌습니다.

1755
きみ 君　[명] 자네

키미

❖ 君はどうして昨日来なかったの。
자네는 왜 어제 오지 않았지?

1756
きめる 決める 동 정하다, 결정하다, 작정하다

키메루

❖ 一日も早く決めましょう。
하루라도 빨리 정합시다.

1757
きもち 気持ち 명 기분, 감정, 어느 정도, 약간

키모찌

❖ 彼の気持ちを分からないこともないんです。
그의 기분을 모르는 것도 아닙니다.

1758
きもの 着物 명 옷, 의복

키모노

❖ 着物の着方はとても難しい。
기모노 입는 법은 매우 어렵다.

1759
きゃっかんてき 客観的 명 객관적(↔主観的 ; しゅかんてき)

캭깐데끼

❖ 客観的に判断する。
객관적으로 판단하다.

1760
キャリア 명 캐리어(career), 경력

캬리아

❖ 10年のキャリアがある。
10년의 커리어가 있다.

1761
□ **きゅうこう** 急行 　명 급행

큐-꼬-

❖ その電車は急行ですからこの駅にはとまりません。
그 전차는 급행이니 이 역에는 정차하지 않습니다.

1762
□ **きゅうに** 急に 　부 갑자기

큐-니

❖ 雨が急に降り出した。
비가 갑자기 내렸다.

1763
□ **きょういく** 教育 　명 교육

쿄-이꾸

❖ 日本は中学校までが義務教育だ。
일본은 중학교까지가 의무 교육이다.

1764
□ **きょうかい** 教会 　명 교회

쿄까이

❖ 釜山は教会が多いことで有名だ。
부산은 교회가 많은 것으로 유명하다.

1765
□ **ぎょうぎょうしい** 仰々しい 　い형 표현이 과장되다

교-교-시이

❖ 仰々しく事故の様子を話す。
과장된 사고의 상황을 이야기하다.

핵심단어 | 313

1766
□ **きょうそう** 競争   명 경쟁

쿄소-

❖ 韓国と日本は競争関係の国だ。
한국과 일본은 경쟁관계의 나라이다.

1767
□ **きょうみ** 興味   명 흥미

쿄-미

❖ 弟は自動車に興味を持っている。
남동생은 자동차에 흥미가 있다.

1768
□ **きよらかだ** 清らかだ   な형 맑고 깨끗하다

키요라까다

❖ 清らかな心。 맑고 깨끗한 마음.

1769
□ **きよわだ** 気弱だ   な형 심약하다, 힘없다

키요와다

❖ 気弱な人。 심약한 사람.

1770
□ **ぎりぎりだ**   な형 빠듯하다, 아슬아슬하다

기리기리다

❖ ぎりぎりに到着した。
아슬아슬하게 도착했다.

1771
□ **きんじょ** 近所   명 이웃, 근처

킨죠

❖ 先生は私の家の近所に住んでいる。 선생님은 우리 집 근처에 사신다.

1772

□ **ぐあい** 具合   명 상태, 형편, 방식

구아이

❖ 体の具合はどうですか。
몸 상태는 어떻습니까?

1773

□ **くうき** 空気   명 공기

쿠-끼

❖ 空気がなければ人間は生きていけない。
공기가 없으면 인간은 살아 갈 수 없다.

1774

□ **くうこう** 空港   명 공항

쿠-꼬-

❖ 空港バスは通りません。
공항버스는 지나지 않습니다.

1775

□ **くぎ** 釘   명 못(nail)

쿠기

❖ くぎを打っている。
못을 박고 있다.

1776

□ **くくる** 括る   동 묶다, 잡아 묶다, 옭아매다

쿠꾸루

❖ ハンカチで傷口を括る。
손수건으로 상처를 매다.

1777
□ **くさ**　　草　　⑲ 풀

쿠사

❖ この町はどこも草のにおいがする。
이 마을은 어디라도 풀 냄새가 난다.

1778
□ **くさかり**　　草刈り　　⑲ 풀을 베는 일, 풀베기

쿠사까리

❖ 草刈りをしている。
풀베기를 하고 있다.

1779
□ **くしゃみ**　　　　⑲ 재채기

쿠샤미

❖ 風邪を引いて、くしゃみをする。
감기에 걸려 재채기를 하다.

1780
□ **くしん**　　苦心　　⑲ 고심, 애를 씀

쿠신

❖ これが苦心の末の成果だ。
이것이 고심 끝의 성과다.

1781
□ **くずれる**　　崩れる　　⑧ 무너지다, 망하다

쿠즈레루

❖ 今度の地震で多くの住宅が崩れました。 이번 지진으로 많은 주택이 무너졌습니다.

1782
くださる
쿠다사루

동 주시다(くれる)의 존경어

❖ これは先生が**くださった**鉛筆です。
이것은 선생님이 주신 연필입니다.

1783
くちおしい 口惜しい
쿠찌오시이

い형 애석하다, 유감스럽다

❖ 試合に負けたことを**口惜しく**思う。
시합에서 진 걸 유감스럽게 생각해.

1784
くちぐせ 口癖
쿠찌구세

명 입버릇

❖ 妹の**口癖**は本当だ。
여동생의 입버릇은 사실이다.

1785
くちひげ 口ひげ
쿠찌히게

명 콧수염

❖ **口ひげ**をはやしている。
콧수염을 기르고 있다.

1786
くちべただ 口下手だ
쿠찌베따다

な형 말주변이 없다

❖ **口下手**な人だけど心は優しい。
말주변 없는 사람이지만 마음은 상냥해.

핵심단어 | **317**

1787
くちべに 口紅
쿠찌베니

명 입술 연지(rouge)

❖ 口紅を付けている。
립스틱을 바르고 있다.

1788
くちやかましい 口やかましい
쿠찌야까마시―

い형 잔소리 많다

❖ 口やかましい先輩。
잔소리 많은 선배.

1789
くちょう 口調
쿠쪼―

명 말투, 어조

❖ 命令口調。 명령조의 말투.

1790
ぐっすり
굿스리

부 깊은 잠을 자는 모양, 푹

❖ 引越しの疲れでぐっすりと眠る。
이사의 피로 때문에 푹 자다.

1791
くばる 配る
쿠바루

동 나누어주다, 배포하다

❖ いろいろ気を配ってくださって。
여러가지로 배려해주셔서.

1792
くび 首
쿠비

명 목, 해고, 면직

❖ 毎日会社に遅刻して首になった。
매일 회사에 지각해서 잘렸다.

1793
□ くも　　雲
쿠모

명 구름, 높은 지위

❖ 山の上に雲がかかっている。
산 위에 구름이 걸려 있다.

1794
□ くやしまぎれだ　悔し紛れだ
쿠야시마기레다

な형 분한 나머지 분별력을 잃다

❖ 悔し紛れにボールを蹴飛ばす。
홧김에 공을 찼다.

1795
□ くるしまぎれだ　苦し紛れだ
쿠루시마기레다

な형 괴로운 나머지 ~하다

❖ 苦し紛れに酒を飲んだ。
괴로워 술을 마시다.

1796
□ くろじ　　黒字
쿠로지

명 흑자(↔赤字 ; けっせき)

❖ 今年の上半期は黒字だった。
올해 상반기는 흑자였다.

1797
□ け　　　毛
케

명 털, 체모

❖ 髪の毛。 머리카락.

1798
□ けいかん　　警官
케-깐

명 경관, 경찰관

❖ 警官が犯人といっしょにいる。
경관이 범인과 함께 있다.

1799

けいけん　経験

케-껜

명 경험

❖ はじめての海外経険を写真で残したい。
첫 해외경험을 사진으로 남기고 싶다.

1800

けいざい　経済

케-자이

명 경제

❖ 今年の経済はよくないようだ。
올해의 경제는 좋지 않은 것 같다.

1801

けいさつ　警察

케이사쯔

명 경찰

❖ 韓国の警察はとても親切だ。
한국 경찰은 매우 친절하다.

1802

けが

케가

명 상처, 부상, 잘못, 과실

❖ あの事故でけがした人が10人もいる。
그 사고로 부상당한 사람이 10명이나 있다.

1803

けしき　景色

케시끼

명 경치, 풍경

❖ 釜山の夜の海の景色はすばらしい。
부산 밤바다 경치는 훌륭하다.

1804
げしゅく 下宿 — 명 하숙

게슈꾸

❖ 学校の近くで下宿しています。
학교 근처에서 하숙하고 있습니다.

1805
けずる 削る — 동 예산을 깎다

케즈루

❖ 5%予算が削られました。
5%예산이 깎였습니다.

1806
けたはずれ けた外れ — 명 보통과 훨씬 다름

케따하즈레

❖ 他の店よりけた外れに安い。
다른 가게보다 훨씬 싸다.

1807
けっきょく 結局 — 명 결국

켓교꾸

❖ 結局、何が言いたいんですか。
결국 뭘 말하고 싶습니까?

1808
けっして 決して — 부 결코, 절대로

켓시떼

❖ 彼と決して話さないつもりです。
그와 결단코 이야기하지 않을 생각입니다.

1809
~けん　~軒　접미 ~채(건물을 세는 단위)

~켄

❖ もう一軒行きましょう。
한잔 더 하자.

1810
げんいん　原因　명 원인

겡잉

❖ 事故の原因は何ですか。
사고의 원인은 무엇입니까?

1811
けんか　喧嘩　명 싸움

켕까

❖ あの兄弟はいつも喧嘩をする。
저 형제는 언제나 싸운다.

1812
けんきゅう　研究　명 연구

켕뀨

❖ 山田さんは一生魚の研究をしてきた。 야마다씨는 평생 생선 연구를 했다.

1813
げんきん　厳禁　명 엄금

겡낑

❖ 火気厳禁。 화기 엄금.

1814

げんてい 限定 — 명 한정

겐떼이

❖ 人数を限定する。
인원수를 한정하다.

1815

げんど 限度 — 명 한도

겐도

❖ 忍耐にも限度がある。
인내에도 한도가 있다.

1816

げんに — 부 실제로, 현재, 눈앞에

겐니

❖ 現にこの目で見た。
실제로 이 눈으로 보았다.

1817

けんぶつ 見物 — 명 구경

켐부쯔

❖ 昨日友だちと花見見物に行った。
어제 친구와 꽃구경하러 갔다.

1818

けんり 権利 — 명 권리

켄리

❖ 権利を侵害する。
권리를 침해하다.

1819

こ 子 — 명 아이, 자식

코

❖ お子さんは何歳ですか。
자제 분은 몇 살입니까?

1820
□ **こい**　　恋　　　　명 연애, (남녀간의) 사랑

코이

❖ 恋におちいる。 사랑에 빠지다.

1821
□ **こうい**　　好意　　명 호의, 호감

코-이

❖ 人の好意を無にする。
사람의 호의를 저버리다.

1822
□ **ごういんに**　強引に　　부 억지로

고-인니

❖ 強引に口説き落とす。
[반대를 무릅쓰고] 억지로 설복하다.

1823
□ **こうがい**　　郊外　　명 교외

코-가이

❖ 東京の郊外で出勤する会社員が増えている。 동경 교외에서 출근하는 회사원이 늘고 있다.

1824
□ **こうぎ**　　講義　　명 강의

코-기

❖ 先生の講義は分かりやすい。
선생님 강의는 이해하기 쉽다.

1825
こうぎょう 工業 　（명) **공업**

코-교-

❖ インドは<u>工業</u>より農業を中心にしている。 인도는 공업보다 농업을 중심으로 하고 있다.

1826
こうこう 高校 　（명) <u>고교</u>

코-꼬-

❖ <u>高校</u>を卒業してすぐ会社に入りました。 고교를 졸업하고 나서 바로 회사에 들어갔습니다.

1827
こうこうせい 高校生 　（명) **고교생**

코-꼬-세-

❖ <u>高校生</u>はお酒を飲んではいけない。
고등학생은 술을 마셔서는 안 된다.

1828
こうじょう 工場 　（명) **공장**

코-죠-

❖ この町は<u>工場</u>が多いから空気が悪い。 이 마을은 공장이 많아서 공기가 나쁘다.

1829
こうちょう 校長 　（명) **교장**

코-쪼-

❖ うちの<u>校長</u>先生は今年62歳だ。
우리 교장 선생님은 올해 62세이다.

1830
□ **こうつう**　交通　（명） 교통

코-쯔-

❖ 交通事故は毎年増えている。
교통사고는 매년 증가한다.

1831
□ **こうどう**　講堂　（명） 강당

코-도-

❖ うちの学校には講堂がない。
우리 학교는 강당이 없다.

1832
□ **こうばしい**　（い형） 고소하다, 구수하다

코-바시-

❖ 台所からこうばしいにおいがする。
부엌에서 구수한 냄새가 나다.

1833
□ **こうまんだ**　高慢だ　（な형） 교만하다

코-만

❖ 高慢な態度。 거만한 태도.

1834
□ **こうむいん**　公務員　（명） 공무원

코-무인

❖ 公務員は給料は安いけど安定的だ。
공무원은 급료는 싸도 안정적이다.

1835
□ **こがらだ**　小柄だ　（な형） 몸집이 작다

코가라다

❖ 小柄な女性。 몸집이 작은 여성.

1836
- **ごく** 極 — 부 극히, 지극히, 매우

  고꾸

  ❖ 極つまらない品物。
  극히 하찮은 물건.

1837
- **こくさい** 国際 — 명 국제

  코꾸사이

  ❖ 来月から日本で国際会議が開かれる。 다음 달부터 일본에서 국제회의가 열린다.

1838
- **こころ** 心 — 명 마음, 느낌, 기분, 생각, 의향

  코꼬로

  ❖ 親の心が分かるのは自分が親になってからだ。
  부모의 마음을 알 수 있는 것은 자신이 부모가 되고 나서부터다.

1839
- **こごと** 小言 — 명 잔소리

  코고또

  ❖ 小言を言う。 잔소리를 하다.

1840
- **こころえちがいだ** 心得違いだ — な형 도리에 어긋나다

  코꼬로에찌가이다

  ❖ 恩人に背くことは心得違いなことだ。 은인을 배신하는 일은 도리에 어긋난다.

핵심단어 | **327**

1841
こころがかりだ 心掛りだ 〔な형〕 걱정되다

코꼬로가까리다

❖ どうも心掛りだ。
아무래도 걱정이 된다.

1842
ございます 〔연어〕 あります의 정중체

고자이마스

❖ 課長、明日時間がございますか。
과장님, 내일 시간 있으십니까?

1843
こしつ 固執 〔명〕 고집

코시쯔

❖ 一つの考えに固執する。
한가지 생각만 고집하다.

1844
こしょう 故障 〔명〕 고장

코쇼-

❖ ラジオが故障して修理に行きます。
라디오가 고장나서 수리하러 갑니다.

1845
こする 擦る 〔동〕 문지르다, 비비다

코스루

❖ 背中をタオルで擦る。
등을 타월로 문지르다.

1846
こせい 個性 〔명〕 개성

코세이

❖ 個性が強い。 개성이 강하다.

1847
ごぞんじ ご存じ   몡 分(わ)かる의 존경어

고존지

❖ 先生、木村さんをご存じですか。
선생님, 기무라씨을 아십니까?

1848
こたえ 答え   몡 대답

코따에

❖ この問題の答えはよく分からない。 이 문제의 대답은 잘 모르겠다.

1849
ごちそう   몡 맛있는 음식

고찌소-

❖ 今度は私がごちそうします。
이 번에는 제가 한 턱 내겠습니다.

1850
ごっそり   부 몽땅(=ねこそぎ), 깡그리, 죄다

곳소리

❖ 衣類をごっそり盗まれる。
옷가지를 몽땅 도둑맞다.

1851
こっち   대 이 쪽

콧찌

❖ こっちが私の兄です。
이 쪽이 저의 형입니다.

1852
ことごとしい 事々しい   い형 괴장되다, 야단스럽다

코또고또시이

❖ 事々しく騒ぎ立てる。
요란스럽게 떠들어대다.

1853
□ ことこまかだ　事細かだ　[な형] 상세하다

코또꼬마까다

❖ 事情を事細かに話す。
　사정을 상세하게 이야기하다.

1854
□ こともなげだ　事もなげだ　[な형] 태연스럽다, 천연스럽다

코또모나게다

❖ 事もなげに言う。
　태연하게 말하다.

1855
□ ことり　小鳥　[명] 작은 새

코또리

❖ 庭で小鳥が遊んでいる。
　정원에서 작은 새가 놀고 있다.

1856
□ こにくらしい　小憎らしい　[い형] 얄밉다

코니꾸라시이

❖ あの子供は小憎らしい。
　저 아이는 얄밉다.

1857
□ このあいだ　[명] 이전, 요전

코노아이다

❖ このあいだ、高校の友だちに会った。
　이전에 고교 때의 친구를 만났다.

1858
このごろ
코노고로

명 요즘

❖ このごろ、景気があまりよくない。 요즘 경기는 좋지 않다.

1859
このましい 好ましい
코노마시이

い형 호감이 가다

❖ 好ましくない人物。
호감가지 않는 인물.

1860
こぼす こぼす
코보스

동 엎지르다

❖ 牛乳をこぼす。 우유를 엎지르다.

1861
こまかい 細かい
코마까이

い형 잘다, 세심하다, 미세하다

❖ 細かいところまで気を使ってくれてありがとう。
세세한 데까지 신경 써 주어서 고마워.

1862
こまめだ 小まめだ
코마메다

な형 부지런히 일하다

❖ 小まめに働く。 부지런히 일하다.

1863
こまやかだ 濃やかだ
코마야까다

な형 정이 두텁다

❖ 愛情が濃やかだ。 애정이 두텁다.

1864
□ **ごみ**
고미

(명) 쓰레기

❖ ごみは毎週金曜日に捨てることになっています。
쓰레기는 매주 금요일에 버리기로 되어 있습니다.

1865
□ **コミュニケーション**
코뮤니케-숀

(명) 커뮤니케이션(communication)

❖ 部員相互のコミュニケーションが大切だ。
부원 상호간의 의사소통이 중요하다.

1866
□ **こむ**　　　混む
코무

(동) 붐비다, 혼잡하다, 복작거리다

❖ 道が混んで時間がかかりました。
길이 막혀서 시간이 걸렸습니다.

1867
□ **こめ**　　　米
코메

(명) 쌀

❖ 今年は米不足で大変だ。
올해는 쌀 부족으로 큰일이다.

1868
□ **ごらんになる**
고란니나루

(동) 見(み)る의 존경어

❖ 先生、私の宿題ごらんになりましたか。
선생님, 제 숙제 보셨습니까?

1869
これから
코레까라

명 지금부터

❖ これから気をつけます。
지금부터 주의하겠습니다.

1870
こわい　怖い
코와이

い형 무섭다, 두렵다, 험악하다

❖ 妹は怖い映画が好きらしい。
여동생은 무서운 영화를 좋아하는 것 같다.

1871
こわき　小わき
코와끼

명 겨드랑이(armpit)

❖ 小わきに本をかかえている。
겨드랑이에 책을 끼고 있다.

1872
こんど　今度
콘도

명 이번(=このたび), 이 다음(=このつぎ)

❖ 今度映画を見に行きましょう。
이 번에 영화를 보러 갑시다.

1873
コントロール
콘토로-루

명 컨트롤(control), 통제, 조절

❖ 機械をコントロールする。
기계를 제어[조절]하다.

1874
- **こんや** 今夜 — ⑱ 오늘 밤

콩야

❖ 今夜12時から野球の中継がある。
오늘 밤 12시부터 야구중계가 있다.

1875
- **さいきん** 最近 — ⑱ 최근

사이낀

❖ 最近、日本語の学校が増えた。
최근, 일본어 학교가 늘었다.

1876
- **さいご** 最後 — ⑱ 최후, 마지막

사이고

❖ 最後は私がします。
마지막에는 제가 하겠습니다.

1877
- **さいしょ** 最初 — ⑱ 최초, 처음

사이쇼

❖ 最初、歴史から始めます。
제일 먼저, 역사부터 시작하겠습니다.

1878
- **さいふ** 財布 — ⑱ 지갑

사이후

❖ 財布を家に忘れてきました。
지갑을 집에 잊어버리고 왔습니다.

1879
- **さいわいにして** — ㉾ 다행스럽게도, 일이 잘 되어

사이와이니시떼

❖ さいわいにして合格した。
다행히도 합격했다.

1880
□ **さかさまだ** 逆さまだ [な형] 거꾸로 되다

사까사마다

❖ 逆さまに言う。 반대로 말하다.

1881
□ **さがる** 下がる [동] (기온·열 등이) 내리다, 떨어지다

사가루

❖ りんごの値段が下がりました。
사과 값이 내렸습니다.

1882
□ **さかんだ** 盛んだ [な형] 번성하다

사간다

❖ この町は自動車産業がとても
盛んだ。 이 마을은 자동차 산업이
매우 번성하다.

1883
□ **さきだかだ** 先高だ [な형] 값이 오를 기세다(↔さきやすだ)

사끼다까다

❖ 先高かだからちょっと待って
いればいいよ。 시세가 오를 테니
좀 더 기다리는 게 좋아요.

1884
□ **さける** 避ける [동] 피하다

사께루

❖ 出勤時間を避ける。
출근시간을 피하다.

핵심단어 | **335**

1885
□ さげる　下げる
사게루

동 내리다

❖ もう少し下げてください。
　좀 더 내려 주세요.

1886
□ さしあげる　差し上げる
사시아게루

동 あげる, やる의 겸양어

❖ これは私が先生に差し上げたものです。
　이것은 제가 선생님에게 드린 것입니다.

1887
□ さしつかえる　差し支える
사시쯔까에루

동 방해가 되다, 지장이 있다

❖ 仕事に差し支える。
　일에 지장이 있다.

1888
□ さだかだ　定かだ
사다까다

な형 분명하다, 확실하다

❖ 今では定かでない。
　지금은 확실하지 않아.

1889
□ さっき
삿끼

명 조금 전

❖ さっきまでここにいました。
　조금 전까지 여기에 있었습니다.

1890

□ **さびしい** 寂しい い형 외롭다

사비시이

❖ 東京で一人でいたのでとても寂しかった。 동경에 혼자 있었기 때문에 매우 외로웠습니다.

1891

□ **~さま** ~様 접미 さん의 존경어, ~님

~사마

❖ お客様は何名様ですか。
손님은 몇 분이십니까?

1892

□ **さめる** 冷める 식다, 차거워지다

사메루

❖ 愛情が冷める。 애정이 식다.

1893

□ **さゆう** 左右 명 좌우

사유-

❖ 人の意見に左右されるな。
사람의 의견에 좌우되지 마라.

1894

□ **さりげない** さり気ない い형 아무렇지도 않은 듯하다

사리게나이

❖ さり気ない顔つき。
아무렇지도 않은 듯한 표정.

1895
□ **ざんねんだ** 残念だ   [な형] 유감스럽다, 분하다, 억울하다

잔넨다

❖ 彼女は来ないんですか。残念ですね。
그녀는 안 옵니까? 유감이군요.

1896
□ **じ** 字   [명] 글자, 글씨

지

❖ あの子は3歳から字が分かったそうだ。 저 아이는 3살 때부터 글자를 알았다고 한다.

1897
□ **しあい** 試合   [명] 시합

시아이

❖ 昨日試合は雨で中止しました。
어제 시합은 비로 중지되었습니다.

1898
□ **しあげ** 仕上げ   [명] 완성, 마무리

시아게

❖ 仕上げの段階。 마무리 단계.

1899
□ **しかた** 仕方   [명] 방법

시까따

❖ 仕方がないからやめましょう。
방법이 없으니 그만둡시다.

1900
しかる 叱る
시까루
(동) 꾸짖다, 나무라다, 야단치다
❖ 遅刻して先生に叱られた。
지각해서 선생님에게 혼났다.

1901
しき 式
시끼
(명) 식
❖ 結婚式は来週です。
결혼식은 다음 주 입니다.

1902
しき 指揮
시끼
(명) 지휘(command), 지시(指示)
❖ 指揮をとっている。
지휘를 하고 있다.

1903
しきりに
시끼리니
(부) 자꾸만, 끊임없이, 계속해서
❖ しきりに訪れる。 자주 방문하다.

1904
しく 敷く
시꾸
(동) 이불 등을 깔다, 펴다
❖ 布団を敷く。 이불을 깔다.

1905
しけん 試験
시껜
(명) 시험, 테스트
❖ 試験はとても難しかったです。
시험은 매우 어려웠습니다.

1906
じこ 事故 명 사고
지꼬
❖ 事故の原因は何ですか。
사고의 원인은 무엇입니까?

1907
じしん 地震 명 지진
지신
❖ 日本は地震がたくさん起きる。
일본은 지진이 많이 일어난다.

1908
じだい 時代 명 시대
지다이
❖ 時代の要請に応じる。
시대의 요청에 부응하다.

1909
しだいに 次第に 부 서서히, 차츰, 점점
시다이니
❖ 次第に落ちつかなくなる。
점점 안절부절못하게 되다.

1910
したぎ 下着 명 속옷
시따기
❖ 最近下着を着ない人が多い。
최근 속옷을 안 입는 사람이 많다.

1911
したく 支度 명 준비, 채비
시따꾸
❖ 食事の支度で忙しい。
식사준비로 바쁘다.

1912
□ **したたかだ** 強かだ `な형` 만만치 않다, 허술하지 않다

시따따까다

❖ 強かな人物だから気をつけろ。
만만찮은 인물이니 정신차려.

1913
□ **したたらずだ** 舌足らずだ `な형` 혀가 짧다, 충분히 표현 못하다

시따따라즈다

❖ 舌足らずな説明で理解できない。
충분치 못한 설명이라 이해할 수 없어.

1914
□ **しちめんどうくさい** 七面倒くさい `い형` 몹시 귀찮다, 몹시 번거롭다

시찌멘도-꾸사이

❖ しちめんどうくさい手続。
번거롭고 귀찮은 절차.

1915
□ **しっかり** `부` 단단히, 꼭, 꽉, 튼튼히, 똑똑히

식까리

❖ 山田さんはしっかりした人だ。
야마다 씨는 분명한 사람이다.

1916
□ **しっぱい** 失敗 `명` 실패

십빠이

❖ 失敗は成功の元。
실패는 성공의 어머니.

1917

□ **しつれい** 失礼 명 실례, 예의가 없음, 무례

시쯔레-

❖ お先に失礼します。
먼저 실례하겠습니다.

1918

□ **じてん** 辞典 명 사전

지뗀

❖ 英語の辞典を貸してください。
영어사전을 빌려 주세요.

1919

□ **じてんしゃ** 自転車 명 자전차, 자전거(bicycle)

지뗀샤

❖ 自転車を押している。
자전거를 밀고 있다.

1920

□ **しとやかだ** 淑やかだ な형 정숙하다

시또야까다

❖ 淑やかな女性。 정숙한 여성.

1921

□ **しなうす** 品薄 명 품귀

시나우스다

❖ 品薄の人気商品。
물건이 달리는 인기상품.

1922

□ **しなもの** 品物 명 물건

시나모노

❖ 駅前のスーパは品物がほかの店より多い。 역 앞 슈퍼는 물건이 다른 가게보다 많다.

1923
- **しのびやかだ**　忍びやかだ　[な형] 살며시(〜に), 은근히 하다

시노비야까다

❖ 忍びやかに訪れる春の気配。
살며시 다가온 봄기운.

1924
- **しはい**　支配　[명] 지배

시하이

❖ 天下を支配する。
천하를 지배하다.

1925
- **しばらく**　[부] 잠시, 오래간만, 당분간

시바라꾸

❖ しばらくお待ちください。
잠시 기다려 주세요.

1926
- **しま**　島　[명] 섬

시마

❖ 日本は四つの島の国だ。
일본은 네 섬의 나라다.

1927
- **じまん**　自慢　[명] 자랑

지망

❖ のど自慢。 노래 자랑.

1928
- **しみじみ**　[부] 절실히, 마음속 깊이 느끼는 모양

시미지미

❖ しみじみ反省する。
마음속 깊이 반성하다

1929

□ **じみちだ** 地道だ　[な형] 착실하다, 견실하다

지미찌다

❖ <u>地道</u>に暮らす。 착실하게 살아간다.

1930

□ **じむしょ** 事務所　[명] 사무소

지무쇼

❖ 友だちと一緒に<u>事務所</u>を使っている。
친구와 함께 사무소를 사용하고 있다.

1931

□ **しめきり** 締め切り　[명] 마감, 마감기일

시메끼리

❖ <u>締め切り</u>が迫っている。
마감일이 다가왔다.

1932

□ **しゃかい** 社会　[명] 사회

샤까이

❖ 今の<u>社会</u>は複雑化している。
지금의 사회는 복잡화하고 있다.

1933

□ **しゃちょう** 社長　[명] 사장

샤쪼ー

❖ <u>社長</u>は今年60歳だ。
사장은 올해 60세다.

1934
□ しゃべる
샤베루

동 수다스럽게 말하다

❖ 友達としゃべるのが趣味です。
친구랑 수다 떠는 것이 취미입니다.

1935
□ じゃま　邪魔
쟈마

명 방해, 장애, 거추장스러움

❖ お邪魔します。 실례하겠습니다.

1936
□ しゃれい　謝礼
샤레이

명 사례

❖ 見つけてくれたら謝礼します。
분실물을 찾아주시면 사례하겠습니다.

1937
□ じゃんけん
쟝껭

명 가위, 바위, 보

❖ じゃんけんで決める。
가위 바위보로 정하다.

1938
□ じゆうだ　自由だ
지유-다

な형 자유롭다

❖ 給料はいいが、自由な時間が少ない。
급료는 좋지만 자유로운 시간이 적다.

1939
□ しゅうかく　収穫
슈-까꾸

명 수확, 추수

❖ 収穫をしている。 수확을 하고 있다.

1940
□ **しゅうかん**　習慣　　㈎ 습관, 관습(=しきたり, あらわし)

슈-깐

❖ 子供からの習慣がなかなか直らない。
어린 시절의 습관이 좀처럼 고쳐지지 않는다.

1941
□ **じゅうしょ**　住所　　㈎ 주소

쥬-쇼

❖ ここに住所と名前を書いてください。
여기에 주소와 이름을 써 주세요.

1942
□ **じゅうどう**　柔道　　㈎ 유도

쥬-도-

❖ 韓国と日本は柔道が強い。
한국과 일본은 유도가 강하다.

1943
□ **じゅうぶん**　十分　　㈜ 충분히

쥬-분

❖ 昨日は疲れて十分寝ました。
어제는 피곤해서 충분히 잤습니다.

1944
□ **しゅっせき**　出席　　㈎ 출석(↔欠席;けっせき)

슛세끼

❖ 出席しない人は手を上げてください。
출석하지 않을 사람은 손을 들어 주세요.

1945
- **しゅっぱつ** 出発　명 출발
  슛빠쯔
  - 明日午前中に出発します。
  - 내일 오전 중으로 출발하겠습니다.

1946
- **しゅみ** 趣味　명 취미, 멋, 정취, 풍류, 취향
  슈미
  - 私の趣味は映画を見ることです。
  - 내 취미는 영화를 보는 것입니다.

1947
- **じゅんび** 準備　명 준비
  쥼비
  - 旅行の準備はもう終わりました。
  - 여행 준비는 끝났습니다.

1948
- **しょうかい** 紹介　명 소개
  쇼―까이
  - みなさんの自己紹介をしてください。
  - 여러분의 자기소개를 해 주세요.

1949
- **しょうがつ** 正月　명 정월, 설날
  쇼―가쯔
  - お正月には田舎に帰ります。
  - 설날에 고향에 갑니다.

1950
しょうがっこう 小学校 — 명 초등학교
쇼-각꼬-

❖ 昨日道で小学校の友だちに会った。
어제 길에서 초등학교 친구를 만났다.

1951
じょうきょう 状況 — 명 상황
죠-꾜-

❖ 状況が変わる。 상황이 바뀌다.

1952
しょうせつ 小説 — 명 소설
쇼-세쯔

❖ これは恋愛小説だ。
이것은 연애소설이다.

1953
しょうたい 招待 — 명 초대
쇼-따이

❖ 私の誕生日に彼女を招待した。
내 생일에 그녀를 초대했다.

1954
しょうちする 承知する — 동 알고 있다, 승낙하다
쇼-찌스루

❖ 社長のおっしゃること、承知しました。
사장님이 하시는 말씀 알겠습니다.

1955
しょうらい 将来 <u>명</u> 장래

쇼-라이

❖ 将来 大統領になるのが夢だ。
장래에 대통령이 되는 것이 꿈이다.

1956
しょくじ 食事 <u>명</u> 식사

쇼꾸지

❖ 忙しくて食事をする時間もないんです。 바빠서 식사할 시간도 없습니다.

1957
しょくりょうひん 食料品 <u>명</u> 식료품

쇼꾸료힌

❖ お金がないから食料品が買えない。 돈이 없어 식료품을 살 수 없다.

1958
じょさいない 如才ない <u>い형</u> 약삭빠르다, 붙임성이 있다

죠사이나이

❖ なかなか如才ない人だ。
매우 약삭빠른 사람이다.

1959
じょせい 女性 <u>명</u> 여성

죠세-

❖ 女性専用のレストランです。
여성 전용 레스토랑입니다.

1960
しらじらしい 白々しい <u>い형</u> 시치미 떼다

시라지라시-

❖ 白々しい態度。 시치미 떼는 태도.

핵심단어 | **349**

1961
□ **しらんぷり** 知らん振り 명 알면서도 모르는 체함

시람뿌리

❖ 挨拶しても知らん振りだ。
인사해도 모르는 체하다.

1962
□ **しわくちゃだ** な형 주름투성이다, 쭈글쭈글하다

시와꾸쨔다

❖ しわくちゃのおばあさん。
쭈글쭈글한 할머니.

1963
□ **しんがい** 侵害 명 침해

싱가이

❖ プライバシーを侵害される。
프라이버시를 침해당하다.

1964
□ **じんこう** 人口 명 인구

징꼬-

❖ 日本の人口は毎年減ります。
일본의 인구는 매년 줍니다.

1965
□ **じんじゃ** 神社 명 신사

진쟈

❖ 日本といえば神社ですね。
일본이라고 하면 신사입니다.

1966
□ **しんせつだ** 親切だ [な형] 친절하다

신세쯔다

* そこの店の店員は親切です。
  그 가게의 점원은 친절합니다.

1967
□ **しんだん** 診断 [명] 진단

심단

* 健康診断を受ける。
  건강진단을 받다.

1968
□ **しんぱいだ** 心配だ [な형] 근심스럽다, 걱정스럽다

심빠이다

* 日本に行った息子のことで母は毎日心配です。 일본에 간 아들 때문에 어머니는 매일 걱정합니다.

1969
□ **しんぼうづよい** 辛抱強い [い형] 참을성이 많다

심보-즈요이

* 辛抱強くトレーニングをする。
  끈질기게 트레이닝하다.

1970
□ **すいえい** 水泳 [명] 수영

스이에-

* 海で水泳はできません。
  바다에서 수영은 못합니다.

1971
□ **すいじゅん** 水準
스이쥰

명 수준

❖ 生活<ruby>水準<rt>すいじゅん</rt></ruby>が<ruby>低<rt>ひく</rt></ruby>い。
생활수준이 낮다.

1972
□ **すいどう** 水道
스이도-

명 수도

❖ <ruby>雨<rt>あめ</rt></ruby>が<ruby>降<rt>ふ</rt></ruby>らなくて<ruby>水道<rt>すいどう</rt></ruby>から<ruby>水<rt>みず</rt></ruby>が<ruby>出<rt>で</rt></ruby>ません。 비가 오지 않아 수도에서 물이 안 나옵니다.

1973
□ **ずいぶん**
즈이분

부 몹시, 꽤, 대단히, 아주, 퍽

❖ <ruby>昨日<rt>きのう</rt></ruby>はずいぶん<ruby>寒<rt>さむ</rt></ruby>かったですね。
어제는 상당히 추웠습니다.

1974
□ **すうがく** 数学
스-가꾸

명 수학

❖ <ruby>英語<rt>えいご</rt></ruby>はいいが<ruby>数学<rt>すうがく</rt></ruby>の<ruby>点数<rt>てんすう</rt></ruby>はよくない。 영어는 괜찮은데 수학 점수는 좋지 않다.

1975
□ **すく**
스꾸

동 비다

❖ おなかがすいた。 배가 고프다.

1976
□ **すさまじい** 凄まじい 〖い형〗 무섭다, 굉장하다

스사마지이

❖ すさまじい勢いで水が流れる。
굉장한 힘으로 물이 흘러간다.

1977
□ **すじちがいだ** 筋違いだ 〖な형〗 사리에 어긋나다, 얼토당토않다

스지찌가이다

❖ 私に文句を言うのは筋違いだ。
나에게 불평하는 건 얼토당토않은 짓이다.

1978
□ **すずむ** 涼む 〖동〗 시원한 바람을 쐬다

스즈무

❖ 川原で涼む。
냇가에서 선선한 바람을 쐬다.

1979
□ **スタイル** 〖명〗 스타일(style), 모양(=かっこう)

스타이루

❖ スタイルのいい人。
몸매가 좋은 사람.

1980
□ **スタジオ** 〖명〗 스튜디오(studio), 작업장

스타지오

❖ スタジオをそっとのぞく。
스튜디오를 몰래 엿보다.

1981
□ **スタミナ** 〖명〗 스태미나(stamina), 지구력, 정력

스타미나

❖ スタミナ料理。 스태미너 요리.

1982
□ すっかり
슥까리

(부) 완전히, 몽땅, 모두, 홀딱, 온통

❖ すっかり冬になった。
완전히 겨울이 되었다.

1983
□ すっきり
슥끼리

(부) 산뜻이, 상쾌히, 말쑥이

❖ 良く寝たので頭がすっきりした。
잘 자고 나니 머리가 상쾌해졌다.

1984
□ ずっと
즛또

(부) 훨씬, 매우, 아주(=ずかと)

❖ 山田さんより私の背がずっと高い。
야마다 씨보다 내 키가 훨씬 크다.

1985
□ ステージ
스테-지

(명) 스테이지(stage), 무대, 연단

❖ ステージに立つ。 무대에 서다.

1986
□ すてばちだ 捨て鉢だ
스떼바찌다

(な형) 자포자기하다

❖ 捨て鉢になる。
자포자기되어 버리다.

1987
すてる 捨てる 　　동 버리다

스떼루

❖ これは捨ててもかまいません。
이것은 버려도 상관없습니다.

1988
ストップ 　　명 스톱(stop), 멈춤, 정지, 중지, 제동

스톱푸

❖ 停電のため電鉄が全面ストップになる。
정전으로 전철이 모두 멈추다.

1989
すな 砂 　　명 모래

스나

❖ 釜山の海の砂はきれいだ。
부산 바다의 모래는 깨끗하다.

1990
すばやい 素早い 　　い형 재빠르다

스바야이

❖ 素早く逃げた。 재빠르게 도망가다.

1991
すばらしい 　　い형 훌륭하다, 멋있다, 근사하다

스바라시이

❖ 彼の歌はすばらしかった。
그의 노래는 훌륭했다.

1992
すべる　滑る
스베루

(동) 미끄러지다, 활주하다, (스키를) 타다

❖ この階段は滑りやすいから気をつけてください。 이 계단은 미끄러지기 쉬우니 주의하세요.

1993
ずぼらだ
즈보라다

(な형) 칠칠치 못하다

❖ ずぼらな人。 칠칠치 못한 사람.

1994
すみ　隅
스미

(명) 구석

❖ 彼はいつも店の隅に座る。 그는 항상 가게의 구석에 앉는다.

1995
すり　すり
스리

(명) 소매치기

❖ 道ですりにあって財布をとられた。 길에서 소매치기를 당해 지갑을 잃어버렸다.

1996
ずるい
즈루이

(い형) 교활하다, 약삭빠르다

❖ カンニングはずるい。 커닝은 교활한 짓이다.

1997
□ すると
스루또

접 그러자

❖ 先生かいらっしゃった。
すると、クラスは静かになった。
선생님이 오셨다. 그러자 교실은 조용해졌다.

1998
□ ~せい　　~製
~세

접미 ~제

❖ これは日本製だ。
이것은 일본제품이다.

1999
□ せいかつ　　生活
세-까쯔

명 생활

❖ 日本での留学生活は大変だ。
일본에서의 유학생활은 힘들다.

2000
□ せいざ　　正座
세-자

명 정좌, 바로 앉음

❖ 正座をしている。
정좌를 하고 있다.

2001
□ せいじ　　政治
세-지

명 정치

❖ 彼は将来政治家になることが夢だ。 그는 장래에 정치가가 되는 것이 꿈이다.

2002
□ **せいぜい** 　　　　　 ⟨부⟩ 고작

세이제-

❖ 続いてもせいぜい3日だ。
계속해봤자 고작 3일이다.

2003
□ **せいよう** 西洋　　 ⟨명⟩ 서양

세-요-

❖ 西洋の文化が入ってきた。
서양 문화가 들어 왔다.

2004
□ **せかい** 世界　　 ⟨명⟩ 세계

세까이

❖ 世界の人口はどのくらいだろう。
세계인구는 어느 정도일까?

2005
□ **せきにん** 責任　 ⟨명⟩ 책임

세끼닝

❖ 責任を果たす。 책임을 다하다.

2006
□ **せっせと** 　　　　　 ⟨부⟩ 부지런히, 열심히

셋세또

❖ せっせと金をかせぐ。
부지런히 돈을 벌다.

2007
□ **せつな** 刹那　　 ⟨명⟩ 찰나, 순간

세쯔나

❖ 車が追突した刹那気を失った。
차가 추돌한 찰나, 정신을 잃었다.

2008
せつない　切ない　　い형 괴롭다, 안타깝다, 애달프다
세쯔나이

❖ 切ないほど彼のことを思っている。
안타까울 정도로 그를 좋아하다.

2009
せつめい　説明　　명 설명
세쯔메ー

❖ 先生の説明は難しい。
선생님의 설명은 어렵다.

2010
せなか　背中　　명 등
세나까

❖ 二人は背中を合わせて立っている。 두 사람은 등을 맞대고 서 있다.

2011
ぜひ　　　부 부디, 꼭, 아무쪼록(=どうしても)
제히

❖ ぜひもう一度遊びに来てください。 꼭 한번 더 놀러 와 주세요.

2012
せわをする　世話をする　　동 보살피다, 시중을 들다
세와오스루

❖ 彼女はいろいろ世話をしてくれた。 그녀는 여러모로 돌봐주었다.

2013
□ **せん**　　線　　명 선

센

❖ この<ruby>線<rt>せん</rt></ruby>を<ruby>越<rt>こ</rt></ruby>えないようにしてください。
이 선을 넘지 않도록 해 주세요.

2014
□ **ぜんぜん**　　全然　　부 전혀, 전연

젠젠

❖ <ruby>彼<rt>かれ</rt></ruby>が<ruby>言<rt>い</rt></ruby>うことは<ruby>全然<rt>ぜんぜん</rt></ruby><ruby>分<rt>わ</rt></ruby>かりません。
그가 하는 말은 전혀 모르겠습니다.

2015
□ **せんそう**　　戦争　　명 전쟁

센소-

❖ <ruby>戦争<rt>せんそう</rt></ruby>はもうすぐ<ruby>起<rt>お</rt></ruby>こりそうだ。
전쟁은 이제 곧 일어날 것 같다.

2016
□ **せんたくもの**　　洗濯物　　명 세탁물

센따꾸모노

❖ <ruby>洗濯物<rt>せんたくもの</rt></ruby>を<ruby>干<rt>ほ</rt></ruby>している。
빨래를 널고 있다.

2017
□ **せんぱい**　　先輩　　명 선배

셈빠이

❖ <ruby>彼<rt>かれ</rt></ruby>は<ruby>私<rt>わたし</rt></ruby>の<ruby>高校<rt>こうこう</rt></ruby>の<ruby>先輩<rt>せんぱい</rt></ruby>です。
그는 나의 고교 선배입니다.

2018
□ **せんもん**　専門　　　　　명 전문

셈몬
❖ 大学では日本語を専門にしたい。
　대학에서는 일본어를 전공하고 싶다.

2019
□ **そう**　　　　　　　　　부 그렇게

소-
❖ 私もそう思います。
　저도 그렇게 생각합니다.

2020
□ **そうぞう**　想像　　　　명 상상

소-조-
❖ 想像もつかない。
　상상도 할 수 없다.

2021
□ **そうだん**　相談　　　　명 상담, 의논, 상의(=談合 ; だんごう)

소-단
❖ 親と相談して決めます。
　부모님과 상담하고 결정하겠습니다.

2022
□ **そぞろだ**　漫ろだ　　　な형 마음이 들뜨다, 어쩐지, 절로

소조로다
❖ 漫ろに悲しみが込み上げた。
　절로 슬픔이 치밀어 올랐다.

2023
□ **そつぎょう**　卒業　　　명 졸업

소쯔교-
❖ 来年高校を卒業します。
　내년에 대학을 졸업합니다.

2024
□ **そっくり**
속꾸리

(부) 전부, 모조리, 몽땅, 고스란히

❖ そっくり食べてしまう。
몽땅 먹어치우다.

2025
□ **そっと**
솟또

(부) 살그머니, 살짝, 조용히, 가만히

❖ そっとのぞく。 몰래 엿보다.

2026
□ **そふ**　祖父
소후

(명) 조부

❖ 私の祖父は今年85歳です。
우리 할아버지는 올해 85세입니다.

2027
□ **そぼ**　祖母
소보

(명) 조모

❖ 祖母は東京で暮らしています。　할머니는 동경에서 살고 있습니다.

2028
□ **そめる**　染める
소메루

(동) 물들이다, 염색하다

❖ 白髪を黒く染める。
백발을 검게 물들이다.

2029
□ **そらぞらしい**　空々しい
소라조라시이

(い형) 속이 빤하다

❖ 平気で空々しいうそをつく。
태연히 속이 빤한 거짓말을 하다.

2030
そらはずかしい 空恥ずかしい 〔い형〕 왠지 부끄럽다

소라하즈까시이

❖ 一人で行くのは空恥ずかしい。
혼자 가기가 어쩐지 부끄럽다.

2031
それで 〔접〕 그래서

소레데

❖ 雨が降っている。それで傘を持って行った。 비가 내리고 있다. 그래서 우산을 들고 갔다.

2032
それに 〔접〕 게다가

소레니

❖ バスがない。それに電車もない。
버스가 없다. 게다가 전차도 없다.

2033
それほど 〔부〕 그 정도

소레호도

❖ それほど大きい問題ではない。
그 정도로 큰 문제는 아니다.

2034
そろそろ 〔부〕 슬슬

소로소로

❖ そろそろ始めましょう。
슬슬 시작합시다.

2035

□ **ぞんじる** 存じる　〔동〕 知(し)る 알다의 겸양어

존지루

❖ 詳しいことはよく存じませんが。
자세한 것은 잘 알지 못합니다만.

2036

□ **そんな**　〔연체〕 그런

손나

❖ そんなことはなかったんです。
그런 일은 없었습니다.

2037

□ **だい**　代　〔명〕 대

다이

❖ そのラーメン屋は3代目です。
그 라면 집은 3대째입니다.

2038

□ **たいいん**　退院　〔명〕 퇴원

타이인

❖ もう退院しても大丈夫です。
이제 퇴원해도 문제없습니다.

2039

□ **だいがくせい**　大学生　〔명〕 대학생

다이가꾸세-

❖ うちは大学生が3人もいて、生活が大変です。 우리 집은 대학생이 3명이나 있어서, 생활이 힘듭니다.

2040
だいじだ 大事だ な형 중요하다

다이지다

❖ これは大事な書類です。
이것은 중요한 서류입니다.

2041
たいして 大して 부 그다지(=それほど), 그리, 별로

타이시떼

❖ 大して気にしない。
별로 신경 쓰지 않는다.

2042
だいたい 부 대강, 도대체, 적당히

다이따이

❖ 休みの日はだいたい家にいます。 휴일에는 대개 집에 있습니다.

2043
だいぶ 부 상당히, 꽤, 어지간히

다이부

❖ これはだいぶ昔の歌だ。
이것은 상당히 옛날 노래다.

2044
たいふう 台風 명 태풍

타이후-

❖ 台風13号が韓国に上陸した。
태풍 13호가 한국에 상륙했다.

2045

□ **たいらげる**　平らげる　　동 평정하다, 다 먹어치우다

타이라게루

❖ ごちそうを平らげる。
맛있는 음식을 다 먹어치우다.

2046

□ **たえがたい**　耐え難い　　い형 참기 힘들다, 견디기 힘들다

타에가따이

❖ 耐え難い苦痛。 참기 힘든 고통.

2047

□ **たえだえだ**　絶え絶えだ　　な형 숨이 곧 끊어질 듯이 할딱거리다

타에다에다

❖ 選手が息も絶え絶えにゴールインする。
선수가 숨을 헐떡거리며 골인한다.

2048

□ **たかめだ**　高めだ　　な형 비싼 듯하다

타까메다

❖ こちらの品物の値段がもっと高めだ。 이쪽 물건 값이 더 비싼 듯하다.

2049

□ **だから**　　접 때문에, 그래서

다까라

❖ だから私が言ったじゃないですか。行かないほうがいいって。
그래서 제가 말하지 않았습니까? 안가는 편이 좋다고.

2050
- **たからかだ** 高らかだ 〔な형〕 소리 높다

  타까라까다
  - 声高らかに合唱する。
    소리 높여 합창하다.

2051
- **たく** 炊く 〔동〕 밥을 짓다

  다꾸
  - ご飯を炊く。 밥을 짓다

2052
- **たく** 宅 〔명〕 댁

  타꾸
  - 会社からお宅までどのくらいかかりますか。
    회사에서 댁까지 어느 정도 걸립니까

2053
- **たしか** 確か 〔부〕 아마

  타시까
  - 確か会議は10時でしたよ。
    아마 회의는 10시였을 것입니다.

2054
- **だしぬけに** 出しぬけに 〔부〕 돌연, 갑자기

  다시누께니
  - 出しぬけに泣き出した。
    갑자기 울기 시작했다.

2055
- **たす** 足す 〔동〕 더하다

  타스
  - 1に3を足すと4になる。
    1에 3을 더하면 4가 된다.

핵심단어 | **367**

2056

□ **たずねる**　訪ねる　　동 방문하다

타즈네루

❖ 先生が昨日訪ねて来ました。
선생님이 어제 방문해 왔습니다.

2057

□ **ただしい**　正しい　　い형 옳다, 올바르다, 바르다, 맞다

타다시이

❖ 彼の話は正しくない。
그의 이야기는 바르지 않다.

2058

□ **ただす**　正す　　동 바로잡다, 고치다

다다스

❖ 姿勢を正す。 자세를 바로잡다.

2059

□ **ただちに**　直ちに　　부 즉시(행동적), 곧, 즉시, 당장

타다찌니

❖ 直ちに始める。 즉시 시작하다

2060

□ **だだっぴろい**　だだっ広い　　い형 휑하니 넓다

다답삐로이

❖ だだっ広い部屋に寝る。
휑하니 넓은 방에 잠들다.

2061

□ **たたみ**　畳　　명 일본식 방에 까는 것

타따미

❖ この部屋は畳が汚い。
이 방은 다다미가 더럽다.

2062
たちまち
타찌마찌

(부) 금세, 곧, 순식간에

❖ たちまち売り切れる。
금세 다 팔리다.

2063
たつ 建つ
타쯔

(동) (건물, 동상)세워지다

❖ 銅像が建つ。 동상이 세우지다.

2064
たて 縦
타떼

(명) 세로(↔橫;よこ)

❖ 首を縦にふる。 고개를 끄덕이다.

2065
たてる 立てる
타떼루

(동) 세우다, 일으키다, 꽂다, 돋치다

❖ 友だちと夏休みの計画を立てた。
친구들과 여름방학 계획을 세웠다.

2066
たとえば 例えば
타또에바

(부) 예를 들면, 가령, 예컨데

❖ 例えばこれがコップだとすれば。
예를 들면 이것이 컵이라고 하면.

2067
たな 棚
타나

(명) 선반

❖ 棚の上に本がある。
선반 위에 책이 있다.

2068
□ たのしむ 楽しむ

타노시무

(동) 즐기다, 기뻐하다

❖ 孫の成長を楽しむ。
손자의 성장을 기뻐하다.

2069
□ ダブル

다부루

(명) 더블(double↔ シングル)

❖ ダブルベッド。
더블 베드 2인용 침대.

2070
□ たまたま

타마따마

(부) 가끔(=ときおり), 간혹

❖ たまたま来合わせていた。
마침 그 자리에 와 있었다.

2071
□ たまに

타마니

(부) 가끔

❖ たまにカラオケに行く。
가끔 노래방에 간다.

2072
□ だめ 駄目

다메

(명) 소용없음, 효과없음(=むだ), 안 됨

❖ 努力をしたが駄目だ。
노력을 하였으나 허사다.

ここでタバコを吸っては駄目だ。
여기서 담배를 피워서는 안 된다.

2073
ため
타메

명 유익함, 위함, 때문임

❖ 私のためにやってください。
저를 위해서 해 주세요.

2074
ためいき　溜息
타메이끼

명 한숨, 탄식(sigh)

❖ 溜息をついている。
한숨을 쉬고 있다.

2075
たよりない　頼りない
타요리나이

い형 믿을 수 없다, 신통치 않다

❖ 頼りない返事しかくれない。
어쩐지 신통치 않은 대답밖에 해주지 않는다.

2076
だんせい　男性
단세-

명 남성

❖ 男性用のくつはどれですか。
남성용 구두는 어느 것입니까?

2077
だんぼう　暖房
담보-

명 난방

❖ この部屋は暖房がよくない。
이 방은 난방이 좋지 않다.

2078
ち　血
치

명 피

❖ 服に血がついている。
옷에 피가 묻어 있다.

2079
☐ **ちいき**　地域
치이끼

명 지역

❖ 地域開発が進んでいる。
지역개발이 진행되고 있다.

2080
☐ **ちいさな**　小さな
치-사나

연체 작은

❖ 私の田舎は小さな町だ。
내 고향은 작은 마을이다.

2081
☐ **チェンジ**
체인지

명 체인지(change), 교환, 바꿈

❖ 小銭にチェンジする。
잔돈으로 바꾸다.

2082
☐ **ちかう**　誓う
치까우

동 맹세하다

❖ 秘密を守ることを誓います。
비밀수호를 맹세합니다.

2083
☐ **ちから**　力
치까라

명 힘, 능력, 실력, 역량, 의지

❖ 朝ご飯を食べなかったため、力がない。
아침밥을 먹지 않아서 힘이 없다.

2084
ちからまかせだ 力任せだ
치까라마까세다

[な형] 있는 힘을 다하다

❖ 力任せにバットを振る。
있는 힘을 다해 배트를 휘두르다.

2085
ちっとも
칟또모

[부] 전연, 조금도

❖ ちっともおもしろくない。
전연 재미없다.

2086
ちつじょ 秩序
치쯔죠

[명] 질서

❖ 社会の秩序を守ろう。
사회의 질서를 지키자.

2087
チャンス
챤스

[명] 찬스(chance), 기회, 호기

❖ まだチャンスは残されている。
아직 기회는 남아 있다.

2088
チャンネル
챤네루

[명] 채널(channel), 손잡이

❖ チャンネルを回す。
채널을 돌리다[바꾸다].

2089
ちゅうい 注意
츄-이

[명] 주의, 충고, 경계

❖ 車に注意してください。
차를 조심하세요

2090
□ ちゅうがっこう 中学校 【명】 중학교

츄-각꼬-

❖ 来年、ここに中学校ができるらしい。 내년에 여기에 중학교가 생기는 것 같다.

2091
□ ちゅうしゃ 注射 【명】 주사

츄-샤

❖ 風邪で注射をした。
감기로 주사를 맞았다.

2092
□ ちゅうしゃじょう 駐車場 【명】 주차장

츄-샤죠-

❖ 駐車場に車がたくさんある。
주차장에 차가 많이 있다.

2093
□ ちゅうぶらりんだ 宙ぶらりんだ 【な형】 공중에 매달리다, 엉거주춤하다

츄-부라린다

❖ 電線にたこが宙ぶらりんだ。
전선에 연이 걸려있다.

2094
□ ちり 【명】 먼지, 티끌

치리

❖ 山田さんの部屋にはちり一つもない。
야마다씨 방에는 먼지 하나 없다.

2095

ついに
쯔이니

- 부 마침내(=とうとう), 드디어, 결국
- ついに成功した。
  마침내 성공했다.

2096

つき 月
쯔끼

- 명 달, 달빛
- 月と太陽。 달과 태양.

2097

つきあたり 突き当たり
쯔끼아따리

- 명 막다른 곳
- 突き当たりを右に曲がってください。
  막다른 골목에서 우쪽으로 돌아주세요.

2098

つきなみだ 月並みだ
쯔끼나미다

- な형 진부하다, 평범하다
- 考え方が月並みで面白くない。
  생각하는 방식이 진부해서 재미있지 않아.

2099

つく 就く
쯔꾸

- 동 취임하다
- 新しく就く社長は女性だそうです。 새롭게 취임하는 사장은 여자라고 합니다.

2100
□ **つくす** 尽くす (동) 다하다

쯔꾸스

❖ 最善を尽くす。 최선을 다하다.

2101
□ **つける** 浸ける (동) 담그다, 적시다

쯔께루

❖ 顔を水に浸けて泳いだ。
얼굴을 물에 담그고 헤어쳤다.

2102
□ **つたない** (い형) 서투르다

쯔따나이

❖ つたない文章。 서투른 문장.

2103
□ **つづける** 続ける (동) 계속하다

쯔즈께루

❖ お話を続けてください。
말씀을 계속해 주세요.

2104
□ **つて** (명) 연줄

쯔떼

❖ 有力なつてがある。
유력한 연줄이 있다.

2105
□ **つとめさき** 勤め先 (명) 근무처, 직장

쯔또메사끼

❖ あなたの勤め先どこですか。
당신의 직장은 어디입니까?

2106

□ **つねに** 常に   부 늘, 항상, 평소에, 언제나

쯔네니

❖ 健康には常に気をつけている。
건강에는 늘 조심하고 있다.

2107

□ **つま** 妻   명 부인, 처

쯔마

❖ 私の妻は背が低いです。
집사람은 키가 작습니다.

2108

□ **つましい** 倹しい   い형 검소하다

쯔마시이

❖ 倹しい暮らし。 검소한 생활.

2109

□ **つまる** 詰まる   동 막히다, 가득차다

쯔마루

❖ 鼻がつまる。 코가 막히다.

2110

□ **つみだ** 罪だ   な형 무자비하다

쯔미다

❖ 罪なことをする。
무자비하게 일을 하다.

2111

□ **つめ** 爪   명 손톱, 발톱

쯔메

❖ 能ある鷹は爪を隠す。
능력있는 매는 발톱을 감춘다.

2112
□ **~つもり**

~쯔모리

기능어 ~할 생각, ~할 작정

❖ 彼女はアメリカへ行くつもりです。 그녀는 미국에 갈 생각입니다.

2113
□ **つゆ**　梅雨

쯔유

명 장마

❖ 梅雨に入る。 장마철에 접어든다.

2114
□ **つる**　釣る

쯔루

동 낚다, 낚시하다, 꾀다

❖ 菓子で子どもを釣る。
과자로 어린애를 꾀다.

2115
□ **データ**

데-타

명 데이터(data), 자료, 사실

❖ データを整理する。
자료를 정리하다.

2116
□ **てあらい**　手荒い

테아라이

い형 취급하는 것이 난폭하다

❖ 手荒く扱うと困る。
난폭하게 다루면 곤란하다.

2117
□ **てあらだ**　手荒だ

테아라다

な형 행동, 취급이 거칠다

❖ 荷物の扱いが手荒だ。
물건의 취급이 거칠다.

2118
□ **ていたい**　手痛い　　い형 심하다, 엄하다

테이따이

　　　　　たいふう　ていた　　そんがい　う
❖ 台風で手痛い損害を受ける。
　태풍이 심해서 손해를 피해를 입다.

2119
□ **ていねい**　丁寧　　な형 정중함, 공손함, 친절함, 신중함

테–네–

　　しゃちょう　ていねい
❖ 社長に丁寧にあいさつをした。
　사장에게 정중하게 인사했다.

2120
□ **てうすだ**　手薄だ　　な형 일손이 부족하다

테우스다

　　　　ほうめん　けんきゅう　てうす
❖ この方面は研究が手薄だ。
　이 방면은 연구가 부족하다.

2121
□ **てきとう**　適当　　な형 적당함, 적절함

테끼또–

　　　　　あそ　　　てきとう
❖ ここは遊びに適当なところだ。
　여기는 놀기에 적당한 장소다.

2122
□ **できる**　　　　동 할 수 있다, 되다, 생기다

데끼루

　　えき　まえ　ぎんこう
❖ 駅の前に銀行ができた。
　역 앞에 은행이 생겼다.

핵심단어 | **379**

2123
できるだけ
데끼루다께

부 가능한 한

❖ できるだけ英語で話してください。
가능한 한 영어로 말씀해 주세요.

2124
てごろだ 手頃だ
테고로다

な형 크기, 무게가 적당하다

❖ アルバイトに手頃な仕事を見つける。
아르바이트하기 적당한 일을 찾다.

2125
デザイン
데자인

명 디자인(design), 도안, 의장

❖ ドレスをデザインする。
드레스를 디자인하다.

2126
~てしまう
~테시마우

기능어 ~해 버리다

❖ お腹がすいて全部食べてしまった。 배가 고파 전부 먹어버렸다.

2127
てすうりょう 手数料
테스우료-

명 수수료

❖ 手数料がかかる。 수수료가 들다.

2128

□ **てぜまだ** 手狭だ [な형] 장소가 비좁다

테제마다
* 家が手狭になる。 집이 비좁다.

2129

□ **デッサン** [명] 데생(dessin=そびょう), 소묘

뎃산
* 裸像をデッサンする。 나상을 데생하다.

2130

□ **てつだう** 手伝う [동] 같이 거들다, 돕다

테쯔다우
* 荷物が重いから手伝ってください。 짐이 무거우니 도와주세요.

2131

□ **てひどい** 手ひどい [い형] 가혹하다

테히도이
* 手ひどく叱る。 가혹하게 꾸짖다.

2132

□ **てぶくろ** 手袋 [명] 장갑

테부꾸로
* 赤い手袋がほしい。 빨간 장갑이 갖고 싶다.

2133

□ **てぶらだ** 手ぶらだ [な형] 빈손이다, 맨손이다

테부라다
* 手ぶらで旅行する。 빈손으로 여행하다.

2134
□ てほん 手本
테홍

명 본보기, 모범

❖ 彼の行いは皆のよい手本になる。
그의 행실은 모두의 좋은 본보기가 된다.

2135
□ でむかえる 出迎える
데무까에루

동 마중 나가다

❖ 客を出迎える。
손님을 마중나가다.

2136
□ てみじかだ 手短だ
테미지까다

な형 간략하다, 간단하다

❖ 用件を手短に話す。
용건을 간략히 말하다.

2137
□ てら 寺
테라

명 절

❖ 1月一日はたくさんの人がお寺に行く。
1월 1일은 많은 사람이 절에 간다.

2138
□ てれる 照れる
테레루

동 쑥스러워하다, 수줍어하다

❖ 褒められて照れる。
칭찬받아 쑥스러워하다.

2139
~てん ~点 접미 ~점
~텐

- 彼一人で5点を入れた。
  그 혼자서 5점을 넣었다.

2140
てんいん 店員 명 점원
텡인

- 店員が店を休んだため、とても忙しい。
  점원이 가게를 쉬어서 매우 바쁘다.

2141
てんきよほう 天気予報 명 일기예보
텡끼요호-

- ニュースが終わったら天気予報をお伝えします。
  뉴스가 끝나면 일기예보를 전해 드리겠습니다.

2142
でんとう 電灯 명 전등
덴또-

- 教室に電灯がついてない。
  교실에 불이 켜져 있지 않다.

2143
てんねん 天然 명 천연
텐넹

- 天然記念物に指定される。
  천연기념물로 지정되다.

핵심단어 | 383

2144
□ てんらんかい 展覧会 　명 전람회

텐랑까이

❖ 今度の展覧会は動物の絵だ。
이 번 전람회는 동물 그림이다.

2145
□ どうぐ 　道具 　명 도구

도구

❖ 道具を使った授業を楽しんでいる。
도구를 사용한 수업을 즐기고 있다.

2146
□ どうせ 　부 어차피, 이왕에, 결국

도-세

❖ どうせすぐ戻ってくるだろう。
어차피 곧 돌아올 것이다.

2147
□ とうとい 　貴い 　い형 소중하다, 귀하다

토-또이

❖ 貴い体験。 귀중한 체험.

2148
□ とうとう 　명 마침내

토-또-

❖ とうとう彼が優勝した。
마침내 그가 우승했다.

2149
□ どうどうと 　堂々と 　부 당당히

도-도-또

❖ 堂々と人前で話す。
당당히 사람앞에서 이야기하다.

2150
- **どうぶつえん** 動物園 　명 동물원
  도-부쯔엔
  ❖ 今度の日曜日に子供と動物園に行くつもりだ。 이번 일요일에 아이와 동물원에 갈 생각이다.

2151
- **とおく** 遠く 　명 멀리
  토-꾸
  ❖ 部長は会社から遠くのところに住んでいる。
  부장님은 회사에서 먼 곳에 살고 있다.

2152
- **とおり** 通り 　명 길, 거리
  토-리
  ❖ そこの通りには外国人が多い。
  저 거리에는 외국인이 많다.

2153
- **とおる** 通る 　동 지나가다, 통하다, 통과하다
  토-루
  ❖ 高遠道路に車がたくさん通っている。
  고속도로에 차가 많이 지나고 있다.

2154
- **~とき** ~時 　기능어 ~때
  ~토끼
  ❖ おふろに入っていた時、地震がおきた。
  목욕하고 있을때, 지진이 일어났다.

2155
どきどき
도끼도끼

(부) 두근두근(설렘)

❖ 胸がどきどきする。
가슴이 두근두근하다

2156
とくいだ　得意だ
토꾸이다

(な형) 득의하다, 자신만만하다

❖ 得意な顔をしている。
자신만만한 얼굴을 하다.

2157
とくに　特に
토꾸니

(부) 특히, 각별히(=ことさら)

❖ この問題が特に難しい。
이 문제가 특히 어렵습니다.

2158
とくべつだ　特別だ
토꾸베쯔다

(な형) 특별하다

❖ 二人は特別な関係だ。
두 사람은 특별한 관계이다.

2159
とこや
토꼬야

(명) 이발소

❖ とこやの前に花屋がある。
이발소 앞에 꽃집이 있다.

2160
とし　年
토시

(명) 해, 년

❖ 私は馬年です。 저는 말띠입니다.

2161
としした 年下

도시시따

명 연하 (↔年上 ; としうえ)

❖ 年下の夫。 연하의 남편.

2162
とちゅう 途中

토쮸ー

명 도중

❖ 会社に行く途中、友だちに会った。
회사에 가는 도중, 친구를 만났다.

2163
とっきゅう 特急

톡뀨ー

명 특급

❖ 特急列車は12時にある。
특급 열차는 12시에 있다.

2164
とっくに

톡꾸니

부 이미, 벌써, 훨씬 전에

❖ とっくに終えるべき仕事を今までずるずる延しているね。
벌써 끝내야 할 일을 이제까지 미대고 있구나.

2165
どっち

돗찌

대 어느 쪽

❖ トイレはどっちですか。
화장실은 어느 쪽입니까?

2166
とどく 届く   동 배달하다, 도착하다, 신고하다

토도꾸

❖ 書類は届きましたか。
서류는 도착했습니까?

2167
とぼしい 乏しい   い형 부족하다

토보시이

❖ 責任感が乏しい。 책임감이 부족하다.

2168
ドライ   な형 드라이(dry), 무미건조함

도라이

❖ ドライにことを処理する。
드라이하게 일을 처리하다.

2169
とりかえる 取り替える   동 바꾸다

토리까에루

❖ 部屋が暗かったので電球を取り替えた。 방이 어두워 전구를 바꿨다.

2170
とりやめる 取りやめる   동 중지하다, 그만두다

토리야메루

❖ 旅行を取りやめる。
여행을 중지하다.

2171
とりもどす 取り戻す   동 되찾다, 회복하다

도리모도스

❖ 人気を取り戻す。 인기를 회복하다.

2172
トレーニング
토레-닝구
명 트레이닝(training), 연습, 훈련
❖ ハードトレーニング。
하드 트레이닝, 강훈련.

2173
とれる 取れる
토레루
동 붙은 것이 떨어지다
❖ 本の表紙が取れました。
책의 표지가 떨어졌습니다.

2174
どろぼう 泥棒
도로보-
명 도둑
❖ 去年の10月に泥棒に入られた。
작년 10월에 도둑에게 침입 당했다.

2175
なおる 治る
나오루
동 (병이) 낫다, 치유되다
❖ 風邪はもう治った。
감기는 이미 나았다.

2176
なかなか
나까나까
부 꽤, 좀처럼, 어지간히(=ずいぶん)
❖ この問題はなかなか難しい。
이 문제는 매우 어렵다.

2177
なくす 無くす
나꾸스
동 없애다
❖ 悪いところは無くそう。
나쁜 곳을 없애자.

핵심단어 | **389**

2178
なげやりだ 投げやりだ （な형） 일을 적당히 하다

나게야리다

❖ 仕事を投げやりにするな。
무책임하게 일하지마라.

2179
なごやかだ 和やかだ （な형） 부드럽다, 화목하다

나고야까다

❖ 和やかな家庭。 화목한 가정.

2180
なさけしらずだ 情け知らずだ （な형） 무정하다

나사께시라즈다

❖ 情け知らずな仕打ち。 무정한 처사.

2181
なさけぶかい 情け深い （い형） 인정 많다

나사께부까이

❖ あそこの店のおじさんは情け深い。 저 가게의 아저씨는 인정이 많다.

2182
なさる （동） 하시다(する)의 존경어

나사루

❖ 部長は何になさいますか。
부장님은 무엇으로 하시겠습니까?

2183
なぜ （부） 왜, 어째서(=なにゆえ)

나제

❖ なぜ来なかったんですか。
왜 오지 않았습니까?

2184
なにとぞ 何とぞ 〈부〉 제발, 아무쪼록, 부디, 어떻게든
나니또조
❖ 何とぞよろしくお願いします。
부디 잘 부탁합니다.

2185
なまぐさい 生臭い 〈い형〉 비린내가 나다
나마구사이
❖ 魚を手でつかんだので生臭い。
생선을 손으로 잡으니 비린내가 난다.

2186
なまなましい 生々しい 〈い형〉 생생하다
나마나마시이
❖ 生々しい記憶。 생생한 기억.

2187
なまはんかだ 生半可だ 〈な형〉 어중간하다, 어설프다
나마항까다
❖ 生半可な知識。 어설픈 지식.

2188
なめらかだ 滑らかだ 〈な형〉 매끈매끈하다, 순조롭다
나메라까다
❖ 滑らかな進行。 순조로운 진행.

2189
なるべく 〈부〉 가능한 한
나루베꾸
❖ なるべく行くようにします。
가능한 한 가도록 하겠습니다.

핵심단어 | **391**

2190
□ **なるほど**
나루호도

명 과연

❖ なるほど、先生のおっしゃる とおりです。
과연 선생님이 하신 말씀대로입니다.

2191
□ **ナンセンス**
난센스

명 넌센스(nonsense), 가소로움

❖ それはまったくのナンセンスだ。
그것은 정말 난센스다.

2192
□ **なんとなく**　何と無く
난또나꾸

부 어쩐지(=なんだか), 어딘지 모르게

❖ 何と無く悲しくなる。
왠지 슬퍼지다.

2193
□ **におい**
니오이

명 냄새, 향기(=かおり), 정취, 분위기

❖ この部屋にいやなにおいがしますね。
이 방에 이상한 냄새가 나는군요.

2194
□ **にがい**　苦い
니가이

い형 쓰다

❖ この薬はとても苦い。
이 약은 매우 쓰다.

2195
□ **にぎる**　握る　　동 쥐다

니기루

❖ 手に汗を握る激しい試合でした。
손에 땀을 쥐는 격렬한 시합이였습니다.

2196
□ **にこにこ**　　　　부 싱글벙글, 생글생글

니꼬니꼬

❖ 彼はいつもにこにこ笑っている。
그는 늘 싱글벙글 웃고 있다.

2197
□ **~について**　　　기능어 ~에 대해서

~니쯔이떼

❖ 私は野球についてはぜんぜん分からない。
나는 야구에 대해서 전혀 모른다.

2198
□ **にっき**　日記　　명 일기

닉끼

❖ 毎日日記をつけている。
매일 일기를 쓰고 있다.

2199
□ **~にもかかわらず**　　기능어 ~인데도 불구하고

니모카까와라즈

❖ 注意したにもかかわらず。
주의 했는데도 불구하고.

2200
□ **ニュアンス**　　　명 뉘앙스(nuance), 미묘한 차이

뉴안스

❖ 言葉のニュアンス。 말의 뉘앙스.

2201
にゅういん 入院 　명 입원

뉴-인

こうつうじ こ にゅういん
❖ 交通事故で入院した。
교통사고로 입원했다.

2202
にゅうがく 入学 　명 입학

뉴-가꾸

ことし がつ にゅうがく
❖ 今年の4月に入学した。
올 4월에 입학했다.

2203
~によると 　기능어 ~에 의하면, ~에 따르면

~니요루또

せんせい はなし やまだ
❖ 先生の話によると山田さんが
ごうかく
合格したそうだ。 선생님 말씀에
의하면 야마다 씨가 합격했다고 한다.

2204
にる 似る 　동 닮다, 비슷하다

니루

あに ちち に
❖ 兄は父に似ている。
형은 아버지를 닮았다.

2205
にんたい 忍耐 　명 인내

닝따이

にんたいりょく やしな
❖ 忍耐力を養う。 인내력을 기르다.

2206
にんむ 任務 　명 임무

님무

だいとうりょう にんむ は
❖ 大統領の任務を果たす。
대통령의 임무를 다하다.

2207
ぬる 塗る 동 칠하다

누루

あか いろ ぬ
❖ 赤い色で塗ってください。
빨간 색으로 칠해주세요.

2208
ぬれる 濡れる 동 젖다

누레루

あめ ふ ふく ぬ
❖ 雨が降って服が濡れてしまった。
비가 와서 옷이 젖어 버렸다.

2209
ねころがる 寝転がる 동 아무렇게나 드러눕다, 누워 뒹굴다

네꼬로가루

なに ねころ
❖ 何もしないで寝転がっている。
아무것도 하지 않고 누워 뒹굴고 있다.

2210
ねだん 値段 명 값, 가격

네단

さいきん せきゆ ねだん あ
❖ 最近、石油の値段が上がりました。
최근 석유값이 올랐습니다.

2211
ねつ 熱 명 열, 기후가 더움, 열중, 열의

네쯔

ねつ あたま いた
❖ 熱がちょっとあって頭が痛い。
열이 조금 있어 머리가 아프다.

핵심단어 | **395**

2212
ネックレス
넥쿠레스
- 명 장식용목걸이(necklace)
- ❖ ネックレスをしている。
  목걸이를 하고 있다.

2213
ねっしん 熱心
넷신
- な형 열심
- ❖ 試験が来週だから毎日熱心に勉強する。 시험이 다음 주이기 때문에 매일 열심히 공부한다.

2214
ねばりづよい 粘り強い
네바리즈요이
- い형 끈질기다, 끈질기다
- ❖ 粘り強く説得する。
  끈질기게 설득하다.

2215
ねむい 眠い
네무이
- い형 졸리다, 졸음이 오다
- ❖ 昨日夜遅くまでテレビを見てすごく眠い。 어제 밤늦게 까지 텔레비전을 봐서 매우 졸린다.

2216
ねむる 眠る
네무루
- 동 자다, 잠들다
- ❖ 赤ちゃんがすやすや眠っている。 아기가 새근새근 자고 있다.

2217
ねんいりだ 念入りだ   な형 매우 주의하다

넹이리다

❖ 念入りに点検する。
주의해서 점검하다.

2218
ねんれい 年齢   명 연령, 나이

넹레이

❖ 最近は結婚年齢が遅くなっている。
최근은 결혼연령이 늦어지고 있다.

2219
のど   명 목구멍

노도

❖ 歌いすぎてのどが痛い。
너무 노래를 많이 불러 목이 아프다.

2220
~のみならず   기능어 ~뿐만 아니라

노미나라즈

❖ あの人は勉強のみならずスポーツも得意だ。 저 사람은 공부뿐만 아니라 운동도 잘 한다.

2221
のりかえる 乗り換える   동 갈아타다

노리까에루

❖ 東京駅で乗り換える。
동경 역에서 갈아탄다.

2222
のりもの 乗り物   명 탈것

노리모노

❖ 対馬までの乗り物は船しかない。
대마도까지 탈 것은 배밖에 없다.

핵심단어 | **397**

2223

□ **のろのろ**

노로노로

(부) 느릿느릿, 굼뜨게

❖ 疲れて**のろのろ**と歩く。
지쳐서 느릿느릿 걷다.

2224

□ **は**　　　　葉

하

(명) 잎, 잎사귀

❖ 秋になって**葉**が落ちている。
가을이 되어 잎이 떨어지고 있다.

2225

□ **ばあい**　　場合

바아이

(명) 경우, 사정, 때

❖ 私の**場合**はそう思いません。
나의 경우는 그렇게 생각하지 않습니다.

2226

□ **ばあたりだ**　場当たりだ

바아따리다

(な형) 임기응변이다, 즉흥적이다

❖ **場当たり**な答弁。 즉흥적인 답변.

2227

□ **~ばい**　　~倍

~바이

(조수사) ~배

❖ 値段が2**倍**もする高い店だ。
가격이 두배나 하는 비싼 가게다.

2228

□ **はいけんする**　拝見する

하이껭스루

(동) 見(み)る의 겸양어

❖ 切符を**拝見**します。
표를 보겠습니다.

2229
はいしゃ 歯医者
하이샤

명 치과의사

* そこの歯医者はやさしいし、親切だ。 그곳의 치과의사는 상냥하고, 친절하다.

2230
はいすい 廃水
하이수이

명 폐수

* 廃水を流す。 폐수를 흘리다.

2231
はかない
하까나이

い형 덧없다

* はかない人生。 덧없는 인생.

2232
~ばかり (동사과거형+ばかり)
~바까리

기능어 막 ~함, 갓 ~함

* 今起きたばかりで、顔も洗ってない。 지금 막 일어나서 세수도 안했다.

2233
はきはき
하끼하끼

부 시원시원, 또렷또렷(↔ぐずぐず)

* 少女ははきはきと答えた。 소녀는 또렷또렷하게 대답했다.

2234
はく 吐く
하꾸

동 토하다

* 船酔いして吐いてしまった。 배멀미해서 토해버렸다.

2235
はじ 恥
하지

명 부끄러움, 수치, 면목을 잃음

❖ 恥を忍ぶ。 수치를 참다.

2236
はじしらずだ 恥知らずだ
하지시라즈다

な형 파렴치하다

❖ 恥知らずな人。 파렴치한 인간.

2237
はじめる 始める
하지메루

동 시작하다, 개시하다

❖ そろそろ会議を始めます。
슬슬 회의를 시작하겠습니다.

2238
はずかしい 恥ずかしい
하즈까시이

い형 부끄럽다, 면목없다, 작용하다

❖ 人前に出るのは恥ずかしいことだ。
남 앞에 나가는 것은 부끄러운 것이다.

2239
~はずだ
~하즈다

기능어 틀림없이 ~일 것이다

❖ 彼は先生のはずだ。
그는 틀림없이 선생님일 것이다.

2240
ばちあたりだ 罰当たりだ
바찌아따리다

な형 천벌을 받아 마땅하다

❖ この罰当たりめ！ 이 천벌받을!

2241
□ **はっきり**
학끼리

(부) 뚜렷이, 문명히, 확실히, 명확히

❖ 明日行くか行かないかはっきりしなさい。
내일 갈지 안 갈지 분명히 해라.

2242
□ **はつおん** 発音
하쯔온

(명) 발음

❖ 彼は外国人なのに日本語の発音がいい。
그는 외국인인데도 일본어발음이 좋다.

2243
□ **はつこい** 初恋
하쯔꼬이

(명) 첫사랑

❖ 初恋の思い出。 첫사랑의 추억.

2244
□ **はてしない** 果てしない
하떼시나이

(い형) 끝없다

❖ 果てしない道を歩く。
끝없는 길을 걷다.

2245
□ **はでだ** 派手だ
하데다

(な형) 화려하다

❖ 派手な身なり。
화려한 차림새.

2246
□ はなみ 花見
하나미

명 꽃구경

❖ この町は春になると花見に来る人が多い。 이 마을은 봄이 되면 꽃구경하러 오는 사람이 많다.

2247
□ はなやかだ 華やかだ
하나야까다

な형 아름답고 화려하다, 눈부시다

❖ 華やかな模様。 아름다운 무늬.

2248
□ はばひろだ 幅広だ
하비히로다

な형 폭넓다

❖ 幅広な活動。 폭넓은 활동.

2249
□ はまる
하마루

동 꼭 끼이다, 열중하다, 빠지다

❖ 家の息子はゲームにはまっている。 우리 아들은 게임에 빠지고 있다.

2250
□ はやめだ 早目だ
하야메다

な형 일찌감치~하다

❖ 早目に出発する。 일찌감치 출발하다.

2251
はやる　流行る
하야루

(동) 유행하다

❖ 今流行っているスタイル。
지금 유행하고 있는 스타일.

2252
はる　貼る
하루

(동) 붙이다

❖ 映画のポスターが貼ってあります。 영화포스터가 붙여져 있습니다.

2253
はれやかだ　晴れやかだ
하레야까다

(な형) 쾌청하다, 명랑하다, 화려하다

❖ 晴れやかな秋空。쾌청한 가을 하늘.

2254
はんかん　反感
항깡

(명) 반감

❖ 反感を買う。 반감을 사다.

2255
ばんぐみ　番組
방구미

(명) 프로그램

❖ 子供が見てはいけない番組だ。
어린이가 봐선 안 되는 프로그램이다.

2256
はんたい　反対
한따이

(명) 반대

❖ その意見には反対する。
그 의견에는 반대한다.

2257
ひ 日
히

명 날

❖ 彼女が来る日を楽しみにしています。
그녀가 올 날은 기대하고 있습니다.

2258
ひかえめだ 控え目だ
히까에메다

な형 조심스럽고 소극적이다

❖ 控え目な発言。 조심스러운 발언.

2259
ぴかぴか
삐까삐까

부 번쩍번쩍, 반짝반짝

❖ ぴかぴかした床。
번쩍번쩍 윤이 나는 마루.

2260
ひきだし 引き出し
히끼다시

명 서랍

❖ 引き出しの中にかぎがあります。
서랍 안에 열쇠가 있습니다.

2261
ひげ
히게

명 수염

❖ 父は毎日ひげをそる。
아버지는 매일 수염을 깎는다.

2262
ひこうじょう 飛行場
히꼬-죠-

명 비행장, 공항

❖ 飛行場内には入れません。
비행장내에는 들어갈 수 없습니다.

2263

□ **ひさしぶり**　久しぶり　　명 오랜만임

히사시부리

❖ 久しぶりに彼女に会った。
오랜만에 그녀를 만났다.

2264

□ **びじゅつかん**　美術館　　명 미술관

비쥬쯔깐

❖ 美術館には人がいっぱいだ。
미술관 안에 사람이 많다.

2265

□ **ひじょうに**　非常に　　부 대단히, 몹시, 매우

히죠-니

❖ 昨日非常に寒かった。
어제는 매우 추웠다.

2266

□ **ひそやかだ**　密やかだ　　な형 은밀하다, 은근하다

히소야까다

❖ 密やかに会っている。
은밀하게 만나고 있다.

2267

□ **びっくりする**　　동 깜짝 놀라다

빅꾸리스루

❖ 彼の変身振りにびっくりした。
그의 변신에 깜짝 놀랐다.

핵심단어 | 405

2268
□ **ひっこす**　引っ越す　**동** 이사하다

힉꼬스

❖ 来週の金曜日に引っ越すつもりだ。
다음 주 금요일 이사할 생각이다.

2269
□ **ひっぱりだこ**　**명** 사방에서 끎

힙빠리다꼬

❖ あの選手はあちこちからひっぱりだこだ。
그 선수는 여기저기서 서로 끌어가려고 야단이다.

2270
□ **ひっぱる**　引っ張る　**동** 잡아 당기다, 방해하다

힙빠루

❖ 手を引っ張る。손을 잡아당기다.

2271
□ **ひつよう**　必要　**な형** 필요함

히쯔요-

❖ 私に必要なのはお金だ。
나에게 필요한 것은 돈이다.

2272
□ **ひどい**　**い형** 심하다, 잔인하다

히도이

❖ 交通事故にあってひどいけがをした。
교통사고를 당해 심한 부상을 입었다.

2273
- **ひとしい** 等しい   い형 동등하다, 다름없다, 마찬가지다

  히또시이
  - 犯罪に等しい行為。
    범죄와 다름없는 행위.

2274
- **ひとしお**   부 한층 더

  히또시오
  - 合格されてご両親の喜びはひとしおでしょう。 합격이 되어 양친의 기쁨은 한층 더 하시겠습니다.

2275
- **ひとなつっこい** 人懐っこい   い형 붙임성이 좋다

  히또나쯧꼬이
  - 人懐っこい子供。
    붙임성 좋은 아이.

2276
- **ひとなみ** 人並み   명 보통정도, 남들과 같음

  히또나미다
  - 人並みの顔形。 보통의 생김새.

2277
- **ひとりでに**   부 자연히, 저절로, 혼자서

  히또리데니
  - 傷はひとりでに治った。
    상처는 저절로 나았다.

2278
- **ひなた** 日向   명 양지, 양달(↔ 日陰 ; ひかげ)

  히나따
  - 日向に干す。 양달에 말리다.

2279
- **ひみつ** 秘密 　명 비밀

  히미쯔
  - 秘密を守る。 비밀을 지키다.

2280
- **ひややかだ** 冷ややかだ 　な형 싸늘하다, 냉정하다

  히야야까다
  - 冷ややかな視線。 냉정한 시선.

2281
- **ひらく** 開く 　동 열리다, 열다, 펴다, 벌어지다

  히라꾸
  - 来年、韓国でオリンピックが開かれる。
    내년에 한국에서 올림픽이 개최된다.

2282
- **ひるま** 昼間 　명 낮

  히루마
  - 昼間には1時間昼寝をする。
    낮에는 한 시간 낮잠을 잔다.

2283
- **ひるやすみ** 昼休み 　명 점심시간

  히루야스미
  - 昼休みは1時間半です。
    점심시간은 한 시간 반입니다.

2284
- **ブーム** 　명 붐(boom), 벼락 경기

  부-무
  - ブームが起こる。 붐이 일다.

2285
ぶあつい 分厚い い형 **두껍다**
부아쯔이
- 分厚い書物。 두꺼운 서적.

2286
ふうがわりだ 風変わりだ な형 **별나다, 색다르다**
후-가와리다
- 風変わりな作品。 색다른 작품.

2287
ふえてだ 不得手だ な형 **서투르다**
후에떼다
- しゃべるのはどうも不得手です。
  말하는 게 아무래도 서투릅니다.

2288
フォーム 명 **폼(form), 형식, 양식, 서식**
훠-무
- 文書の正式なフォーム。
  문서의 정식 양식.

2289
ふかい 深い い형 **깊다(↔ あさい[浅い]얕다), 심하다**
후까이
- 深いところで泳ぐと危ないです。
  깊은 곳에서 수영하면 위험합니다.

2290
ふくざつ 複雑 な형 **복잡함**
후꾸자쯔
- 複雑な問題だ。 복잡한 문제이다.

2291
ふくしゅう 復習 — 명 복습

후꾸슈ー

❖ 私は今日習ったことは今日中に復習する。 나는 오늘 배운 것은 오늘 중으로 복습한다.

2292
ふくよかだ — な형 폭신하고 부드러운 모양

후꾸요까다

❖ ふくよかな肌。 보동보동한 살갗.

2293
ふこころえだ — な형 심보가 나쁘다

후꼬꼬로에다

❖ ふこころえ者。 마음보가 나쁜 사람.

2294
ぶざまだ 無様だ — な형 꼴불견 이다, 보기 흉하다

부자마다

❖ 無様な負け方。 보기 흉한 패배.

2295
ふしあわせだ 不幸せだ — な형 불행하다 (=ふこう) (↔幸せだ)

후시아와세다

❖ 不幸せな一生を送る。
불행한 일생을 보내다.

2296
ふぞろいだ 不揃いだ — な형 짝이 맞지 않다

후조로이다

❖ 不揃いな歯。 가지런하지 않은 이.

2297
□ **ふたしかだ** 不確かだ　<u>な형</u> 불확실하다, 애매하다

후따시까다

❖ 予定が不確かだ。
예정이 불확실하다.

2298
□ **ふつう**　普通　<u>부</u> 보통, 대체로(=なみ)

후쯔-

❖ 普通私は朝6時に起きる。
보통 나는 아침 6시에 일어난다.

2299
□ **ぶつかる**　<u>동</u> 부딪히다, 충돌하다

부쯔까루

❖ 前の車とぶつかってしまいました。 앞차와 충돌해 버렸습니다.

2300
□ **ふつつかだ** 不束だ　<u>な형</u> 미거하다, 못나다, 버릇없다

후쯔쯔까다

❖ 不束なお願い。 무례한 부탁.

2301
□ **ぶつぶつ**　<u>부</u> 중얼중얼, 투덜투덜, 툴툴

부쯔부쯔

❖ ぶつぶつとひとり言を言う。
중얼중얼 혼잣말을 하다.

2302
□ **ふつりあいだ** 不釣り合いだ　<u>な형</u> 어울리지 않다

후쯔리아이다

❖ 収入に不釣り合いな暮らしをする。 수입에 걸맞지 않은 생활을 하다.

핵심단어 **411**

2303
ふでまめだ 筆まめだ   **な형** 글이나 편지를 잘 씀

후데마메다

❖ 筆まめな人で、よく手紙をくれる。
글을 부지런히 쓰는 사람이어서 자주 편지를 보내 준다.

2304
ぶどう   **명** 포도

부도-

❖ ぶどうは夏の果物だ。
포도는 여름 과일이다.

2305
ふとっぱらだ 太っ腹だ   **な형** 도량이 넓다

후돗빠라다

❖ 太っ腹な男。 배짱이 큰 사나이.

2306
ふとどきだ 不届きだ   **な형** 괘씸하다, 소홀히하다, 무례하다

후또도끼다

❖ 不届きな事をする。
괘씸한 짓을 하다.

2307
ふとる 太る   **동** 살찌다, 굵어지다

후또루

❖ 5キロも太ってしまった。
5킬로나 살쪘다.

2308
□ **ふとん**　布団　명 이불

후똔

❖ 僕は夏も布団をかけて寝る。
　나는 여름에도 이불을 덮고 잔다.

2309
□ **ふなれだ**　不慣れだ　な형 익숙하지 못하다, 서투르다

후나레다

❖ 不慣れな外国語を使う。
　서투른 외국어를 하다.

2310
□ **ふにあいだ**　不似合いだ　な형 어울리지 않다, 걸맞지 않다

후니아이다

❖ 不似合いな夫婦。
　어울리지 않는 부부.

2311
□ **ふね**　船　명 배

후네

❖ 船より飛行機のほうがずっと速い。배보다 비행기 쪽이 훨씬 빠르다.

2312
□ **ふべん**　不便　명 불편

후벤

❖ 不便をおかけしましてどうもすみません。
　불편을 끼쳐드려 대단히 죄송합니다.

핵심단어 | **413**

2313
ふむ 踏む
후무

(동) 밟다, 디디다, 경험하다

❖ けさ、電車で足を踏まれた。
오늘 아침 전차에서 발을 밟혔다.

2314
ふむきだ 不向きだ
후무끼다

(な형) 적합하지 않다, 맞지 않다

❖ 不向きな仕事。 적합하지 않은 일.

2315
プラスチック
푸라스칙쿠

(명) 프라스틱(plastic)

❖ プラスチック製品。 플라스틱 제품.

2316
フロント
후론토

(명) 프론트(front), 정면, 전면

❖ ホテルのフロントでチェックインを済ませる。
호텔 프런트에서 숙박 수속을 마치다.

2317
ふわふわ
후와후와

(부) 둥실둥실, 푹신푹신, 팔랑팔랑

❖ カーテンが風でふわふわする。
커튼이 바람에 팔랑거리다.

2318
ぶんか 文化
붕까

(명) 문화

❖ 日本の文化はぜんぜん分からない。 일본의 문화는 전혀 모른다.

2319
ぶんがく　文学
붕가꾸

명 문학

❖ 韓国の文学と日本の文学を比べている。
한국의 문학과 일본의 학을 비교하고 있다.

2320
ぶんぽう　文法
붐뽀—

명 문법

❖ 日本語の文法はやさしい。
일본어의 문법은 쉽다.

2321
へたくそだ　下手くそだ
헤따꾸소다

な형 몹시 서투르다

❖ 下手くそな絵。
지지리도 못 그린 그림.

2322
べつに
베쯔니

부 딱히, 특별히

❖ べつに食べたいものはない。
딱히 먹고 싶은 것은 없다.

2323
ベテラン
베테란

명 베테랑(veteran), 고참자

❖ 幼児教育のベテラン。
유아교육의 베테랑.

2324
へんだ 変だ

헨다

[な형] 이상하다

❖ 彼は変な人だ。
그는 이상한 사람이다.

2325
へんじ 返事

헨지

[명] 대답, 응답, 답장

❖ いくら呼んでも返事がない。
아무리 불러도 대답이 없다.

2326
ポーズ

포-즈

[명] 포즈(pause), 멈춤, 사이, 틈

❖ ポーズを置く。 사이를 두다.

2327
ぼうえき 貿易

보-에끼

[명] 무역

❖ この会社は日本と貿易をしている。
이 회사는 일본과 무역을 하고 있다.

2328
ほうそう 放送

호-소-

[명] 방송

❖ このテレビの放送はいろんな人が見ている。 이 텔레비전 방송은 여러 종류의 사람이 본다.

2329
ほうそう 包装 — 명 포장(wrapping)

호-소-

❖ 包装をしている。 포장하고 있다.

2330
ほうりつ 法律 — 명 법률

호-리쯔

❖ 法律は厳しいほどいいと思う人もいる。 법률은 엄할수록 좋다고 생각하는 사람도 있다.

2331
ぼく 僕 — 명 私(わたし)의 남자용어

보꾸

❖ 僕が英語の先生です。 내가 영어 선생님입니다.

2332
ほこらかだ 誇らかだ — な형 득의양양하다

호꼬라까다

❖ 誇らかな顔。 자랑스러운 얼굴.

2333
ほこりっぽい — い형 먼지가 많다

호꼬립뽀이

❖ 道端はひどくほこりっぽかった。 길은 몹시 먼지가 많았다.

2334
ほし 星 — 명 별, 세월, 운수

호시

❖ 空に星がたくさんある。 하늘에 별이 많다.

2335
□ **ポジション**
포지숀

명 포지션(position), 지위, 부서

❖ ポジションを得る。 직위를 얻다.

2336
□ **ほそうどうろ** 舗装道路
호소-도-로

명 포장도로

❖ 舗装道路を走る。
포장도로를 달리다.

2337
□ **ほっぺた**
홉뻬따

명 뺨(cheek)

❖ ほっぺたをぺたぺたと叩く。
뺨을 찰싹찰싹 때리다.(정신을 잃었을 때)

2338
□ **~ほど**
~호도

기능어 ~정도, ~만큼

❖ 日本語は英語ほど難しくない。
일본어는 영어 만큼 어렵지 않다.

2339
□ **ほどとおい** 程遠い
호도토-이

い형 어지간히 멀다(↔ ほどちかい)

❖ 山頂にはまだ程遠い。
산정까지는 아직도 멀다.

2340
ほとんど
호똔도

(부) 거의, 대부분, 대략, 하마터면

◆ 昨日はほとんど寝なかった。
어제는 거의 못 잤다.

2341
ほのかだ 仄かだ
호노까다

(な형) 희미하다, 몽롱하다

◆ 仄かに覚えている。
어렴풋이 기억하고 있다.

2342
ほぼ
호보

(부) 거의(=おおかた), 대강, 대략

◆ 仕事はほぼ片づいた。
일은 대략 정리되었다.

2343
ほめる
호메루

(동) 칭찬하다, 찬양하다

◆ 成績がよかったので先生にほめられた。 성적이 좋아서 선생님에게 칭찬 받았다.

2344
ほんの
혼노

(연체) 아주 적은 모양, 보잘것없는

◆ ほんの子供に過ぎない。
아직도 아이에 지나지 않다.

2345
ほんやく　翻訳

혼야꾸

명 번역

❖ 日本語の翻訳は割合に難しい。
일본어 번역은 비교적 어렵다.

2346
マーク

마-쿠

명 마크(mark), 표, 상표, 기호

❖ 検査済みのマークを付ける。
검사필의 표를 붙이다[찍다].

2347
まぎらわしい　紛らわしい

마기라와시이

い형 헷갈리기 쉽다

❖ 紛らわしい話。
헷갈리기 쉬운 이야기.

2348
まごまご

마고마고

부 갈팡질팡, 우물쭈물

❖ まごまごしていると浪人するぞ。
우물쭈물하다가는 재수(再修)하게 된다.

2349
まさか

마사까

부 당장, 눈앞, 목전(目前)

❖ まさかの場合に役立てる。
급할 때 도움이 되게 한다.

2350
まさに　正に
마사니

(부) 확실히, 정말로, 틀림없이

❖ 彼こそ正に適任だ。
그야말로 딱 적임이다.

2351
まじめ
마지메

(な형) 성실함

❖ 山田さんはとてもまじめで、親切だ。
야마다 씨는 매우 성실하고, 친절하다.

2352
まず
마즈

(부) 우선

❖ まず、本文から見てみましょう。
우선 본문부터 봐 봅시다.

2353
ます형+だす (동사ます형+だす)
마스+다스

(복합동사) (갑자기) ~하기 시작하다

❖ 急に雨が降り出した。
갑자기 비가 내리기 시작했다.

2354
ます형+ながら (동사ます형+ながら)
마스+나가라

(기능어) ~하면서

❖ 新聞を見ながらテレビを見る。
신문을 보면서 텔레비전을 본다.

핵심단어 | **421**

2355
□ **ます형+にくい**(동사ます형+にくい)   기능어 **~하기 어렵다**

마스+니꾸이

❖ これはやりにくい仕事だ。
이것은 하기 어려운 일이다.

2356
□ **マスコミ**   명 **매스컴(mass communication)**

마스코미

❖ マスコミの影響は大きい。
매스컴의 영향은 크다.

2357
□ **または**   부 **또는, 혹은**

마따와

❖ 現金、または、カードでお払いください。
현금, 혹은 카드로 지불해 주세요.

2358
□ **まちがえる**　間違える   동 **틀리다**

마찌가에루

❖ 試験の答えを間違えた。
시험의 정답을 틀렸다.

2359
□ **まっさかさまだ**   な형 **곤두박질, 거꾸로 박히다**

맛사까사마다

❖ まっさかさまに落ちる。
곤두박이치다.

2360
まつり 祭り   몡 축제

마쯔리

❖ 大阪のお祭りは5月から始まる。
오사카의 축제는 5월부터 시작된다.

2361
まどろむ   동 잠시 졸다

마도로무

❖ 木陰でしばしまどろむ。
나무 그늘에서 잠시 졸다.

2362
まにあう 間に合う   동 시간에 대다, 아쉬운대로 쓰다

마니아우

❖ 今出発すると時間に間に合う。
지금 출발하면 시간에 맞다.

2363
まぬけだ 間抜けだ   な형 얼간이 짓을 하다, 그런 사람

마누께다

❖ 間抜けな事をする。
얼간이 짓을 하다.

2364
まばらだ 疎らだ   な형 드문드문하다

마바라다

❖ 車が疎らに通う。
차가 드문드문 다닌다.

핵심단어 | **423**

2365

□ **まぶかだ**　目深だ　　な형 모자를 깊이 눌러쓰다

마부까다

❖ 帽子を目深にかぶる。
모자를 깊숙이 눌러 쓰다.

2366

□ **~まま**(동사과거형+まま)　　기능어 ~한 채로

~마마

❖ くつをはいたまま入ってはだめだ。
구두를 신은 채로 들어와서는 안 된다.

2367

□ **まわり**　　周り　　명 주변

마와리

❖ 駅の周りに銀行がない。
역 주변에 은행이 없다.

2368

□ **まわる**　　回る　　동 돌다, 회전하다, 들르다

마와루

❖ 地球は太陽の周りを回る。
지구는 태양의 주위를 돈다.

2369

□ **まんいち**　　　　부 만에 하나, 뜻밖의 일

만이찌

❖ 万一の場合に備える。
만일의 경우에 대비하다.

2370
まんが 漫画
망가

명 만화

❖ 子供は漫画が大好きだ。
아이는 만화를 매우 좋아한다.

2371
まんなか 真ん中
만나까

명 한 가운데

❖ 真ん中の人が先生だ。
한 가운데의 사람이 선생님이다.

2372
みえる 見える
미에루

동 보이다, 오시다

❖ 晴れて富士山がよく見えた。
맑아서 후지산이 잘 보인다.

2373
みおくる 見送る
미오꾸루

동 배웅하다

❖ 空港まで見送り致します。
공항까지 배웅을 하겠습니다.

2374
みがってだ 身勝手だ
미갓떼다

な형 제멋대로다(=わがまま)

❖ 身勝手な人。 제멋대로인 사람.

2375
みがるだ 身軽だ
미가루다

な형 몸이 가볍다, 홀가분하다

❖ 身軽な身のこなし。 가벼운 몸놀림.

2376
□ みぢかだ　身近だ　〔な형〕 가까이 두다

미지까다

❖ 身近に置く。 신변에 두다.

2377
□ みじめだ　惨めだ　〔な형〕 비참하다

미지메다

❖ 惨めな自分の姿。
비참한 자신의 모습.

2378
□ みずうみ　湖　〔명〕 호수

미즈우미

❖ 韓国は湖があまりない国だ。
한국은 호수가 그다지 없는 나라다.

2379
□ みずっぽい　水っぽい　〔い형〕 수분이 많아 싱겁다

미즙뽀이

❖ 水っぽい牛乳。 싱거운 우유.

2380
□ みすぼらしい　見窄らしい　〔い형〕 초라하다, 보기에 빈약하다

미스보라시이

❖ 見窄らしい身なりをしている。
초라한 옷차림을 하고 있다.

2381
□ みそ　　〔명〕 된장

미소

❖ 日本人は朝ご飯に、みそ汁を食べる。
일본인은 아침밥에 된장국을 먹는다.

2382

□ **みだれる** 乱れる 동 흐트러지다

미다레루

❖ 列が乱れる。 열이 흐트러지다.

2383

□ **みつかる** 見つかる 동 발견되다

미쯔가루

❖ 犯人が見つかった。
범인이 발견되었다.

2384

□ **みつける** 見つける 동 찾아내다, 발견하다

미쯔께루

❖ コロンブスがアメリカを見つけた。 콜럼부스가 미국을 발견했다.

2385

□ **みどり** 緑 명 녹색, 초록(빛)

미도리

❖ 緑を守ろう。 자연을 지키자.

2386

□ **みな** 皆 명 모두

미나

❖ みな、外国人です。
모두 외국인이다.

2387

□ **みなと** 港 명 항구

미나또

❖ 横浜は港の町だ。
요코하마는 항구마을이다.

2388
みまい 見舞い   **명** 병 문안

미마이

❖ 昨日はおじいさんのお見舞いで時間がなかったんです。
어제는 할아버지의 병 문안으로 시간이 없었습니다.

2389
みみよりだ 耳寄りだ   **な형** 귀가 솔깃하다

미-요리다

❖ 耳寄りな情報。 들을 만한 정보.

2390
みやげ 土産   **명** 토산품, 선물

미야게

❖ 日本へ出張に行って、買ってきたお土産です。
일본에 출장 가서, 사온 선물입니다.

2391
みやびやかだ 雅やかだ   **な형** 고상하고 우아하다

미야비야까다

❖ 装飾が雅やかだ。
장식이 고아하다.

2392
みやぶる 見破る   **동** 간파하다, 꿰뚫어보다

미야부루

❖ 正体を見破る。
정체를 간파하다.

2393

□ **みょうぎ**　妙技　　명 묘기

묘-기

* いるかが妙技をふるっている。
  돌고래가 묘기를 부리고 있다.

2394

□ **みりょく**　魅力　　명 매력

미료꾸

* 魅力的な女性。 매력적인 여성.

2395

□ **ムード**　　　　　명 무드(mood), 분위기, 기분

무-도

* ムードに弱い。 무드에 약하다.

2396

□ **むかえる**　迎える　동 맞다, 맞이하다, 마중하다

무까에루

* 部長はお客様を迎えに空港へ行った。 부장님은 손님을 맞이하러 공항에 갔다.

2397

□ **むごい**　惨い　　い형 비참하다, 가혹하다

무고이

* 惨い結果となる。
  비참한 결과가 되다.

2398
むこうみずだ 向こう見ずだ (な형) 무턱대고 행동하다(=むてっぽう)

무꼬우미즈다

❖ 向こう見ずに突進する。
  무모하게 돌진하다.

2399
むし 虫 (명) 벌레

무시

❖ 夏は虫が多い。
  여름은 벌레가 많다.

2400
むしめがね 虫眼鏡 (명) 돋보기, 확대경

무시메가네

❖ 虫眼鏡で本を読んでいる。
  돋보기로 책을 읽고 있다.

2401
むすこ 息子 (명) 아들, 자식(=せがれ)

무스꼬

❖ 私の息子はよくテニスができる。
  내 아들은 테니스를 잘 친다.

2402
むすめ 娘 (명) 딸, 미혼 여성

무스메

❖ 娘は大学3年生です。
  딸은 대학 3학년입니다.

2403

□ **むだづかい** 無駄づかい   명 낭비(浪費：waste)

무다즈까이

❖ 予算を無駄づかいする。
예산을 낭비하다.

2404

□ **むねん** 無念   な형 무념, 분함, 원통함

무넨

❖ この度の判決は無念だ。
이번 판결은 원통하다.

2405

□ **むら** 村   명 마을, 촌락, 시골(=村里；むらざと)

무라

❖ この村には日本の昔の文化が
残っている。 이 마을에는 일본의
옛날 문화가 남아 있다.

2406

□ **むり** 無理だ   な형 무리함

무리

❖ その問題は子供には無理だ。
그 문제는 아이에게는 무리다.

2407

□ **めあたらしい** 目新しい   い형 새롭다, 색다르다

메아따라시이

❖ 見る物すべてが目新しかった。
보는 것 모두가 신기했다.

핵심단어 | **431**

2408
□ めくる
메꾸루

⑧ 감아 올리다, 넘기다

❖ 本のページをめくっている。
책 페이지를 넘기고 있다.

2409
□ めざわりだ　目障りだ
메자와리다

[な형] 보는 데 방해가 되다, 거슬리다

❖ 目障りな存在。눈에 거슬리는 존재.

2410
□ めしあがる　召し上がる
메시아가루

⑧ 食べる, 飲む의 존경어

❖ どうぞたくさんお召し上がりください。많이 드십시오.

2411
□ めっきり
멕끼리

⑨ 현저히, 뚜렷이, 두드러지게

❖ めっきり涼しくなった。
부쩍 선선해졌다.

2412
□ めったに　滅多に
멧따니

⑨ 좀처럼, 거의

❖ 小説は滅多に読まない。
소설은 거의 읽지 않는다.

2413
めぼしい 目ぼしい 〈い형〉 특별히 눈에 띄이다

메보시이

❖ 目ぼしい物は全部質入した。
값이 나가는 물건은 전부 전당 잡혔다.

2414
めまぐるしい 目まぐるしい 〈い형〉 계속 변하여 눈이 어지럽다

메마구루시이

❖ 目まぐるしく変わる世の中。
어지럽게 변하는 세상.

2415
めめしい 女女しい 〈い형〉 나약하다(↔おおしい), 패기가 없다

메-시이

❖ 女女しい言い草。 연약한 말투.

2416
めんぼくない 面目ない 〈い형〉 면목없다, 대할 낯이 없다

멤보꾸나이

❖ 馬鹿な事をしでかして面目ない。
어리석은 짓을 저질러서 면목이 없다.

2417
もうすぐ 〈부〉 이제 곧

모-스구

❖ もうすぐ会議は終わります。
이제 곧 회의는 끝납니다.

2418
もくざい 木材 〈명〉 목재

모꾸자이

❖ 木材を切り取っている。
목재를 잘라 내고 있다.

2419
もし
모시

(부) 만약, 만일

❖ もしあなたが先生ならどうしますか。 만약 당신이 선생님이라면 어떻게 할 것입니까?

2420
もちろん
모찌롱

(부) 물론

❖ それはもちろんですよ。
그것은 물론이죠.

2421
もっともだ　尤もだ
못또모다

(な형) 지당하다

❖ 尤もなことを言う。
당연한 말을 하다.

2422
モデル
모데루

(명) 모델(model), 견본, 본보기, 모범

❖ モデルの飛行機。 모형 비행기.

2423
もともと　元々
모또모또

(부) 애당초, 원래(=がんらい)

❖ あの人は元々忘れっぽい。
저 사람은 원래 건망증이 심하다.

2424
ものあわれだ　物哀れだ
모노아와레다

(な형) 왠지 가엽다

❖ 物哀れな情景。
어쩐지 애처로운 정경.

2425

□ **ものぐさだ**　物臭だ　　な형 게으르다

모노구사다

❖ 物臭な人。
[꼼짝하기를] 귀찮아하는 사람.

2426

□ **ものごと**　物事　　명 사물, 세상사, 매사

모노고또

❖ 物事にこだわらない性格です。
매사에 구애받지 않는 성격입니다.

2427

□ **ものしずかだ**　物静かだ　　な형 침착하다, 차분하다

모노시즈까다

❖ 物静かな場所。 조용한 곳.

2428

□ **ものものしい**　物物しい　　い형 삼엄하다(=いかめしい), 엄중하다

모노모노시이

❖ 物物しい警備。 삼엄한 경비.

2429

□ **ものやわらかだ**　物柔らかだ　　な형 부드럽다, 온화하다

모노야와라까다

❖ 物柔らかな感じのする紳士。
차분하고 점잖은 인상을 주는 신사.

2430

□ **もめん**　木綿　　명 목면, 솜

모멘

❖ このシャツは木綿でできている。
이 셔츠는 목면으로 되어 있다.

2431
もらう
모라우

(동) 얻다, 받다, 인수하다

* この時計（とけい）は母（はは）からもらったものだ。
이 시계는 어머니에게 받은 것이다.

2432
もんく 文句
몽꾸

(명) 문구, 문장의 구절, 글귀(words)

* 文句（もんく）を言（い）う。 불평을 하다.

2433
やがて
야가떼

(부) 이윽고, 머지않아, 얼마 안 있어

* 日（ひ）が沈（しず）み、やがて月（つき）が出（で）て来（き）た。
해가 지고 얼마 안 있어 달이 떴다.

2434
やくそく 約束
야꾸소꾸

(명) 약속, 언약, 운명, 인연

* 明日（あした）5時（じ）に会（あ）うように約束（やくそく）した。
내일 5시에 만나기로 약속했다.

2435
やくにたつ 役に立つ
야꾸니타쯔

(동) 도움이 되다

* この辞書（じしょ）は英語（えいご）の勉強（べんきょう）にとても役（やく）に立（た）つ。 이 사전은 영어 공부에 상당히 도움이 된다.

2436

やける 焼ける （동）타다

야께루

❖ 火事で家が全部焼けてしまった。
화재로 집이 전부 불타 버렸다.

2437

~やすい(동사ます형+やすい) 기능어 ~하기 쉽다

~야스이

❖ こうすると食べやすくなる。
이렇게 하면 먹기 쉽다.

2438

やせる （동）야위다

야세루

❖ 最近の女性はやせている人が多い。
요즘의 여성은 야윈 사람이 많다.

2439

やっきだ 躍起だ な형 기를 쓰다, 초조해하며 화내다

약끼다

❖ 躍起になって弁解する。
기를 쓰고 변명하다.

2440

やつぎばやだ 矢継ぎ早だ な형 사이를 두지 않고 연달아 하다

야쯔기바야다

❖ 矢継ぎ早に質問を浴びせる。
잇달아 질문을 퍼붓다.

핵심단어 | **437**

2441
□ **やっと**

얏또

(부) 겨우

❖ 試験時間にやっと着きました。
시험시간에 겨우 도착했습니다.

2442
□ **やね** 屋根

야네

(명) 지붕

❖ 同じ屋根の下で暮らす。
같은 지붕 밑에서 살다.

2443
□ **やはり**

야하리

(부) 역시, 전과 같이, 결국(=やっぱり)

❖ やはり彼は分からないことがない。 역시 그는 모르는 것이 없다.

2444
□ **やぼったい** 野暮ったい

야봇따이

(い형) 할 수 없다, 어쩔 수 없다

❖ 野暮ったい女。 촌스러운 여자.

2445
□ **やむをえない** やむを得ない

야무오에나이

(い형) 할 수 없다, 부득이 하다

❖ やむを得ない急用で欠席する。
부득이한 급한 용무로 결석하다.

2446
やりきれない やり切れない
야리끼레나이
(い형) 참을 수 없다, 해낼 수 없다.

❖ こう暑くてはやり切れない。
이렇게 더워서는 견뎌낼 수 없다.

2447
やわらかい 柔らかい
야와라까이
(い형) 부드럽다, 포근하다, 순순하다

❖ こんなに柔らかいパンははじめてだ。
이렇게 부드러운 빵은 처음이다.

2448
ユーモア
유-모아
(명) 유머(humor)

❖ ユーモアに富んだ小説。
유머가 풍부한 소설.

2449
ゆ 湯
유
(명) 뜨거운(따뜻한) 물

❖ お湯を入れてください。
뜨거운 물을 넣어 주세요.

2450
ゆうはん 夕飯
유-한
(명) 저녁밥(=夕食)

❖ うちの夕飯はいつも8時にしている。 우리 집은 항상 저녁 8시에 저녁을 먹는다.

2451
□ ゆか　　　床
유까

명 마루(floor)

❖ 床を掃いている。
마룻바닥을 쓸고 있다.

2452
□ ゆがむ　　歪む
유가무

동 비뚤어지다, 일그러지다

❖ 歪んだ性格。비뚤어진 성격.

2453
□ ゆきあたりばったり
유끼아따리밧따리

명 닥치는 대로 함, 되는대로 함

❖ 行き当たりばったりの旅をする。
무계획적인 여행을 하다.

2454
□ ゆしゅつ　　輸出
유슈쯔

명 수출

❖ あの会社は最近輸出はよくないようだ。 저 회사는 최근 수출이 좋지 않은 것 같다.

2455
□ ユニーク
유니-쿠

な형 유니크(unique), 독특, 독자

❖ ユニークな作風の画家。
유니크한 작품의 화가.

2456
□ **ゆび** 指
유비

명 손가락과 발가락

❖ 指にはそれぞれ名前がある。
손가락에는 제 각각 이름이 있다.

2457
□ **ゆびわ** 指輪
유비와

명 반지

❖ 結婚の指輪を彼からもらった。
결혼 반지를 그에게 받았다.

2458
□ **ゆゆしい** 由々しい
유-시이

い형 중대하다, 예삿일이 아니다

❖ 由々しい事態になった。
중대한 사태가 되었다.

2459
□ **ゆるい** 緩い
유루이

い형 (감시, 규제가) 심하지않다

❖ ひもを緩く結ぶ。
끈을 느슨하게 매다.

2460
□ **よう** 用
요-

명 볼일

❖ ご用は何ですか。
볼일은 무엇입니까?

2461
□ ようい　　用意　　⑲ 준비
요-이

❖ 出張の用意で忙しい。
　출장준비로 바쁘다.

2462
□ ようじ　　用事　　⑲ 볼 일, 용무(=用;よう)
요-지

❖ 用事があるから会社に寄って来ます。
　볼일이 있으니 잠시 회사에 들려서 오겠습니다.

2463
□ よぎない　　余儀無い　　い형 부득이 하다, 어쩔 수 없다
요기나이

❖ それも余儀無い事だ。
　그것도 어쩔 수 없는 일이다.

2464
□ よくふかだ　　欲深だ　　な형 욕심이 많다
요꾸후까다

❖ 欲深な高利貸し。
　욕심 많은 고리 대금 업자.

2465
□ よこしまだ　　邪だ　　な형 마음이 삐뚤어지다, 사악하다
요꼬시마다

❖ 邪な考えを抱く。
　부정한 생각을 품다.

2466
- **よしない** 由無い　　[い형] 근거 없다, 당치 않다

  요시나이
  - ❖ 由無い主張。 근거 없는 주장.

2467
- **よしゅう** 予習　　[명] 예습

  요슈−
  - ❖ 予習をしないと明日の授業が心配だ。 예습하지 않으면 내일 수업이 걱정이다.

2468
- **よてい** 予定　　[명] 예정

  요떼이
  - ❖ まだ日本へ行く予定はない。 아직 일본에 갈 예정은 없다.

2469
- **よやく** 予約　　[명] 예약

  요야꾸
  - ❖ 飛行機の予約はもうしました。 비행기 예약은 벌써 했습니다.

2470
- **よろこばしい** 喜ばしい　　[い형] 유쾌하다, 기쁘다

  요로꼬바시이
  - ❖ 喜ばしいニュース。 기쁜 뉴스.

2471
よろしい
요로시이

(い형) 「좋다」의 정중한 말

❖ 部長、明日時間はよろしいですか。
부장님, 내일 시간 괜찮겠습니까?

2472
よわい 弱い
요와이

(い형) 약하다, 모자라다

❖ 体が弱いから風邪をひきやすい。
몸이 약해서 감기 들기 쉽다.

2473
らくてん 楽天
라꾸뎅

(명) 낙천

❖ 楽天主義。낙천주의.

2474
リード
리-도

(명) 리드(lead), 지도, 선도

❖ クラブをリードする。
클럽을 리드하다.

2475
りゆう 理由
리유

(명) 이유

❖ 遅刻した理由を聞いた。
지각한 이유를 들었다.

2476
りよう 利用
리요-

(명) 이용

❖ 毎日会社の食堂を利用している。
매일 회사 식당을 이용하고 있다.

2477
りょうて 両手
리요-데

(명) 양수, 양쪽 손(both hand)

❖ 両手を合わせている。
합장을 하고 있다.

2478
りょうほう 両方
료-호-

(명) 양쪽

❖ 両方の話を聞いた。
양쪽의 이야기를 들었다.

2479
りょかん 旅館
료깐

(명) 여관

❖ 日本の旅館は昔のものが残っている。
일본의 여관은 옛날의 것이 남아 있다.

2480
ルーズだ
루-즈다

(な형) 느슨하다(loose), 칠칠치 못하다

❖ ルーズな性格。 느슨한 성격.

2481
□ **ルーム**
루-무

명 룸, 방

❖ ルームサービス。 룸 서비스.

2482
□ **るす** 留守
루스

명 부재 중, (빈 집을)지킴

❖ 友だちの家を行ったが留守だった。 친구 집을 갔는데 없었다.

2483
□ **れい** 礼
레이

명 사례, 답례, 인사

❖ お礼もできなくてどうもすみません。
인사도 못 드리고 죄송합니다.

2484
□ **れきし** 歴史
레끼시

명 역사

❖ 自分の国の歴史を知るのが大事だ。 자기 나라의 역사를 아는 것이 중요하다.

2485
□ **レクリエーション**
레쿠리에-숀

명 레크리에이션(recreation)

❖ レクリエーションの施設。
레크리에이션 시설.

2486
□ **レベル**
레베루
- 몡 레벨(level), 수준(水準), 표준
- ◆ 生活のレベルが低い。
  생활 수준이 낮다.

2487
□ **れんらく** 連絡
렌라꾸
- 몡 연락
- ◆ 連絡してもまだ来ない。
  연락을 해도 아직 안 온다.

2488
□ **ろうひ** 浪費
로-히
- 몡 낭비
- ◆ 予算の浪費を監視する。
  예산 낭비를 감시하다.

2489
□ **わいわい**
와이와이
- 부 와글와글
- ◆ わいわい騒ぐ。 와글와글 떠들다.

2490
□ **わかがえる** 若返る
와까가에루
- 동 다시 젊어지다
- ◆ 若い人といると気分が若返る。
  젊은 사람과 있으면 기분이 다시 젊어진다.

2491
□ **わけ** 訳
와께
- 몡 뜻, 까닭, 도리, 것, 셈
- ◆ 昨日遅く帰った訳を説明した。
  어제 늦게 돌아 온 이유를 설명했다.

핵심단어 | **447**

2492
わけない　訳ない　　　い형 문제없다, 쉽다

와께나이

❖ 駅は訳なく見つかった。
역은 수월하게 찾았다.

2493
わずか　　　　　　　부 근소함, 조금, 약간, 불과

와즈까

❖ わずかに覚えている。
조금 기억하고 있다.

2494
わすれもの　忘れ物　명 분실물

와스레모노

❖ 忘れ物がないように気をつけてください。
분실물이 없도록 주의해 주세요.

2495
わびしい　侘しい　い형 쓸쓸하다(=さびしい), 초라하다

와비시이

❖ 侘しい田舎の風景。
쓸쓸한 시골 풍경.

2496
わりあい　割合　　명 비율

와리아이

❖ 正油と酢の割合は1:3です。
간장과 식초의 비율은 1:3입니다.

2497
わりあいに 割合に
와리아이니

부 비교적

❖ 割合に 早くできた。
비교적 빨리 되었다.

2498
わるい 悪い
와루이

い형 나쁘다, 못 되다, 좋지 않다

❖ 彼の方が悪いと思う。
그 쪽이 나쁘다고 생각한다.

2499
わるがしこい 悪賢い
와루가시꼬이

い형 간교하다, 교활하다

❖ あいつは悪賢い。
저 녀석은 교활하다.

2500
わるぢえ 悪知恵
와루지에

명 간지(奸智), 못된 꾀

❖ 悪知恵がはたらく。
못된 꾀가 많다.

" <ruby>早起<rt>はやおき</rt></ruby>は<ruby>三文<rt>さんもん</rt></ruby>の<ruby>徳<rt>とく</rt></ruby>。

아침 일찍 일어나는 거지
따뜻한 밥 먹는다. "

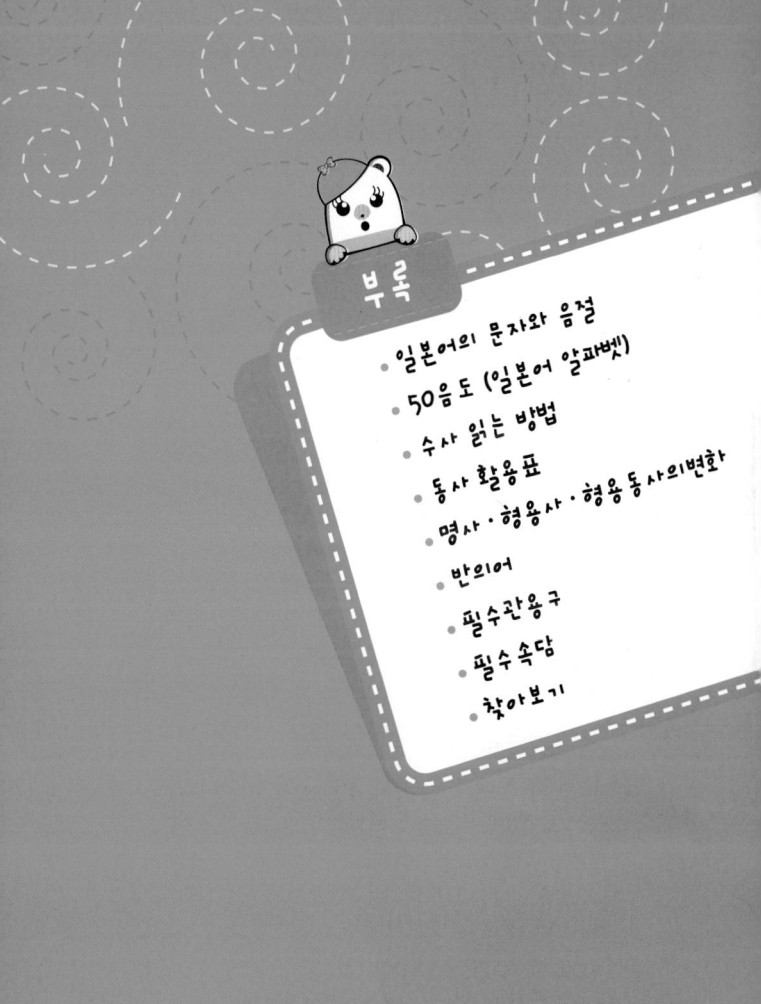

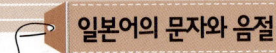

1. 일본어의 문자

❶ ひらがな[hiragana] 10~11세기에 한자의 초서체를 바탕으로 만들어졌다.
❷ かたかな[katakana] 외래어, 의성어 전보문, 동식물명에 사용된다.
❸ かな한자는 한 음절 각 음절은 1박의 길이를 갖는다.

2. 오십음도(五十音図)

50음도란 かな를 모음의 종류에 따라 세로 5단(段)으로, 자음의 종류에 따라 가로 10행(行)으로 배열한 것으로 사전을 찾을 때와 어미활용을 익히는 데도 필요하다.
일본의 음의 기본이 되는 것은 청음(清音)이다.
가로의 배열을 [行(ぎょう)]이라 하여 [あ行] [か行]이라 한다.
세로의 배열을 [段(だん)]이라 하여 [あ段] [い段]이라 한다.
[行]과 [段]은 용언의 어미활용을 익히는 데 필요하다.

3. 일본의 음절

(1) 청음(清音;せいおん)

母音 : あ, い, う, え, お
半母音 : や, ゆ, よ, わ
子音 : 母音, 半母音을 제외한 음절

(2) 탁음(濁音;だくおん)

か[ka], さ[sa], た[ta], は[ha] 行의 글자 오른쪽 어깨에 濁点를 붙여 나타내는 음절로 が[ga], ざ[dza], だ[da], ば[ba]의 각 行이다.

(3) 반탁음(半濁音;はんだくおん)

は[ha], ひ[hi], ふ[fu], へ[he], ほ[ho]의 오른쪽 어깨 위에 半濁点을 붙여
ぱ[pa], ぴ[pi], ぷ[pu], ぺ[pe], ぽ[po]로 나타낸다.

(4) 요음(拗音;ようおん)

각행 자음의 [い段] かな의 오른쪽 아래에 [や,ゆ,よ]를 작게 붙여서 나

50음도 (일본어 알파벳)

◆ ひらがな : 한자의 초서체에서 따온 것

n ん	wa わ	ra ら	ya や	ma ま	ha は	na な	ta た	sa さ	ka か	a あ	
		ri り		mi み	hi ひ	ni に	chi ち	si し	ki き	i い	ひらがな
		ru る	yu ゆ	mu む	hu ふ	nu ぬ	tsu つ	su す	ku く	u う	
		re れ		me め	he へ	ne ね	te て	se せ	ke け	e え	
	wo を	ro ろ	yu よ	mo も	ho ほ	no の	to と	so そ	ko こ	o お	

◆ カタカナ : 한자의 일부분을 따서 만든 것(발음은 ひらがな와 동일)

n ン	wa ワ	ra ラ	ya ヤ	ma マ	ha ハ	na ナ	ta タ	sa サ	ka カ	a ア	
		ri リ		mi ミ	hi ヒ	ni ニ	chi チ	si シ	ki キ	i イ	カタカナ
		ru ル	yu ユ	mu ム	hu フ	nu ヌ	tsu ツ	su ス	ku ク	u ウ	
		re レ		me メ	he ヘ	ne ネ	te テ	se セ	ke ケ	e エ	
	wo ヲ	ro ロ	yu ヨ	mo モ	ho ホ	no ノ	to ト	so ソ	ko コ	o オ	

타낸 음절을 말한다. きゃ[kya], きゅ[kyu], きょ[kyo]와 같이 쓴다.

(5) 발음(撥音:はつおん)

[ん]은 언제나 모음 뒤에서 발음된다.
[ㅁ] → 「ば, ぱ, ま」행 앞
[ㄴ] → 「た, だ, ざ, な, ら」행 앞
[ㅇ] → 「か, が」행 앞

[N] → 어말이나 반모음, 「さ, は」행 앞 [ㄱ]를 작게 써서 나타내며 뒤에 오는 음에 따라 [k, s, t, p] 로 발음된다.

(6) 촉음(促音;そくおん)

[k] → 「か」행 음앞
[s] → 「さ」행 음앞
[t] → 「た」행 음앞
[p] → 「ぱ」행 음앞

(7) 장음(長音;ちょうおん)

같은 모음을 한음절만큼 길게 내는 음이며 ひらがな로 쓸 때는 같은 모음을 쓰나 かたかな로 쓸 때는 [-]부호로 나타낸다.

あ段+あ　　い段+い　　う段+う
え段+え　　お段+お,　 う를 붙인다.

4. 한자 읽기

(1) 초성의 한자

❶ 초성이 「ㄱ」인 한자는 か , が행(行)으로 발음됩니다.
❷ ㄴ - な, だ行
❸ ㄷ - た, だ行
❹ ㄹ - ら行
❺ ㅁ - ま, ば行
❻ ㅂ - は, ば行
❼ ㅅ - さ, ざ行
❽ ㅇ - あ, が, や, か, な, ざ行
❾ ㅈ - さ, ざ, た, だ行
❿ ㅊ - さ, ざ, た行
⓫ ㅋ - か行

⑫ ㅌ- た, だ行
⑬ ㅍ- は, ば, ぱ行
⑭ ㅎ- か, が行

(2) 받침이 없는 한자

❶ 「아」발음의 한자 あ,い, い段 /「애」발음의 한자 あ段い
❷ 「야」발음의 한자 や/「어」발음의 한자 い段よ, え段い, お段
❸ 「에」발음의 한자 え段い, あ段い
❹ 「여」발음의 한자 い段ょ, れい/よ
❺ 「예」발음의 한자 え段い, あ段い/よ
❻ 「오」발음의 한자 お段う, い段ょう, お段 う段, い段ょ
❼ 「와」발음의 한자 あ段 /「왜」발음의 한자 あ段/さつ
❽ 「외」발음의 한자 あ段い, あ段う/「요」발음의 한자 い段ょう, お段う
❾ 「우」발음의 한자 う段, い段ゅう, お段う, う段い, う段う, い段ゅ, お段
❿ 「위」발음의 한자 い段, すい, しゅう, しゅ
⓫ 「웨」발음의 한자 き
⓬ 「유」발음의 한자 ゆう, い段ゅう, う段, い段, う段い
⓭ 「의」발음의 한자 い段
⓮ 「이」발음의 한자 い段

(3) 받침이 있는 한자

❶ 받침이 「ㄱ」인 한자 く, き
❷ 받침이 「ㄴ」인 한자 ん
❸ 받침이 「ㄹ」인 한자 つ
❹ 받침이 「ㅁ」인 한자 ん
❺ 받침이 「ㅂ」인 한자 う, つ
❻ 받침이 「ㅇ」인 한자 う, い

4) 변형된 한자 읽기 요령

❶ [~く] → [~っ]

「~く」로 읽는 한자 뒤에 이어지는 한자의 첫소리가 [か行(か, き, く, け, こ)]일 때, 「~く」는 촉음 「~っ」로 바뀐다.

예) 悪化(악화) → 惡(あく) + 化(か) → あっか
錯(さく) + 覚(かく) → さっかく

❷ [~つ] → [~っ]

「~つ」로 읽는 한자 뒤에 이어지는 한자의 첫소리가 [か, さ, た行(か, き, く, け, こ, さ, し, す, せ, そ, た, ち, つ, て, と)]일 때, 「~つ」는 촉음 「~っ」로 바뀐다.

예) 雜貨(잡화) → 雜(ざつ) + 貨(か) → ざっか
物(ぶつ) + 資(し) → ぶっし → 設(せつ) + 置(ち) → せっち

❸ [~つ + は行] → [~っ + ぱ行]

「~つ」로 읽는 한자 뒤에 이어지는 한자의 첫소리가 [ぱ行]일 때, 「~つ」는 촉음 「~っ」로 바뀐다.

예) 圧迫(압박) → 圧(あつ) + 迫(はく) → あっぱく
立(りつ) + 法(ほう) → りっぽう

❹ [は] → [ぱ]

「~ん」로 읽는 한자 뒤에 이어지는 한자의 첫소리가 [は行]일 때, [は行]은 [ぱ行]으로 바뀐다.

예) 運搬(운반) → 運(うん) + 搬(はん) → うんぱん
遠(えん) + 方(ほう) → えんぽう

❺ 기타

앞 글자가 「ん」으로 끝나고 다음에 [あ行]이 올 때, [あ行]이 [な行]으로 바뀌는 경우가 있다.

예) 反応(반응) → 反(はん) + 応(おう) → はんのう → 天(てん) + 皇(おう) → てんのう → 因(いん) + 縁(えん) → いんねん

5. 기타 부호 및 기호

상기의 가나 및 한자 이외에도 일본어에는 특수한 기호 및 부호들이 쓰이고 있다.

- 、 쉼표와 같은 것으로 문장의 일단정지 등에 사용
- 。 마침표와 같은 것으로 문장을 종결할 때
- ー カタカナ에서 장음을 표시하는 기호 例（ノート, チョーク）
- 々 동문지 기호로서 앞문자와 동일한 것을 의미 例（人→ひとびと）

6. 띄어쓰기

일본어는 붓으로 서예의 한문문장처럼 우측에서 좌측방향으로 으로 내려쓰기가 원칙이다. 띄어쓰기가 없이 문장을 붙여쓰고 있으며 적절하게 쉼표나 마침표 등을 넣는다. 또한 느낌표나 물음표 등도 원칙적으로 표기하지 않으며 전후의 문맥을 통하여 의미를 구분하며 쓰임에 따라 한자 읽기 방법도 정해진다.

◈ 대명사

	사물	장소	방향	인칭	연체사	
근칭	これ	ここ	こちら	わたし	この	こんな
중칭	どれ	そこ	そちら	あなた	その	そんな
원칭	あれ	あそこ	あちら	あのひと	あの	あんな
부정칭	どれ	どこ	どちら	だれ	どの	どんな

◈ 가족명칭

	조부	조모	아버지	어머니	형
자칭	そふ	そぼ	ちち	はは	あに
타칭	おじいさん	おばあさん	おとうさん	おかあさん	おにいさん

	누나	남동생	여동생	백부	백모
자칭	あね	おとうと	いもうと	おじ	おば
타칭	おねえさん	おとうとさん	いもうとさん	おじさん	おばさん

수사 읽는 방법

◈ 조수사

숫자 \ 분류	고유수사	개(個)	명(人)	장(枚)	병(本)
하나	ひとつ	いっこ	ひとり	いちまい	いっぽん
둘	ふたつ	にこ	ふたり	にまい	にほん
셋	みっつ	さんこ	さんにん	さんまい	さんぼん
넷	よっつ	よんこ	よにん	よんまい	よんほん
다섯	いつつ	ごこ	ごにん	ごまい	ごほん
여섯	むっつ	ろっこ	ろくにん	ろくまい	ろっぽん
일곱	ななつ	ななこ	ななにん	ななまい	ななほん
여덟	やっつ	はっこ	はちにん	はちまい	はっぽん
아홉	ここのつ	きゅうこ	きゅうにん	きゅうまい	きゅうほん
열	とお	じゅっこ	じゅうにん	じゅうまい	じゅっぽん
몇	いくつ	なんこ	なんにん	なんまい	なんぼん

숫자 \ 분류	대(台)	켤레(足)	잔(杯)	마리(匹)	권(冊)
하나	いちだい	いっそく	いっぱい	いっぴき	いっさつ
둘	にだい	にそく	にはい	にひき	にさつ
셋	さんだい	さんぞく	さんばい	さんびき	さんさつ
넷	よんだい	よんそく	よんはい	よんひき	よんさつ
다섯	ごだい	ごそく	ごはい	ごひき	ごさつ
여섯	ろくだい	ろくそく	ろっぱい	ろっぴき	ろくさつ
일곱	ななだい	ななそく	ななはい	ななひき	ななさつ
여덟	はちだい	はっそく	はっぱい	はっぴき	はっさつ
아홉	きゅうだい	きゅうそく	きゅうはい	きゅうひき	きゅうさつ
열	じゅうだい	じゅっそく	じゅっぱい	じゅっぴき	じゅっさつ
몇	なんだい	なんぞく	なんばい	なんびき	なんさつ

◈ 수사

1	いち	11	じゅういち	110	ひゃくじゅう	1,100	せんひゃく
2	に	20	にじゅう	200	にひゃく	2,000	にせん
3	さん	30	さんじゅう	300	さんびゃく	3,000	さんぜん
4	し, よん, よ	40	よんじゅう	400	よんひゃく	4,000	よんせん
5	ご	50	ごじゅう	500	ごひゃく	5,000	ごせん
6	ろく	60	ろくじゅう	600	ろっぴゃく	6,000	ろくせん
7	しち, なな	70	ななじゅう	700	ななひゃく	7,000	ななせん
8	はち	80	はちじゅう	800	はっぴゃく	8,000	はっせん
9	く, きゅう	90	きゅうじゅう	900	きゅうひゃく	9,000	きゅうせん
10	じゅう	100	ひゃく	1,000	せん	10,000	いちまん

◈ 년·월·시·분

	년(年)	월(月)	시(時)	분(分)
1	いちねん	いちがつ	いちじ	いっぷん
2	にねん	にがつ	にじ	にふん
3	さんねん	さんがつ	さんじ	さんぷん
4	よねん	しがつ	よじ	よんぷん
5	ごねん	ごがつ	ごじ	ごふん
6	ろくねん	ろくがつ	ろくじ	ろっぷん
7	しちねん・ななねん	しちがつ	しちじ	ななふん
8	はちねん	はちがつ	はちじ	はっぷん
9	きゅうねん	くがつ	くじ	きゅうふん
10	じゅうねん	じゅうがつ	じゅうじ	じっぷん
11	じゅういちねん	じゅういちがつ	じゅういちじ	じゅういっぷん
12	じゅうにねん	じゅうにがつ	じゅうにじ	じゅうにふん

◈ 날짜

1日	ついたち	11日	じゅういちにち	21日	にじゅういちにち
2日	ふつか	12日	じゅうににち	22日	にじゅうににち
3日	みっか	13日	じゅうさんにち	23日	にじゅうさんにち
4日	よっか	14日	じゅうよっか	24日	にじゅうよっか
5日	いつか	15日	じゅうごにち	25日	にじゅうごにち
6日	むいか	16日	じゅうろくにち	26日	にじゅうろくにち
7日	なのか	17日	じゅうしちにち	27日	にじゅうしちにち
8日	ようか	18日	じゅうはちにち	28日	にじゅうはちにち
9日	ここのか	19日	じゅうくにち	29日	にじゅうくにち
10日	とおか	20日	はつか	30日	さんじゅうにち
				31日	さんじゅういちにち

◈ 요일

일요일	日曜日(にちようび)	목요일	木曜日(もくようび)
월요일	月曜日(げつようび)	금요일	金曜日(きんようび)
화요일	火曜日(かようび)	토요일	土曜日(どようび)
수요일	水曜日(すいようび)	공휴일	公休日(こうきゅうび)

◈ 방위

四方	東	西	南	北
음독	とう	ざい	なん	ぼく
훈독	ひがし	にし	みなみ	きた

◈ 사계절

四季	春	夏	秋	冬
음독	しゅん	か	しゅう	とう
훈독	はる	なつ	あき	ふゆ

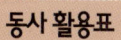

동사 활용표

비 고	5단 동사					
기본형	買[か]う	話[はな]す	行[い]く	死[し]ぬ	読[よ]む	売[う]る
정중형	買います	話します	行きます	死にます	読みます	売ります
연결형	買って	話して	行って	死んで	読んで	売って
부정형	買わない	話さない	行かない	死なない	読まない	売らない
과거형	買った	話した	行った	死んだ	読んだ	売った
과거부정형	買わなかった	話さなかった	行かなかった	死ななかった	読まなかった	売らなかった
사역형	買わせる	話させる	行かせる	死なせる	読ませる	売らせる
수동형	買われる	話される	行かれる	死なれる	読まれる	売られる
명령형	買え	話せ	行け	死ね	読め	売れ
청유형	買おう	話そう	行こう	死のう	読もう	売ろう

비 고	5단 동사	상1단동사	하1단동사	か불규칙동사	さ불규칙동사
기본형	立[た]つ	見[み]る	食[た]べる	来[く]る	する
정중형	立ちます	見ます	食べます	来[き]ます	します
연결형	立って	見て	食べて	来[き]て	して
부정형	立たない	見ない	食べない	来[こ]ない	しない
과거형	立った	見た	食べた	来[き]た	した
과거부정형	立たなかった	見なかった	食べなかった	来[こ]なかった	しなかった
사역형	立たせる	見させる	食べさせる	来[こ]させる	させる
수동형	立たれる	見られる	食べられる	来[こ]られる	される
명령형	立て	見ろ	食べろ	来[こ]い	しろ・せよ
청유형	立とう	見よう	食べよう	来[こ]よう	しよう

일본어 동사의 어미는 모두 음이 [u] 「う・す・く・ぐ・む・ぬ・ぶ・つ・る」로 끝나며 동사가 활용될 때 어미의 변화에 따라서 1류 동사, 2류 동사, 3류 동사로 분류된다.
따라서 동사의 변화 형태를 보고 어느 그룹에 속하는지 알아야 한다.

1. 5단 동사 (1류 동사)

買[か]う – 사다   行[い]く – 가다   脱[ぬ]ぐ – 벗다   話[はな]す – 말하다
死[し]ぬ – 죽다   飛[と]ぶ – 날다   読[よ]む – 읽다
売[う]る – 팔다   立[た]つ – 서다

2. 상1단 동사 / 하1단 동사 (2류 동사)

[iる] – 상1단 동사
見[み]る – 보다   いる – 있다   起[お]きる – 일어나다

[eる] – 하1단 동사
食[た]べる – 먹다   開[あ]ける – 열다   掛[か]ける – 걸다

3. 불규칙 동사 (3류 동사)

来[く]る – 오다
する – 하다

※ 특수 1류 동사 [특수 5단 동사]

예외적으로 [iる], [eる]로 끝나지만 1류 동사에 속하는 것들이 있으며 활용은 1류 동사와 같다.
知[し]る – 알다   走[はし]る – 달리다
切[き]る – 자르다   帰[かえ]る – 돌아오다

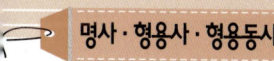

명사・형용사・형용동사의 변화

1. 명사 : 예) 책(本:ほん)

기본형			本	
			현재	과거
1	긍정	반말	本だ(책이다)	本だった(책이었다)
		정중체	本です(책입니다)	本でした (책이었습니다)
2	부정	반말	本じゃない (책이 아니다)	本じゃなかった (책이 아니었다)
		정중체	本じゃありません (책이 아닙니다)	本じゃありませんでした (책이 아니었습니다)
3	의문		本ですか(책입니까?)	
4	중지		本で(책이고)	
5	가정		本なら(책이라면)	
6	추측		本だろう (책이겠지, 책일 것이다)	本でしょう (책이겠지요, 책이지요)

※ ~じゃない와 같은 말로 ~ではない가 있는데 이는 문어체로 회화체에서는 거의 사용되지 않으며, 격식을 차린 말이다.

2. い형용사(형용사) : 예) 춥다(寒い, さむい)

기본형			さむい	
			현재	과거
1	긍정	반말	さむい(춥다)	さむかった(추웠다)
		정중체	さむいです(춥습니다)	さむかったです(추웠습니다)
2	부정	반말	さむくない(춥지 않다)	さむくなかった(춥지 않았다)
		정중체	さむくないです =さむくありません (춥지 않습니다)	さむくなかったです =さむくありませんでした (춥지 않았습니다)
3	명사수식		さむい冬(추운 겨울)	さむかった冬(추웠던 겨울)
4	추측		さむいだろう(춥겠지)	さむいでしょう(춥겠지요)
5	가정		さむければ(추우면)	さむかったら(추우면)
6	중지		さむくて(추워서, 춥고)	
7	동사수식		さむくなる(추워지다) さむく暮らす(춥게 생활하다)	
8	나열		さむかったり(춥거나, 춥기도 하고)	

3. な형용사(형용동사) : 예) 예쁘다(きれいだ)

기본형			きれいだ	
			현재	과거
1	긍정	반말	きれいだ(예쁘다)	きれいだった(예뻤다)
		정중체	きれいです (예쁩니다)	きれいでした (예뻤습니다)
2	부정	반말	きれいじゃない (예쁘지 않다)	きれいじゃなかった (예쁘지 않았다)
		정중체	きれいじゃありませんん (예쁘지 않습니다)	きれいじゃありませんでした (예쁘지 않았습니다)
3	명사수식		きれいな人 (예쁜 사람)	きれいだった人 (예뻤던 사람)
4	추측		きれいだろう(예쁘겠지)	きれいでしょう(예쁘겠지요)
5	가정		きれいなら(예쁘면)	きれいだったら(예쁘면)
6	중지		きれいで(예쁘고, 예뻐서)	
7	동사수식		きれいになる(예뻐지다) きれいに話す(예쁘게 이야기하다)	
8	나열		きれいだったり(예쁘기도 하고)	

반의어

あつい (厚い) 두껍다	うすい (薄い) 얇다
あつい (暑い) 덥다	さむい (寒い) 춥다
あつい (熱い) 뜨겁다	つめたい (冷たい) 차갑다
あかるい (明るい) 밝다	くらい (暗い) 어둡다
あさい (浅い) 얕다	ふかい (深い) 깊다
あまい (甘い) 달다	からい (辛い) 맵다
おおい (多い) 많다	すくない (少ない) 적다
おそい (遅い) 늦다	はやい (早い) 이르다
おもい (重い) 무겁다	かるい (軽い) 가볍다
おもしろい (面白い) 재미있다	つまらない 시시하다
かたい (固い) 딱딱하다	やわらかい (柔らかい) 부드럽다
せまい (狭い) 좁다	ひろい (広い) 넓다
たかい (高い) 높다	ひくい (低い) 낮다
たかい (高い) 비싸다	やすい (安い) 싸다
とおい (遠い) 멀다	ちかい (近い) 가깝다
ながい (長い) 길다	みじかい (短い) 짧다
あたらしい (新しい) 새롭다	ふるい (古い) 낡다
にくい (憎い) 밉다	かわいい (可愛い) 귀엽다
にぶい (鈍い) 둔하다	するどい (鋭い) 예리하다
おおきい (大きい) 크다	ちいさい (小さい) 작다
ふとい (太い) 두껍다	ほそい (細い) 가늘다
みにくい (醜い) 추하다	うつくしい (美しい) 아름답다
むずかしい (難しい) 어렵다	やさしい (易しい) 쉽다
おきる (起きる) 일어나다	ねる (寝る) 자다
おこる (怒る) 화내다	わらう (笑う) 웃다
おとな (大人) 어른	こども (子ども) 아이
さしだしにん (差出人) 발송인	うけとりにん (受取人) 수취인
あける (明ける) (날이) 밝다	くれる (暮れる) (날이) 어둡다
あとばらい (後払い) 후불	まえばらい (前払い) 선불

うかぶ (浮かぶ) 뜨다	しずむ (沈む) 가라앉다
うかる (受かる) 합격하다	おちる (落ちる) 떨어지다
うわまわる (上回る) 상회하다	したまわる (下回る) 하회하다
かみはんき (上半期) 상반기	しもはんき (下半期) 하반기
のびる (伸びる) 펴지다	ちぢむ (縮む) 줄어들다
ひだり (左) 왼쪽	みぎ (右) 오른쪽
うすい (薄い) 얇다	あつい (厚い) 두껍다
さむい (寒い) 춥다	あつい (暑い) 덥다
つめたい (冷たい) 차갑다	あつい (熱い) 뜨겁다
くらい (暗い) 어둡다	あかるい (明るい) 밝다
ふかい (深い) 깊다	あさい (浅い) 얕다
からい (辛い) 맵다	あまい (甘い) 달다
すくない (少ない) 적다	おおい (多い) 많다
はやい (早い) 빠르다	おそい (遅い) 늦다
かるい (軽い) 가볍다	おもい (重い) 무겁다
つまらない 시시하다	おもしろい (面白い) 재미있다
やわらかい (柔らかい) 부드럽다	かたい (固い) 딱딱하다
ひろい (広い) 넓다	せまい (狭い) 좁다
ひくい (低い) 낮다	たかい (高い) 높다
やすい (安い) 싸다	たかい (高い) 비싸다
ちかい (近い) 가깝다	とおい (遠い) 멀다
みじかい (短い) 짧다	ながい (長い) 길다
ふるい (古い) 낡다	あたらしい (新しい) 새롭다
かわいい (可愛い) 귀엽다	にくい (憎い) 밉다
するどい (鋭い) 예리하다	にぶい (鈍い) 둔하다
ちいさい (小さい) 작다	おおきい (大きい) 크다
ほそい (細い) 가늘다	ふとい (太い) 두껍다
うつくしい (美しい) 아름답다	みにくい (醜い) 추하다
やさしい (易しい) 쉽다	むずかしい (難しい) 어렵다

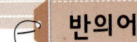

반의어

ねる (寝る) 자다	おきる (起きる) 일어나다
わらう (笑う) 웃다	おこる (怒る) 화내다
こども (子ども) 아이	おとな (大人) 어른
うけとりにん (受取人) 수취인	さしだしにん (差出人) 발송인
くれる (暮れる) (날이) 어둡다	あける (明ける) (날이) 밝다
まえばらい (前払い) 선불	あとばらい (後払い) 후불
しずむ (沈む) 가라앉다	うかぶ (浮かぶ) 뜨다
おちる (落ちる) 떨어지다	うかる (受かる) 합격하다
したまわる (下回る) 하회하다	うわまわる (上回る) 상회하다
しもはんき (下半期) 하반기	かみはんき (上半期) 상반기
ちぢむ (縮む) 줄어들다	のびる (伸びる) 펴지다

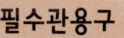
필수관용구

(몸을 중심으로)

肩が凝る	어깨가 뻐근하다, 부담스럽다
肩の荷が降りる	한 짐 덜다
肩を落とす	낙담하다
肩を並べる	어깨를 나란히 하다
肩を持つ	편을 들다, 밀어주다
尻が軽い	경솔하다
尻が長い	엉덩이가 질기다
尻が重い	엉덩이가 무겁다
尻に敷く	깔고 앉다, 아내가 자기주장을 하다
尻に火が付く	발등에 불이 떨어지다
尻を叩く	독려하다
骨になる	죽다
骨に刻む	명심하다
骨に徹する	뼈에 사무치다
骨までしゃぶる	철저하게 남을 이용하다
骨を折る	몹시 애를 쓰다, 진력하다, 고생하다
骨を折れる	힘이 들다
口がうまい	말을 잘하다
口がすっぱくなる	입이 닳다
口が肥える	미각이 잘 발달되어 있다
口が滑る	입을 잘못 놀리다, 까딱 잘못 말하다
口と腹が違う	말과 행동이 다르다
口を利く	말하다, 지껄이다, 중재하다
口を入れる	말참견하다
口を切る	말을 꺼내다, 입을 떼다
口を尖らせる	입을 비쭉 내밀다
口を割る	자백하다
口車に乗る	감언이설에 넘어가다
気がある	마음에 두다

필수관용구

気がかり	마음에 걸림, 걱정, 근심
気がつく	정신이 들다
気が強い	고집이 있다
気が気でない	제정신이 아니다
気が多い	변덕스럽다, 온갖 일에 관심이 많다
気が短い	성질이 급하다
気が利く	세련되다, 멋이 있다, 센스가 있다
気が立つ	흥분하다
気が滅入る	기분이 침울해지다
気が抜ける	긴장이 풀려 하고자 하는 마음이 없어지다
気が変わる	마음이 변하다
気が弱い	마음이 약하다
気が遠くなる	정신이 몽롱하다
気が遠くなる	정신이 아찔해 지다
気がもめる	안절부절 못하다, 마음을 졸이다, 애가 타다
気が引ける	주눅이 들다, 서먹서먹하다
気が済む	만족스럽다, 속이 시원하다
気が重い	마음이 무겁다, 우울하다
気が知れない	속마음을 알 수 없다
気が進む	마음이 내키다
気が置けない	마음이 쓰이지 않다, 무간하다
気が合う	마음이 맞다
気が向く	기분이 내키다
気が荒い	성질이 난폭하다
気が回る	세심한 곳까지 주의가 미치다
気にする	마음에 두다, 신경 쓰다
気に入る	마음에 들다
気に障る	비위에 거슬리다
気をおとす	낙심하다

気を配る	마음 쓰다, 배려하다
気を使う	신경 쓰다
気を飲まれる	(상대편에게) 압도되어 기가 꺾이다
気を引く	넌지시 남의 속을 떠보다
気を持たせる	마음을 들뜨게 하다
～する気がない	～할 생각이 없다
～気がする	～기분이 든다, ～생각이 든다
肌を脱ぐ	웃통을 벗다, 힘써주다, 진력하다
肌身はなさず	몸에 늘 지니고
頭から	처음부터, 무조건, 덮어놓고
頭が堅い	완고하다, 융통성이 없다
頭が上がらない	고개를 못 들다
頭が切れる	머리회전이 빠르다
頭が下がる	(존경심에) 감복하다
頭に来る	울컥 화가 치밀다
頭を使う	머리를 쓰다, 잘 생각하다
頭を痛める	속을 썩이다
頭金	계약금
頭打ち	천장시세, 한계점, 정점
目がない	안목이 없다, 몹시 좋아하다
目が覚める	잠이 깨다
目が高い	안목이 높다, 보는 눈이 있다
目が利く	분별력이 있다, 안목이 높다
目が回る	매우 바쁘다
目と鼻の先	엎드리면 코 닿을 곳
目にさわる	눈에 거슬리다
目に余る	가만히 보고 있을 수 없다
目もくれない	거들떠보지도 않는다
目も当られない	차마 눈뜨고 볼 수 없다

필수관용구

目をそむける	시선을 돌리다
目を盗む	남의 눈을 피하다
目を離す	눈을 떼다
目を通す	훑어보다
大目に見る	너그럽게 보다
ひどい目にあう	(어떤 사건 때문에) 혼이 나다
わき目もふらずに	한 눈 팔지 않고
聞耳を立てる	귀기울여 듣다
眉をひそめる	눈살을 찌푸리다
腹が立つ	화가 나다
腹が座る	침착하여 대담해지다
腹が太い	배짱이 두둑하다
腹が黒い	속이 검다, 엉큼하다
腹に据えかねる	화를 참을 수 없다
腹に一物	꿍꿍이속
腹は借り物	신분 귀천은 아버지에게 달려있다
腹を決める	결심하다, 각오하다
腹を立てる	화를 내다
腹を肥やす	사복을 채우다
腹を切る	사직하다, 그만두다
腹を探る	상대방의 의중을 떠보다
腹を痛める	친자식을 낳다, 자기 돈을 쓰다
腹を抱える	배꼽을 쥐다
腹を割る	본심을 토로하다
お腹を壊す	배탈이 나다
体をこわす	건강을 헤치다
鼻が高い	콧대가 높다, 기고만장하다, 우쭐하다
鼻に掛ける	잘난 체하다, 뽐내다
鼻に付く	싫증이 나다

鼻の先	코앞
鼻を折る	콧대를 꺾다
相手の足もとを見る	상대방의 약점을 잡다
舌を巻く	감탄하다
手がない	수단이 없다, 일손이 없다
手が空く	일손이 비다, 틈이 나다
手が掛かる	손이 많이 가다
手が付けられない	손을 댈 수가 없다
手が上がる	솜씨가 늘다
手が足りない	일손이 모자라다
手が出ない	어떻게 손을 쓸 수가 없다
手が回る	서서히 손길이 미치다, 경찰의 손이 뻗치다
手に付かない	일이 손에 잡히지 않는다
手に余る	주체할 수 없다
手に汗を握る	손을 땀을 쥐다
手も足も出ない	어찌해 볼 도리가 없다
手も足も出ない	해 볼 도리가 없다
手をこまぬく	수수방관하다
手をそめる	착수하다, 일을 시작하다
手を抜く	할 일을 안 하고 넘어가다
手を煩わす	(남에게) 폐를 끼치다
手を分かつ	(일이나 임무를) 분담하다, 손을 끊다
手を焼く	애태우다, 애먹다, 처치곤란하다
手を入れる	손질하다, 손보다
手を切る	인연을 끊다
喉から手が出る	매우 갖고 싶어하다
首を長くする	학수고대하다
顎で使う	턱으로 부리다, 가만히 앉아서 남을 부려먹다
顎を出す	맥빠지다, 녹초가 되다, 지쳐버리다

필수관용구

顔から火が出る	(부끄러워서) 얼굴이 화끈거리다
顔が広い	얼굴이 넓다, 아는 사람이 많다
顔が利く	얼굴이 통하다
顔が立つ	면목이 서다
顔に泥を塗る	얼굴에 먹칠을 하다
顔を立てる	체면을 세우다
顔を出す	얼굴을 내밀다, 출석하다
合わせる顔がない	대할 면목이 없다
腕が鳴る	몸이 근질근질해지다, 좀이 쑤시다
腕が上がる	솜씨가 좋아지다
腕によりをかける	온갖 솜씨를 다 부리다
腕に覚えがある	솜씨에 자신이 있다
腕をこまぬく	팔짱끼고 구경만 하다, 수수방관하다
腕をふるう	솜씨를 발휘하다
腕を磨く	실력을 연마하다
腰が高い	거만하다
腰が低い	겸손하다, 저자세다
腰を据える	(한곳에) 정착하다, 자리잡다
腰を抜かす	기겁을 하다
腰を入れる	본격적으로 일에 달려들다
逃げ腰	달아나려는 태도, 발뺌하려는 자세
耳が遠い	귀가 먹다
耳が痛い	(남의 말이 자신의 약점을 찔러) 듣기 거북하다
耳にする	(얼핏) 듣다
耳にたこができる	귀에 못이 박히도록 듣다
耳に付く	귀에 쟁쟁하다
耳を貸す	귀를 기울이다, 귀를 빌리다
耳をそばたてる	귀를 기울이다

耳を傾ける	주의해서 듣다
爪で拾ってみでこぼす	고생하여 모은 것을 헤프게 씀을 비유
爪に火をともす	지독히 인색하다
爪のあか	손톱의 때, 아주 적은 것의 비유
爪のあかをせんじて飲む	훌륭한 사람에게 감화되도록 그의 언행을 본뜨다
爪を研ぐ	손톱을 갈다 야심을 품고 기회를 노리다
後ろ指を差される	손가락질 받다, 욕먹다
足かせになる	걸치적거리다
足がない	교통수단이 없다
足が棒になる	뻣뻣해지다
足が付く	꼬리가 잡히다
足が地に着く	착실한 생활을 하다
足が出る	(예산 따위가) 초과하다
足に任す	발길 닿는 대로 걷다
足もとを見る	약점을 잡다
足を洗う	손을 씻다
足を伸ばして	내친김에, 내친걸음에
足を引っ張る	방해를 하다
家族が足かせになる	가족이 거치적거리다
歯が立たない	맞설 수 없다, 상대가 안 된다
胸が潰れる	가슴이 메어지다
胸が騒ぐ	(걱정이 되어) 가슴이 두근거리다, 가슴이 뛰다
胸が一杯になる	(슬픔, 감격 등으로) 가슴이 벅차다
胸に畳む	마음속에 간직하다
胸を張る	가슴을 펴다
胸を焦がす	애를 태우다
胸を打つ	심금을 울리다, 감동시키다

필수속담

<ruby>論語<rt>ろんご</rt></ruby>よみの<ruby>論語<rt>ろんごし</rt></ruby>知らず。	논어를 읽는다는 사람이 논어를 모른다.(소리 내어 읽기는 하지만 그 뜻을 제대로 이해하지 못한다' 는 비웃음 담은 속담)
<ruby>大鼓判<rt>たいこばん</rt></ruby>を<ruby>押<rt>お</rt></ruby>す。	북처럼 큰 도장으로 찍는다(장담하다. 확실하다는 의미로 쓰임.).
<ruby>大鼓判<rt>たいこばん</rt></ruby>を<ruby>叩<rt>たた</rt></ruby>く。	큰북을 치다. 맞장구 치며 비위를 맞추다.
<ruby>可愛<rt>かわい</rt></ruby>い<ruby>子<rt>こ</rt></ruby>には<ruby>旅<rt>たび</rt></ruby>をさせよ。	귀여운 아이는 여행을 시켜라. (귀한 자식일수록 고생을 시켜라' 라는 의미)
<ruby>情<rt>なさけ</rt></ruby>は<ruby>人<rt>ひと</rt></ruby>の<ruby>為<rt>ため</rt></ruby>ならず。	인정을 베푸는 것은 남을 위해서 하는 것이 아니다.(남에게 잘하면 곧 나에게 도움이 된다는 뜻)
<ruby>鍋釜<rt>なべかま</rt></ruby>が<ruby>賑<rt>にぎ</rt></ruby>わう。	냄비와 솥에서 음식이 많이 끓는다.(생활이 풍족하다)
<ruby>山高<rt>やまたか</rt></ruby>きが<ruby>故<rt>ゆえ</rt></ruby>に<ruby>貴<rt>とうと</rt></ruby>からず。	산이 높기만해서 귀한 것은 아니다(겉치레보다는 내실을 기하는 것이 중요하다.)
<ruby>山<rt>やま</rt></ruby>と<ruby>言<rt>い</rt></ruby>えば<ruby>川<rt>かわ</rt></ruby>。	남이 산이라 말하면 강이라고 한다.(남의 말에 항상 반대하는 것을 의미)
<ruby>朝寝<rt>あさね</rt></ruby>、<ruby>朝酒<rt>あさざけ</rt></ruby><ruby>朝風呂<rt>あさぶろ</rt></ruby>をすると<ruby>身上<rt>しんじょう</rt></ruby>をつぶす。	늦잠, 아침술, 아침목욕은 몸을 망친다.
<ruby>女<rt>おんな</rt></ruby>が<ruby>三<rt>さん</rt></ruby>にんよれば<ruby>姦<rt>かしま</rt></ruby>しい。	여자 셋이 모이면 시끄럽다.
<ruby>愛<rt>あい</rt></ruby><ruby>多<rt>おお</rt></ruby>ければ<ruby>憎<rt>にく</rt></ruby>しみ<ruby>至<rt>いた</rt></ruby>る。	사랑이 많으면 미움에 이른다.
<ruby>急<rt>いそ</rt></ruby>がば<ruby>回<rt>まわ</rt></ruby>れ。	급하며 돌아가라.
<ruby>井戸<rt>いど</rt></ruby>を<ruby>掘<rt>ほ</rt></ruby>るなら<ruby>水<rt>みず</rt></ruby>の<ruby>出<rt>で</rt></ruby>るまで。	우물을 판다면 물이 나올 때까지.

<ruby>浮気<rt>うわき</rt></ruby>と<ruby>乞食<rt>こじき</rt></ruby>は<ruby>止<rt>や</rt></ruby>められぬ。	외도와 거렁뱅이 짓은 그만둘 수 없다.
<ruby>尾<rt>お</rt></ruby>を<ruby>振<rt>ふ</rt></ruby>る<ruby>犬<rt>いぬ</rt></ruby>は<ruby>叩<rt>たた</rt></ruby>かれず。	꼬리를 흔드는 개는 맞지 않는다.
<ruby>帯<rt>おび</rt></ruby>に<ruby>短<rt>みじか</rt></ruby>し、たすきに<ruby>長<rt>なが</rt></ruby>し。	허리띠로는 짧고, 어깨띠(멜빵)으로는 길다. (어중간해서 어디에도 쓸모가 없다.)
<ruby>氏<rt>うじ</rt></ruby>より<ruby>育<rt>そだ</rt></ruby>ち。	성씨보다는 교육(양반 자랑하는 사람치고 제대로 된 사람이 없다는 것을 가르쳐 줌.)
<ruby>人参<rt>にんじん</rt></ruby>飲んで<ruby>首括<rt>くびくく</rt></ruby>る。	인삼을 마시고 빚을 지고 목을 매어 죽는다.
<ruby>一<rt>ひと</rt></ruby>り<ruby>相撲<rt>ずもう</rt></ruby>。	혼자서 하는 씨름.(아무도 상대를 하지 않는데 혼자서 설치는 것을 이르는 말)
<ruby>人<rt>ひと</rt></ruby>のふんどしで<ruby>相撲<rt>すもう</rt></ruby>を<ruby>取<rt>と</rt></ruby>る。	남의 샅바로 씨름을 하다.(남의 것을 이용해서 자기 속셈을 차리는 것을 비유한 속담)
<ruby>金<rt>かね</rt></ruby>の<ruby>切<rt>き</rt></ruby>れめが<ruby>縁<rt>えん</rt></ruby>の<ruby>切<rt>き</rt></ruby>れめ。	돈 떨어지면 정(情)도 떨어진다.(사람들의 얄궂은 심리를 그대로 꼬집고 있음)
<ruby>地獄<rt>じごく</rt></ruby>の<ruby>沙汰<rt>さた</rt></ruby>も<ruby>金次第<rt>かねしだい</rt></ruby>。	지옥에 가는 일도 돈으로 좌우된다.(돈만 있으면 귀신도 부린다)
<ruby>勝<rt>か</rt></ruby>ってかぶとの<ruby>緒<rt>お</rt></ruby>をしめよ。	이긴 후에 투구의 끈을 묶어라. (이기더라도 방심하지 말고 더욱 조심하라.)
<ruby>総領<rt>そうりょう</rt></ruby>の<ruby>甚六<rt>じんろく</rt></ruby>。	아들은 바보.(맏아들이 얌전하고 굼뜬 점을 욕하는 말)
<ruby>腹<rt>はら</rt></ruby>が<ruby>減<rt>へ</rt></ruby>っては<ruby>戦<rt>いくさ</rt></ruby>が<ruby>出来<rt>でき</rt></ruby>ぬ。	배고프면 전쟁을 할 수 없다. 먹는 것이 제일!
<ruby>腹八分目<rt>はらはちぶめ</rt></ruby>。	조금 양이 덜 차다.(밥을 적당히 먹으라는 뜻)

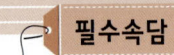
필수속담

<ruby>腹<rt>はら</rt></ruby><ruby>八分<rt>はちぶ</rt></ruby><ruby>病<rt>やまい</rt></ruby>なし。	적당히 먹는 사람에게는 병이 없다.(적당히 일하는 사람에게는 탈이 없다.)
<ruby>朝雨<rt>あさあめ</rt></ruby><ruby>女房<rt>にょうぼう</rt></ruby>のうでよくり。	아침 비와 마누라의 소매걷기.(아침에 내리는 비와 여자의 큰소리는 무섭지 않다는 뜻)
<ruby>悪女房<rt>わるにょうぼう</rt></ruby>は<ruby>一生<rt>いっしょう</rt></ruby>の<ruby>不作<rt>ふさく</rt></ruby>。	악처를 얻으면 평생 흉년을 맞는 것이나 같다.
<ruby>女房<rt>にょうぼう</rt></ruby>と<ruby>畳<rt>たたみ</rt></ruby>は<ruby>新<rt>あたら</rt></ruby>しいほど<ruby>良<rt>よ</rt></ruby>い。	마누라와 다다미는 새것일수록 좋다.
<ruby>酒<rt>さけ</rt></ruby>と<ruby>友人<rt>ゆうじん</rt></ruby>は<ruby>古<rt>ふる</rt></ruby>いほど<ruby>良<rt>よ</rt></ruby>い。	술과 친구는 오래될수록 좋다.
<ruby>男<rt>おとこ</rt></ruby>は<ruby>度胸<rt>どきょう</rt></ruby> <ruby>女<rt>おんな</rt></ruby>は<ruby>愛嬌<rt>あいきょう</rt></ruby>。	남자는 배짱, 여자는 애교.
<ruby>目<rt>め</rt></ruby>は<ruby>口<rt>くち</rt></ruby>ほどにものを<ruby>言<rt>い</rt></ruby>う。	눈은 입만큼 말한다.(눈은 마음의 창' 이라는 의미)
<ruby>夜目<rt>よめ</rt></ruby><ruby>遠目<rt>とおめ</rt></ruby><ruby>傘<rt>かさ</rt></ruby>の<ruby>内<rt>うち</rt></ruby>。	밤에 볼 때, 멀리서 볼 때, 우산 속에 있을 때, 흐릿하게 보일 때(모든 여자들이 미혼으로 보인다는 얘기)
<ruby>鬼<rt>おに</rt></ruby>も<ruby>十八番茶出花<rt>じゅうはちばんちゃでばな</rt></ruby>。	여성이 18세가 되며 아무리 못생긴 여자라도 꽃이 된 것 처럼 아름답게 느껴진다.
<ruby>色男<rt>いろおとこ</rt></ruby><ruby>金<rt>かね</rt></ruby>と<ruby>力<rt>ちから</rt></ruby>はなかリけり。	여자에게 인기 있는 남자는 돈도 힘도 없다.(보기에는 좋은 그림이지만 실속이 없다는 의미)
<ruby>色男<rt>いろおとこ</rt></ruby>より<ruby>稼<rt>かせ</rt></ruby>ぎ<ruby>男<rt>おとこ</rt></ruby>。	예쁜 남자 보다 돈 잘 버는 남자.
<ruby>色<rt>いろ</rt></ruby>の<ruby>白<rt>しろ</rt></ruby>いは<ruby>七難隠<rt>しちなんかく</rt></ruby>す。	피부가 희면 7가지 흉이 가려진다.

なくて七癖(ななくせ)あって四十九癖(しじゅうくくせ)。	없는 사람도 7가지 버릇, 있는 사람은 49개의 버릇.(누구나 결점이 있다는 뜻)
八百屋(やおや)の売(う)れ残(のこ)りのかぼちゃ。	야채가게의 팔다 남은 호박.(못나서 시집을 못간 아가씨를 이르는 말)
触(さわ)らぬ神(かみ)にたたりなし。	건드리지 않으면 탈이 나지 않는다. (긁어 부스럼을 만들지 말라'는 의미)
猿(さる)も木(き)から落(お)ちる。	원숭이도 나무에서 떨어진다.
去(さ)る者(もの)日日(ひび)に疎(うと)し。	떠난 사람은 날이 갈수록 멀어진다.
親(した)しき仲(なか)にも礼儀(れいぎ)あり。	친한 사이에도 예의가 있다.
知(し)らぬが仏(ほとけ)。	모르는 것이 부처님.(모르는 것이 약)
腐(くさ)っても鯛(たい)。	썩어도 도미.(이름이 있는 사람은 잘못된 경우도 다르다는 뜻)
蝦(えび)で鯛(たい)を釣(つ)る。	새우미끼로 도미를 낚는다.(적은 것(선물, 뇌물)으로 많은 이익을 얻는다는 뜻)
鯛(たい)も一人(ひとり)で食(た)べればうまくなし。	도미도 혼자 먹으면 맛이 없다.(아무리 좋은 것도 혼자서 하는 것은 재미가 없다.)
早起(はやお)きは三文(さんもん)の徳(とく)。	아침 일찍 일어나는 거지 따뜻한 밥 먹는다.
こんな仕事(しごと)は朝飯前だ。	이까짓 것은 아침 식사 전에 해치운다. (식은죽 먹기)
豆腐(とうふ)の角(かど)で頭(あたま)をぶ付(つ)けて死(し)ぬ。	두부모서리에 머리를 부딪쳐 죽어라. (두부모서리에 머리를 맞아도 죽을 사람이라는 의미)

479

필수속담

豆腐を縄で縛って肩にかけてゆく。	두부를 새끼줄로 묶어 어깨에 지고 가다. (아주 바보스런 일을 한다.)
豆腐にかすがい。	두부에 꺽쇠 박기 (아무 효과 없는 일을 한다)
雨降って地固まる。	비 온 뒤에 땅이 굳는다.
石橋を叩いて渡る。	돌다리도 두들기고 건넌다.
急がば回れ。	급할수록 돌아가라.
一寸の虫にも五分の魂しい。	지렁이도 밟으면 꿈틀 거린다.
牛に引かれて善光寺参り。	친구 따라 강남 간다.
飼い犬に手を噛まれる。	믿는 도끼에 발등 찍힌다.
三人寄れば文殊の知恵。	백지장도 맞들면 낫다.
精神一到何事もならざらん。	정신일도 하사불성.
天は自ら助くる者を助く。	하늘은 스스로 돕는 자를 돕는다.
覆水、盆に返らず。	한 번 엎지른 물 되담을 수 없다.
待てば海路の日和有リ。	쥐구멍에도 볕 들 날 있다.

Index

あ

あいさつ 264
アイスクリーム 264
あいだ 264
アイディア 264
あいにく 132
アイロン 132
あう 265
あう 8
あう 265
アウト 265
あおい 8
あおやかだ 265
あかい 8
あかちゃん 265
あがる 265
あかるい 8
あかんぼう 266
あき 8
あきかん 132
あきらかだ 132
あく 132
あく 266
アクセサリー 9
アクセル 133
アクセント 9
あくび 9
あぐら 9
あけすけだ 266
あける 9
あける 9
あげる 10
あさ 133
あさい 133
あさごはん 10
あさって 133
あさねぼう 266
あさはかだ 266

あざやかだ 267
あし 133
あじ 267
あじけない 267
あした 10
あしでまとい 267
あしぶみ 267
あしもと 267
あじわう 133
あす 268
あずける 134
あせ 10
あせる 268
あそび 268
あそぶ 10
あたえる 10
あたたかい 11
あたたまる 11
あたためる 134
あたま 134
あたらしい 11
あたりまえだ 134
あたる 134
あつい 11
あつい 11
あつい 11
あつかましい 268
あつくるしい 268
あっとう 269
アップ 269
あつぼったい 269
あつめる 269
あつらえむきだ 269
あてはずれだ 270
あでやかだ 270
あてる 134
あと 135
あとかたづけ 135
あな 135
あに 135

あね 135
あばれる 135
あひる 136
あびる 12
あぶない 136
あぶら 12
アプローチ 136
あまい 136
あまえる 136
アマチュア 136
あまり 137
あまる 270
あむ 137
アメ 12
あめ 12
あめがちだ 270
アメリカ 12
あやうい 270
あやしい 137
あやとり 137
あやまる 12
あらい 137
あらう 137
あらけずりだ 270
あらそう 138
あらただ 138
あらためて 271
あらためる 13
あらっぽい 271
あらゆる 138
あらわす 138
あらわだ 271
あらわれる 13
ありがたう 138
ありがちだ 271
アリバイ 138
ある ひと 13
ある 13
アルカリ 13
あるく 13

アルバム 139
あれる 139
アレルギー 139
あわ 14
あわい 271
あわせる 139
あわただしい 139
あわれだ 271
アンケート 139
あんしん 272
あんぜん 272
あんぜんだ 140
あんな 272
あんない 272

い

いい・よい 14
いいわけ 14
いう 14
いえ 14
いきがい 140
いか 272
いがい 273
いかが 273
いがく 273
いき 273
いきいき 273
いきぐるしい 274
いきる 274
いく 14
いくつ 140
いくら〜ても 274
いけない 140
いける 140
いけん 274
いじょう 140
いさましい 15
いし 274

いじめる 15
いしゃ 15
いじょう 275
いじわるだ 141
いす 141
いずれ 275
いそがしい 141
いそぐ 275
いた 275
いたい 141
いだく 141
いたす 275
いたずら 141
いただき 142
いただく 276
いたましい 276
いたむ 142
いち 142
いちじるしい 15
いちど 276
いちば 142
いっしょ 142
いっしょうけんめい 276
いっせいに 276
いつのまにか 277
いっぱい 277
いつも 142
いつもより 15
いとこ 143
いと 277
いと 277
いどみず 277
いない 278
いなか 278
いぬ 15
いねかり 278
いねむり 278
いのる 143
いばる 278
いびき 143

いま 143
いまいましい 279
いまにも 279
いまわしい 279
いみ 143
イメージ 16
いもうと 16
いやしい 279
いやだ 143
イヤホーン 144
イヤリング 144
いらいら 279
いらっしゃる 280
いる 16
いる 16
いれる 144
いろ 16
いわい 280
いわう 144
〜いん 280
インキ 16
いんきくさい 280
インスタント 144
インターチェンジ 17
インターナショナル 145
インタビュー 144
インターフォン 17
インテリア 145
インフォメーション 280

う

ウイスキー 17
ウイルス 145
うえ 17
うえき 17
ウェディングドレス 17
うえる 18
うえる 18

うかがう 281
うかぬかお 281
うかぶ 145
うかべる 18
うく 145
うけいれる 145
うけたまわる 146
うけつけ 281
うけつける 281
うけとる 281
うける 18
うごかす 146
うごきまわる 146
うごく 282
うし 18
うしなう 18
うしろ 146
うしろめたい 282
うすい 282
うすい 19
うすきみわるい 282
うすぐらい 282
うすっぺらだ 283
うすめる 146
うそ 283
うた 19
うたう 19
うたがう 146
うたがわしい 147
うち 283
うちうち 283
うつ 19
うっかり 283
うつくしい 284
うつす 284
うつす 147
うつる 147
うつる 19
うで 284
うとい 284

うどん 19
うばう 20
うまい 20
うまれる 147
ウーマン 149
うみ 147
うむ 148
うむ 147
うめる 148
うやまう 148
うら 284
うらぎる 20
うらなう 148
うらはらだ 285
うらやましい 20
うりば 285
ウール 21
うる 20
うるさい 285
うるわしい 285
うれしい 20
うろうろ 285
うわのそらだ 286
うれしい 148
うんてん 286
うんてんしゅ 286
うんと 286
うんどう 286
うんどうぐつ 148
うんどうじょう 149

え

え 149
えいが 21
えいきょう 21
えいご 21
えいよう 21
えき 21

えだ 287
エチケット 149
エネルギー 22
えはがき 22
エプロン 149
えもの 149
えらい 22
えらぶ 150
える 22
エレガント 287
えん 150
エンジニア 22
エンジン 150
えんそう 22
えんそく 23
えんちょう 23
えんぴつ 23
えんりょ 287
オートメーション 287
オーバー 287
オープン 287

お

おいがけない 150
おいかける 288
おいこす 288
おいしい 23
おいでになる 288
オイル 150
おう 150
おう 23
おうせつま 288
おうだんほどう 151
おえる 151
おおあじだ 288
おおい 289
おおがらだ 289
おおきい 23

おおきな 289
おおごえ 151
おおざっぱだ 151
おおしい 289
おおぜい 151
おおみそか 289
おおはばだ 289
おおぶり 290
おおまかだ 151
おおよそ 290
おかあさん 24
～おかげだ 290
おかし 24
おかしい 152
おがむ 152
おぎなう 152
～おきに 290
おきる 24
おく 152
おく 152
～おく 290
おくじょう 291
おくびょうだ 152
おくりもの 291
おくる 291
おくる 153
おくれる 291
オーケー 158
オーケストラ 31
おこす 153
おごそかだ 291
おこない 153
おこなう 292
おごる 292
おこる 153
おさない 24
おざなりだ 292
おさめる 153
おさめる 24
おさめる 24

おしい 25
おしいれ 292
おしえる 25
おじぎ 153
おしっこ 25
おしゃれだ 25
おしらせ 154
おす 154
おそい 25
おそらく 292
おそれる 154
おそろしい 25
おそわる 154
おだやかだ 154
おちば 26
おちゃ 26
おちる 26
おっしゃる 293
おっと 154
おつり 26
おてあらい 26
おと 293
おとうさん 26
おとうと 155
おどかす 155
おとこ 155
おとこのがくせい 27
おとこのこ 27
おとしだま 27
おとす 27
おととい 155
おととし 27
おとな 155
おとなしい 155
おどり 293
おとる 293
おどる 156
おどろく 156
おなか 156
おなじだ 156

おにごっこ 27
おねえさん 28
おのおの 293
オーバーコート 31
オフィス 28
おべんとう 28
おぼえる 156
おぼつかない 294
おみやげ 28
おむつ 28
おもい 28
おもいだす 156
おもいで 29
おもいやり 294
おもう 294
おもおもしい 294
おもかげ 294
おもくるしい 294
おもしろい 29
おもちゃ 295
おもて 295
おもながだ 295
おもに 157
おもむく 295
おもわず 295
おもわせぶりだ 296
おや 157
おやつ 29
およぐ 157
おりがみ 157
おりたたむ 157
おりる 29
おりる 296
オリンピック 29
おる 296
おる 29
オルガン 157
おれる 30
オレンジ 30
おろかだ 296

おろす 30
おろそかだ 296
おわり 296
おわる 30
おんがく 30
おんな 158
おんなのがくせい 30
オンライン 297

か

かいがん 297
かいぎ 297
かいけつ 31
がいこく 158
かいこむ 297
かいしゃ 158
かいじょう 297
かいだん 158
かいてきだ 158
ガイド 31
かいもの 31
かいわ 32
かう 159
かう 32
かえす 32
かえり 298
かえる 33
かえる 32
かえる 32
かえる 32
かお 33
かおり 159
かかえる 33
かがく 298
かがみ 298
かがやかしい 298
かがやく 33
かかる 33

かかわる 159
カギ 33
かぎる 34
かく 159
かくす 34
がくせい 34
がくぶ 298
かくやすだ 299
かくれる 159
かくれんぼう 159
かけっこ 160
かける 34
かける 299
かげん 299
かこむ 34
かさ 34
がさつだ 299
かさなる 35
かさねる 35
かざる 35
かし 160
かじ 299
かじ 299
かしきり 300
かしこい 160
かしだす 300
かす 35
かず 160
ガス 35
かぜ 35
かぜ 36
かせぐ 36
かぞえる 36
かぞく 36
かた 160
〜かた 300
かたい 160
かたくるしい 300
かたち 300
かたづける 161

かたほう 301
かたまる 36
かたむく 36
かたむける 37
かたる 161
かつ 37
がっかり 301
かっこいい 37
がっこう 37
かってだ 161
カット 161
かっぱつだ 161
かてい 161
カーテン 31
カード 165
かど 162
かなう 37
かなしい 301
かなしむ 162
かならず 301
かなり 162
かね 162
かねづかい 301
かねもち 302
かのじょ 302
カバー 162
かばん 165
カーブ 41
かび 162
かぶる 163
かべ 302
カーテン 165
かまう 302
かみしめる 302
がまん 38
がまんする 38
かみ 163
かみ 303
かみ 163
かみぶくろ 163

かむ 303
ガム 38
カムバック 163
カメラマン 38
かよう 38
かよわい 303
カラー 164
からい 163
からオケ 38
からだ 39
かりる 39
かるい 39
かるがるしい 303
かるはずみだ 303
ガレージ 303
かれ 304
かれら 304
かれる 39
かろやかだ 304
カロリー 39
かわ 39
かわいい 40
かわいそうだ 164
かわかす 164
かわかみ 164
かわく 304
かわりに 304
かわる 40
かんがえる 305
かんけい 305
かんけり 40
かんこうきゃく 40
かんごふ 305
かんじ 40
かんしゃ 40
かんじゃ 41
かんじる 41
かんぜんだ 164
かんたんだ 41
かんたんだ 305

カンづめ 164
がんばる 41
かんぺき 41
かんりょう 305

き

き 306
き 42
きいろい 165
きえる 165
きおもだ 306
きかい 306
きかい 306
きがるだ 306
ききとり 42
ききとる 165
きく 42
きく 42
きく 42
きくばり 165
きげん 307
きけんだ 307
きこえる 307
きさくだ 307
きざだ 307
きざむ 42
きじ 307
きしゃ 308
ぎじゅつ 308
きず 43
きずつける 166
きせつ 308
きせる 43
きぜわしい 308
きそ 166
きそく 308
きた 166
きたい 166

きたない 166
ぎっしり 309
きって 166
きっと 309
きっぱりと 309
きっぷ 167
きどあいらく 309
きながだ 309
きにいる 167
きぬ 310
きねん 167
きのう 43
きのどくだ 310
きばやだ 310
きびしい 43
きぶん 310
きぼう 167
きまぐれだ 310
きまじめだ 311
きまずい 311
きままだ 311
きまる 311
きみ 311
きみわるい 167
ぎむ 167
きめる 312
きもち 312
きもの 312
きゃく 168
きゃっかんてき 312
キャッシュカード 43
キャッチ 168
キャリア 312
キャンセル 168
キャンペーン 168
きゅうこう 313
きゅうじつ 43
きゅうに 313
きゅうに 168
きゅうにゅう 168

きゅうよう 44
キュウリ 44
きよい 169
きょう 44
きょういく 313
きょうかい 313
きょうぎ 169
ぎょうぎょうしい 313
きょうしつ 44
きょうそう 314
きょうだい 44
きょうみ 314
きょねん 44
きよらかだ 314
きよわだ 314
きらい 169
きらいだ 45
ぎりぎりだ 314
きる 169
きる 169
きれい 169
きれいだ 45
きれる 45
きろく 170
きをつける 170
ぎんこう 45
きんじょ 314

く

ぐあい 315
くいちがう 45
くうき 315
くうき 45
くうこう 315
くぎ 315
くくる 315
くさ 316
くさかり 316

くさとり 170
くさる 170
くしゃみ 316
くじら 46
くしん 316
くすり 46
くずれる 316
くださる 317
くだもの 170
くだらない 170
くだる 171
くち 171
ぐち 171
くちおしい 317
くちぐせ 317
くちひげ 317
くちべただ 317
くちべに 318
くちょう 318
くちやかましい 318
くつ 171
クッキー 46
ぐっすり 318
くどい 171
くに 171
ぐたいだ 318
くび 318
くべつ 172
くむ 46
くも 319
くもる 172
くやしい 46
くやしまぎれだ 319
くらい 46
クラシック 172
クラス 47
くらす 172
クラブ 47
グラフ 172
くらべる 47

くりかえす 47
くる 47
くるう 47
くるしい 172
くるしまぎれだ 319
くるしむ 48
グループ 173
くるま 48
くるみ 48
くれる 48
くろい 48
くろう 173
くろじ 319
くわえる 48
くわしい 173
くわわる 49

け

け 319
けいかく 49
けいかん 319
けいけん 320
けいざい 320
けいさつ 320
けいさん 173
ケイータイ 49
けいけん 173
けが 320
ケーキ 49
けさ 173
けしき 320
けしゴム 49
げしゅく 321
げじゅん 174
ケース 51
けす 174
けずる 321
けだかい 174

けたはずれ 321
けちだ 50
けっか 174
けっきょく 321
けっこう 174
けっこうだ 50
けっこん 174
けっして 321
けはい 175
げひんだ 50
ゲーム 49
ゲーム 176
けむたい 175
げやかん 175
ける 175
~けれども 175
けわしい 175
~けん 322
げんいん 322
けんか 322
げんきん 176
げんきだ 50
けんきゅう 322
げんきん 322
けんこう 176
けんせつ 176
げんざい 50
げんてい 323
けんだい 50
げんど 323
げんに 323
けんぶつ 323
けんり 323

こ

コーヒ 176
こ 323
こい 324

こい 176
こいぬ 177
こうい 324
ごういんに 324
こうえん 51
こうがい 324
こうぎ 324
こうぎょう 325
こうこう 325
こうこうせい 325
こうこく 177
こうじょう 325
こうすいりょう 177
こうちょう 325
こうつう 326
こうてい 51
こうどう 51
こうどう 326
こうばしい 326
こうふく 177
こうふくだ 177
こうまんだ 326
こうむいん 326
こえ 177
こえる 178
こおり 178
こおる 178
こがらだ 326
こぐ 51
ごく 327
こくご 178
こくさい 327
こくみん 178
ごご 51
こごえる 52
こころ 327
こごと 327
こころえちがいだ 327
こころがかりだ 328
こころみる 178

こころよい 52
ございます 328
こし 179
こしかける 179
こしつ 328
こしょう 328
コース 56
こす 52
こする 328
こせい 328
ごぜん 179
ごぞんじ 329
こたえ 329
こたえる 179
ごちそう 329
こっか 52
ごっそり 329
こっち 329
こと 52
コード 181
ことごとしい 329
ことこまかだ 330
ことし 52
ことば 179
こども 53
こどもなげだ 330
ことり 330
ことわる 179
コーナー 56
こなぐすり 53
こにくらしい 330
このあいだ 330
このごろ 331
このましい 53
このましい 331
このむ 180
ごはん 53
コピー 53
こぼす 331
こまかい 331

487

ごまかす 53	**さ**	サッカー 183	しあわせだ 185
こままわし 54		サッカー 58	しお 186
こまめだ 331	さいきん 334	さっき 336	しかた 338
こまやかだ 331	サイクル 181	ざっし 184	しかめる 61
こまる 54	さいご 334	さとう 184	しかる 339
ごみ 332	さいしょ 334	さとる 58	じかん 61
コミュニケーション 332	サイズ 57	さびしい 337	しき 339
こむ 332	さいふ 334	さびしい 59	しき 339
ゴムとび 54	ざいりょう 181	サービス 181	じき 61
こめ 332	サイレン 182	サービス 61	しきりに 339
ごめん 54	さいわいに 182	〜さま 337	しく 339
コメント 54	さいわいにして 334	さます 184	しけん 339
こもりうた 54	さかさまだ 335	さます 184	じこ 340
こんきょ 181	さがす 182	さむい 59	しごと 61
ごらんになる 332	さかだち 57	さめる 59	じしょ 61
これから 333	さかな 57	さめる 337	じしん 340
コレクション 180	さかなや 57	さゆう 337	しずかだ 62
ころがる 55	さからう 182	さら 184	システム 62
ころす 55	さがる 335	さらいげつ 59	しずむ 186
ごろね 180	さかんだ 335	さらいしゅう 59	シーズン 192
ころぶ 180	さき 182	さらいねん 59	しせい 62
こわい 333	さきだかだ 335	サラリーマン 184	しぜん 186
こわき 333	さきどり 182	さりげない 337	した 186
こわす 55	さく 183	さる 60	じだい 340
こわれる 55	サークル 185	さわがしい 60	しだいに 340
こんげつ 55	さぐる 183	さわぐ 60	したがう 186
コンサート 180	さけぶ 183	さわる 60	したぎ 340
こんしゅう 55	さける 335	さんぎょう 185	したく 340
コンセント 56	さげる 336	サングラス 185	したしい 186
こんど 333	ささえる 57	ざんねんだ 338	したたかだ 341
コントロール 333	ささやく 57	ざんねんだ 185	したたらずだ 341
こんなに 56	さしあげる 336	サンプル 60	しちめんどうくさい 341
こんなん 180	さしつかえる 336	さんぽ 60	しっかり 341
コンビに 56	さしみ 58		じっけん 187
コンピューター 181	さす 58		じつは 187
コンプレックス 56	さす 58	**し**	しっぱい 341
こんや 334	さす 183		しつもん 187
	さそう 183	じ 338	しつれい 342
	させつ 58	しあい 338	じてん 342
	さだかだ 336	しあげ 338	じてんしゃ 342

しとやかだ 342
しない 62
しなうす 342
しなもの 342
しぬ 187
しのびやかだ 343
しはい 343
しばらく 343
しばる 187
じぶん 187
しま 343
しまう 188
しまる 188
じまん 343
しみじみ 343
じみだ 62
じみちだ 344
じむしょ 344
しめす 188
しめる 188
しめきり 344
しめる 62
しめる 188
しめる 188
しゃかい 344
しゃこう 63
しゃしん 63
しゃちょう 344
シャツ 189
シャッター 189
ジャーナリスト 189
しゃべる 345
じゃま 345
しゃれい 345
シャワー 63
じゃんけん 345
ジャンパー 189
じゆう 345
しゅうかく 345
しゅうかん 346

じゅうしょ 346
じゅうだいだ 189
じゅうどう 346
じゅうぶん 346
しゅうまつ 63
しゅうようだ 189
じゅく 63
しゅくだい 64
しゅじん 190
ジュース 63
しゅっせき 346
しゅっぱつ 347
しゅみ 347
じゅんび 347
しょうかい 347
しょうがくせい 64
しょうがつ 347
しょうがっこう 348
しょうぎょう 190
しょうきょくてきだ 190
じょうきょう 190
じょうげ 190
しょうじきだ 190
じょうず 190
しょうせつ 348
しょうたい 348
しょうちする 348
しょうてんがい 64
しょうひん 64
じょうひんだ 64
じょうぶだ 191
しょうぼうしゃ 64
しょうらい 349
しょくじ 349
しょくどう 191
しょくりょうひん 349
じょさいない 349
じょせい 349
ショック 65
ショップ 191

しらじらしい 349
しらせる 191
しらべる 191
しらんぷり 350
しわくちゃだ 350
しる 65
しれる 65
しろい 65
しんがい 350
しんけい 191
しんけんだ 192
じんこう 350
しんこきゅう 192
じんじゃ 350
しんじる 192
ジーンズ 185
しんせつだ 351
しんせつだ 65
しんせんだ 65
しんだん 351
しんちょうだ 192
しんぱいだ 351
しんぶん 192
しんぼうづよい 351

す

ず 193
すいえい 351
すいじゅん 352
スイッチ 193
すいどう 352
ずいぶん 352
すう 193
すうがく 352
ずうずうしい 193
すがた 193
スカート 66
スキー 66

すき 194
すきだ 66
すぎる 66
すく 352
すぐ 194
すくう 66
すくない 66
すぐれる 194
スケジュール 67
すごい 67
すこし 194
すごす 194
すさまじい 353
すじちがいだ 353
すずしい 67
すすむ 194
すずむ 353
すすめる 195
すすめる 195
スター 67
スタイル 353
スタジオ 353
スタミナ 353
スーツ 193
すっかり 354
すっきり 354
ずっと 354
すっぱい 195
ステージ 354
すてきだ 67
すてばちだ 354
すてる 355
ストップ 355
ストライキ 195
ストレス 67
すな 355
すなあそび 68
スニーカー 195
すばやい 355
すばらしい 355

489

スピード 195
すべて 196
すべり 68
すべる 356
スポーツ 196
ズボン 68
ずぼらだ 356
すます 68
すみ 356
すむ 68
すむ 196
すもう 196
すり 356
する 68
ずるい 356
すると 357
するどい 69
するめ 69
すわる 196

せ

せ 196
〜せい 357
せいかつ 357
せいかつ 197
せいざ 357
せいじ 357
せいしつ 197
せいぜい 358
せいせき 69
ぜいたくだ 197
せいと 197
せいよう 358
せおう 197
せかい 358
せき 198
セーター 197
せきにん 358

せっかく 198
せっきょくてきだ 198
せっせと 358
せつな 358
せつない 359
せつめい 359
せなか 359
ぜひ 359
せまい 198
せみ 69
ゼミナール 69
せめる 69
せめる 198
セルフサービス 70
せわ 198
せわをする 359
せん 360
せんげつ 70
せんしゅう 70
センス 199
せんせい 70
ぜんぜん 360
せんせんげつ 199
せんせんしゅう 70
せんそう 360
センター 70
せんたくもの 360
せんぱい 360
せんもん 361

そ

そう 361
ぞう 71
そうがんきょう 199
ぞうきんがけ 199
そうじ 71
そうじき 199
そうぞう 361

そうぞうしい 199
そうだん 361
ソウル 71
そそぐ 200
そそっかしい 200
そそるだ 361
そだつ 200
そだてる 200
そつぎょう 361
そっくり 362
そっと 362
そと 71
そなえる 200
そば 200
そふ 362
ソフト 201
そぼ 362
そまつだ 201
そめる 362
そら 71
そらぞらしい 362
そらはずかしい 363
それで 363
それに 363
それほど 363
そろそろ 363
そろばん 71
ぞんじる 364
そんな 364

た

だい 364
たいいく 72
たいいん 364
たいかい 72
だいがくせい 364
たいくつだ 201
たいこ 201

たいした 201
だいじだ 365
たいして 365
だいじょうぶだ 72
だいじょうぶだ 201
たいせつだ 202
たいそう 72
だいたい 365
たいてい 202
だいどころ 202
タイトル 202
だいひょう 72
タイプ 202
だいぶ 365
たいふう 365
たいへん 202
たいへんだ 72
タイミング 73
たいらげる 366
たいらだ 203
たうえ 203
ダウン 73
たえがたい 366
たえだえだ 366
たおす 73
タオル 73
たおれる 73
たかい 73
たかめだ 366
たがやす 203
だから 366
たからかだ 367
たからさがし 74
たく 367
たく 367
だく 74
たくさん 203
タクシー 74
たくはいびん 74
たこあげ 74

たしか 367
たしかだ 74
たしかめる 75
だしぬけに 367
たす 367
だす 75
たすける 203
たずねる 368
たずねる 75
ただ 203
たたかう 204
たたく 75
ただしい 368
ただす 368
ただちに 368
だだっぴろい 368
たたみ 368
たちまち 369
たつ 75
たつ 369
たつ 75
たて 369
たてもの 204
たてる 76
たてる 369
たとえば 369
たな 369
たね 76
たのしい 76
たのしみ 204
たのしむ 370
たのむ 76
たのもしい 204
たばこ 76
たび 76
ダブル 370
たぶん 204
たべもの 204
たべる 77
たまご 205

たまたま 370
たまに 370
たまらない 205
ターミナル 78
ため 371
だめ 370
ためいき 371
ためす 77
だめだ 77
ためる 77
たよりない 371
たよる 77
だらしない 205
たりる 205
だるい 77
だれ 78
たんじょうび 78
ダンス 78
だんせい 371
だんだん 205
だんぼう 371

ち

ち 371
ちいき 372
ちいさい 78
ちいさな 372
チェンジ 372
ちかい 205
ちかう 372
ちがう 206
ちかづく 206
ちかてつ 206
ちから 372
ちからづける 206
ちからまかせだ 373
ちず 206
ちち 206

ちぢむ 78
ちつじょ 373
ちっとも 373
チーム 207
チャンス 373
チャンネル 373
ちゅうい 373
ちゅうがっこう 374
ちゅうごく 79
ちゅうごくご 79
ちゅうごくじん 79
ちゅうしゃ 374
ちゅうしゃじょう 374
ちゅうぶらりんだ 374
ちょうこく 79
ちょうし 79
ちょうど 207
ちょっと 207
ちらかす 79
ちらかる 80
ちらし 207
ちり 374
ちり 207
ちる 207

つ

ついに 375
つえ 80
つかう 80
つかまえる 208
つかまる 80
つかむ 208
つかれる 80
つき 375
つぎ 208
つきあたり 375
つきなみだ 375
つく 208

つく 80
つく 375
つく 208
つくえ 81
つくす 376
つくる 81
つける 376
つける 81
つごう 208
つたえる 209
つたない 376
つたわる 81
つち 209
つづく 81
つづける 376
つつむ 81
つて 376
つとめさき 376
つとめる 82
つとめる 209
つとめる 209
つなひき 82
つねに 377
つば 82
つま 377
つまさき 209
つましい 377
つまらない 209
つまる 82
つまる 377
つみき 210
つみだ 377
つむ 82
つめ 377
つめたい 82
つめる 83
〜つもり 378
つもる 83
つゆ 378
つよい 210

つらい 83
つる 378
つれる 210

て

データ 378
て 210
てあらい 378
てあらだ 378
ていたい 379
ていねい 379
ディーラー 210
てうすだ 379
でかける 211
てがみ 211
テキスト 83
てきとう 379
てきとうだ 211
できる 379
できるだけ 380
てごろだ 380
デザイン 380
てじな 211
てしまう 380
てすうりょう 380
テスト 83
てぜまだ 381
でたらめだ 211
デッサン 381
てつだう 381
てつどう 211
てっぽう 83
デパート 84
てひどい 381
てぶくろ 381
てぶらだ 381
テーブル 210
てほん 382

テーマ 85
てみじかだ 382
でむかえる 382
デモ 212
てら 382
てらす 212
てる 84
でる 84
テレビ 84
てれる 382
〜てん 383
てんいん 383
てんき 212
てんきよほう 383
てんじかい 212
でんしゃ 212
でんとう 383
でんとうてき 212
テンポ 84
てんねん 383
てんらんかい 384
でんわ 84

と

ドア 85
どうぐ 384
どうせ 384
どうぞ 213
とうとい 384
どうどうと 384
とうとう 384
どうぶつえん 385
どうも 213
とおい 213
とおく 385
とおす 85
とおり 385
とおる 385

とがる 213
〜とき 385
どきどき 386
とく 213
とく 85
とくいだ 386
とくとくだ 213
とくに 386
とくべつ 386
とけい 214
とける 85
とける 85
どこでも 86
どこや 386
ところ 86
とし 386
としした 387
としょかん 214
とじる 214
とちゅう 387
とっきゅう 387
とっくに 387
どっち 387
トップ 86
とてつもない 214
とても 214
とどく 388
とどける 86
とどまる 86
となり 214
とにかく 215
とぶ 215
とばしい 388
とまる 87
とまる 86
とめる 215
ともだち 87
とら 215
ドライ 388
ドライブ 87

とらえる 87
トラブル 215
ドラマ 87
トランク 215
とり 87
とりあつかう 216
とりかえっこ 216
とりかえる 388
とりけす 88
ドリブル 216
とりもどす 388
とりやめる 388
どりょく 88
とる 216
とる 88
トレーニング 389
ドレス 216
とれる 389
どろぼう 389
トン 216
トンネル 88

な

ない 217
ないよう 88
ナイロン 217
なえ 217
なおす 88
なおる 89
なおる 389
なか 89
ながい 217
ながす 217
なかなか 389
ながめる 217
ながれる 218
なく 89
なく 218

なぐさめる 89
なくす 389
なくなる 218
なくなる 218
なぐる 89
なげやりだ 390
なげる 218
なごやかだ 390
なさけしらずだ 390
なさけぶかい 390
なさる 390
なぜ 390
なだらかだ 218
なつ 89
なつかしい 219
ななめだ 219
なにとぞ 391
なまいきだ 219
なまえ 219
なまぐさい 391
なまける 90
なまなましい 391
なまはんかだ 391
なみだ 219
なめらかだ 219
なめらかだ 391
ならう 220
ならす 220
ならぶ 220
ならべる 220
なる 220
なる 220
なるべく 391
なるほど 392
なれる 90
なわとび 90
ナンセンス 392
なんとなく 392
ナンバー 221

に
におい 392
にがい 392
にがす 221
にがてだ 90
にぎやか 221
にぎやかだ 90
にぎる 393
にく 221
にくい 90
にくむ 221
にくや 91
にげる 221
にこにこ 393
にし 222
～について 393
にっき 393
にている 91
にぶい 91
にほんご 91
にほんじん 91
にもつ 222
～にもかかわらず 393
ニュアンス 393
にゅういん 394
にゅうがく 394
ニュース 91
～によると 394
にらめっこ 92
にる 222
にる 394
にわ 222
にんき 92
にんぎょう 222
にんげん 222
にんたい 394
にんむ 395

ぬ
ぬう 92
ぬく 223
ぬぐ 223
ぬける 92
ぬすむ 92
ぬらす 92
ぬる 395
ぬるい 93
ぬれる 395
ねがう 223

ね
ネクタイ 93
ねこ 93
ねごと 93
ねころがる 395
ネズミ 93
ねだん 395
ねつ 395
ネックレス 396
ねっしん 396
ねばりづよい 396
ねむい 396
ねむる 396
ねる 223
ねんいりだ 397
ねんれい 397

の
のうぎょう 223
のうやく 223
のこす 224
のこる 224
のせる 94

のぞく 94
のぞく 94
のぞむ 224
のち 94
ノート 93
のど 397
のばす 224
のばす 224
のび 224
のびる 225
のぼる 225
のぼる 94
～のみならず 397
のむ 94
のりかえる 397
のりこえる 225
のりもの 397
のる 95
のろい 225
のろのろ 398
のんきだ 95

は
は 225
は 398
ばあい 398
ばあたりだ 398
～ぱい 398
バイオリン 225
はいけんする 398
はいしゃ 399
はいすい 399
はいる 95
パイロット 226
はえ 226
はえる 95
はかない 399
～ばかり 399

はかる 95
はきだす 226
はきはき 399
はく 399
はく 95
はく 226
はげしい 226
はこ 226
はこぶ 227
はさまる 96
はさむ 96
はし 96
はし 227
はじ 400
はじしらずだ 400
はじまる 227
はじめる 400
パジャマ 96
ばしょ 227
はしら 227
はしる 227
バス 96
バス 96
はずかしい 400
バスケットボール 97
はずす 97
はずだ 400
パスポート 228
はずれる 97
パーセント 101
パソコン 97
はたけ 228
はたらく 228
ばちあたりだ 400
はつおん 401
はっきり 401
バック 228
はっけん 228
はつこい 401
はったつ 228

パーティー 230
はてしない 401
はでだ 401
はと 97
はな 97
はな 98
はなしかける 229
はなす 98
はなす 98
はなす 98
はなはだしい 229
はなび 98
はなむ 402
はなや 98
はなやかだ 402
はなやかだ 99
はなれる 99
はなれる 229
はね 229
はは 229
ばばひろだ 402
はぶく 99
はまる 402
はやい 99
はやめだ 402
はやる 403
はらう 99
バランス 229
はり針 230
はりしごと 230
はる 100
はる 99
はる 403
バレーボール 100
はれやかだ 403
はれる 100
はれる 100
パン 100
はんかん 403
ばんぐみ 403

ばんごはん 100
ばんざい 101
ハンサム 230
はんズボン 101
はんそで 230
はんたい 403
ハンドバック 101
ハンドル 101
はんぶん 230

ひ

ひ 231
ひ 404
ピアノ 101
ひえる 102
ひかえめだ 404
ひがさ 231
ひがし 231
ぴかぴか 404
ひかる 231
ひきだし 404
ひく 102
ひく 231
ピーク 234
ひくい 102
ひげ 404
ひこうき 102
ひこうじょう 404
ひざ 231
ピザ 102
ひさしぶり 405
ひじ 102
ビジネス 232
びじゅつかん 405
ひじょうに 405
ひそや)かだ 405
ヒーター 104
ひたい 103

ビタミン 232
ひだり 232
びっくりする 405
ひっこす 406
ひっぱりだこ 406
ひっぱる 406
ひつよう 406
ビデオ 232
ひと 103
ひどい 406
ひとしい 407
ひとしお 407
ひとなつっこい 407
ひとなみ 407
ひとりでに 407
ひなた 407
ひま 232
ひみつ 408
ひも 103
ひやす 232
ひややかだ 408
びょういん 233
びょういん 103
びょうき 233
ひょうげん 233
ひらく 408
ひる 233
ビル 103
ひるま 408
ひるめし 103
ひるやすみ 408
ひろい 233
ひろう 104
ひろげる 104
ヒント 233

ふ

ブーム 408

ファイル 234
フアーストフード 104
ぶあつい 104
ぶあつい 409
ファン 104
ふあんだ 234
ふうがわりだ 409
ふうせん 105
ふえ 105
ふえてだ 409
ふえる 234
フォーム 409
ぶか 234
ふかい 409
ふく 105
ふく 105
ふくざつ 409
ふくざつだ 234
ふくしゅう 410
ふくむ 235
ふくめる 235
ふくよかだ 410
ふこころえだ 410
ぶざまだ 410
ふしあわせだ 410
ふしぎだ 235
ぶじだ 105
ふせぐ 235
ふせる 106
ふぞろいだ 410
ふたしかだ 411
ふつう 411
ぶっか 235
ぶつかる 411
ぶっそうだ 235
ふつつかだ 411
ぶつぶつ 411
ふつりあいだ 411
ふでまめだ 412
ふとい 106

ぶどう 412
ふとっぱらだ 412
ふとどきだ 412
ふとる 412
ふとん 413
ふなれだ 413
ふにあいだ 413
ふね 413
ぶぶん 236
ふべん 413
ふべんだ 106
ふまじめだ 236
ふみつぶす 106
ふむ 414
ふむきだ 414
ふやす 236
ふゆ 106
ふゆかいだ 236
プラス 106
プラスチック 414
ふられる 236
プラン 236
ブランド 237
フリー 107
プリント 237
ふる 237
ふる 107
ふるい 237
ふるえる 237
ブレーキ 238
プレゼント 107
プレゼント 237
ふれる 107
ふろ 238
プログラム 238
ブローチ 107
フロント 414
ふわふわ 414
ぶんか 414

ぶんがく 415
ぶんかさい 238
ぶんぼう 415

へ

へいきだ 107
へいわ 238
ベスト 238
へたくそだ 415
へただ 239
へただ 108
べつ 239
ペット 239
ベッド 108
ヘッドホーン 108
べつに 415
ベテラン 415
ペーパー 108
へび 239
へや 108
へらす 239
へる 239
ベル 240
ベルト 240
ペン 108
へんか 240
ペンキ 240
べんきょう 109
へんじ 416
へんだ 416
ベンチ 240
ベンチ 109
べんとう 240
べんり 241
べんりだ 109

ほ

ポーズ 416
ポイント 109
ぼうえき 416
ぼうじ 109
ほうそう 417
ほうそう 416
ほうふだ 241
ほうほう 241
ほうもん 241
ほうりつ 417
ほお 241
ぼく 417
ほこらかだ 417
ほこりっぽい 417
ほこる 110
ほし 417
ほしい 242
ポジション 418
ほす 242
ポスター 110
ほそい 110
ほそうどうろ 418
ボタン 110
ほっぺた 418
~ほど 418
ほどとおい 418
ほとんど 419
ボーナス 243
ほね 242
ほのかだ 419
ほぼ 419
ホーム 111
ほめられる 110
ほめる 419
ほら 242
ボリューム 110
ほる 111
ボール 109

495

ほえる 241
ボールペン 242
ほん 242
ほんきだ 111
ほんじつ 243
ほんだな 111
ほんとう 243
ほんの 419
ほんやく 420

ま

マーク 420
マイナス 111
まいにち 111
まいる 112
まえ 243
まかせる 243
まがる 243
まぎらわしい 420
まく 112
マーケット 114
まける 112
まげる 244
まごまご 420
まさか 420
まさに 421
まざる 244
まじめ 421
まじめだ 244
まずい 244
まず 421
ます 244
ます+だす 421
ます+ながら 421
ます+にくい 422
マスコミ 422
まずしい 112
まぜる 244

また 245
まだ 245
または 422
まち 245
まちがう 245
まちがえる 422
まつ 245
まっくらだ 245
まっさかさまだ 422
まっすぐ 112
まったく 246
まつり 423
まつる 246
まど 112
まどガラス 246
まとめる 113
まどろむ 423
まなぶ 246
まにあう 423
まぬけだ 423
まねく 113
マネージャー 246
まばらだ 423
まぶかだ 424
まぶしい 246
～まま 424
ままごと 113
まもる 247
まよう 247
まるい 113
まれだ 247
まわす 113
まわり 424
まわる 424
まんいち 424
まんが 425
マンション 113
まんなか 425

み

み 114
みえる 425
みおくる 425
みがく 247
みがってだ 425
みがるだ 425
みぎ 114
みごとだ 247
みじかい 114
みじかだ 426
みじめだ 426
みず 247
みずうみ 426
みずっぽい 426
みすぼらしい 426
みせ 114
みせる 248
みそ 426
みたす 114
みだれる 427
みち 248
みちる 115
みつかる 427
みつける 427
みっともない 248
みとめる 248
みどり 427
みな 427
みなと 427
みなみ 248
みならう 115
みにくい 115
みのる 248
みまい 428
みみ 249
みみよりだ 428
みやげ 428
みらい 115

みやびやかだ 428
みやぶる 428
みょうぎ 429
みょうじ 115
みりょく 429
みる 115
みんな 249

む

ムード 429
むかう 249
むかえる 429
むかし 249
むく 116
むくちだ 249
むける 116
むごい 429
むこう 249
むこうみずだ 430
むし 430
むしめがね 430
むす 116
むずかしい 116
むすこ 430
むすぶ 250
むすめ 430
むだだ 250
むだづかい 431
むちゅうだ 116
むね 250
むねん 431
むら 431
むり 431
むりだ 116

め

め 117
めあたらしい 431
めいげん 250
めいし 250
めいれい 250
めいろうだ 251
めいわく 251
メーカー 252
めがね 251
めくる 432
めざわりだ 432
めしあがる 432
めずらしい 117
メーター 252
めっきり 432
メッセージ 117
めったに 432
メディア 117
メニュー 251
めぼしい 433
めまぐるしい 433
めめしい 433
メモ 251
メロディー 117
めんどうくさい 251
めんどうだ 252
メンバー 117
めんぼくない 433

も

もう 252
もうしあげる 252
もうしこむ 118
もうす 118
もうすぐ 433
もえる 118
もくざい 433
もくてき 252
もし 434
モーター 254
もちあげる 253
もちいる 253
もちろん 434
もつ 118
もったいない 253
もっと 253
もっともだ 434
モデル 434
もと 118
もと 253
もとめる 253
もともと 434
もどる 254
もの 254
ものあわれだ 434
ものぐさだ 435
ものごと 435
ものしずかだ 435
ものたりない 254
ものものしい 435
ものやわらかだ 435
もめん 435
もやす 254
もらう 436
もり 118
もれる 119
もんく 436
もんだい 254

や

やおや 119
やがて 436
やかましい 255
やきもの 255
やきゅう 119
やく 119
やくざいし 119
やくそく 436
やくにたつ 436
やける 437
やさい 255
やさしい 119
やしなう 120
やすい 120
~やすい 437
やすみ 120
やすむ 120
やせる 437
やっかいだ 255
やっきだ 437
やつぎばやだ 437
やっと 438
やとう 120
やね 438
やはり 438
やぶる 120
やぼったい 438
やま 121
やまのぼり 121
やむ 121
やむをえない 438
やめる 121
やらせる 121
やりきれない 439
やる 121
やわらかい 439

ゆ

ユーモア 439
ゆ 439
ゆうがた 255
ゆうはん 439
ゆうびん 255
ゆうびんきょく 122
ゆうべ 256
ゆうめいだ 122
ゆうめいだ 256
ゆうようだ 256
ゆか 440
ゆかいだ 256
ゆがむ 440
ゆき 256
ゆきあたりばったり 440
ゆきかっせん 256
ゆきさき 122
ゆしゅつ 440
ゆたかだ 257
ゆっくり 257
ユニーク 440
ゆび 441
ゆびわ 441
ゆゆしい 441
ゆるい 441
ゆるす 257
ゆれる 122

よ

よい 257
よう 441
ようい 442
ようきだ 257
ようじ 442
ようじんぶかい 122
ようす 257
ようふん 258
よぎない 442
よくふかだ 442
よけいだ 258
よこ 258
よこぎる 122

よこしまだ 442
よごす 123
よごれる 123
よしない 443
よしゅう 443
よせる 123
よそよそしい 123
よてい 443
よぶ 258
よほう 258
よむ 123
よやく 443
よる 123
よろこばしい 443
よろこぶ 124
よろしい 444
よわい 444

ら

らいげつ 124
らいしゅう 124
らいねん 258
ライバル 124
らくだ 124
らくてん 444
ラケット 259
ラジオ 259
ラーメン 124

り

リード 444
りこうだ 259
リズム 125
りっぱ 259
りっぱだ 125
りにゅうしょく 259
リボン 259
りゅう 444
りよう 445
りょうしん 125
りょうて 445
りょうほう 445
りょうり 125
りょかん 445
りょこう 125
りんご 125
るす 446
ルーズだ 445
ルーム 446
ルール 126

れ

れい 446
れきし 446
レクリエーション 446
レジャー 260
レッスン 126

レベル 447
レポート 126
れんしゅう 126
レンズ 126
れんらく 447

ろ

ろうひ 447
ロッカー 260
ロビー 127
ロープ 126

わ

ワイシャツ 127
わいわい 447
わかがえる 447
わがくに 127
わかげ 260
わかす 127
わがままだ 127
わかる 127
わかれる 128
わかれる 128
わかわかしい 260
わく 128
わけ 447

わけない 448
わける 128
わざわざ 260
わずか 448
わすれもの 448
わすれる 260
わたす 261
わたる 261
わびしい 448
わらう 128
わりあい 448
わりあいに 449
わりびき 128
わる 129
わるい 449
わるがしこい 449
わるくち 129
わるぢえ 449
われる 129
わんぱく 261
わんりょく 261

MEMO

MEMO